이와 같이 주 안에 서라

이광우 목사의 빌립보서 강해

신앙 때문에 눈물 나는 이들을 보듬는 하나님의 손길

예영커뮤니케이션

이광우 목사의 빌립보서 강해

이와 같이 주 안에 서라

지은이 | 이광우
펴낸이 | 원성삼
책임편집 | 김지혜
본문 및 표지디자인 | 김경석
펴낸곳 | 예영커뮤니케이션
초판 1쇄 발행 | 2017년 10월 23일
등록일 | 1992년 3월 1일 제2-1349호
주소 | 04018 서울시 마포구 동교로 55 2층(망원동, 남양빌딩)
전화 | (02)766-8931
팩스 | (02)766-8934
홈페이지 | www.jeyoung.com
ISBN 978-89-8350-976-5(03230)

값 16,000원

이 도서의 국립중앙도서관 출판예정도서목록(CIP)은 서지정보유통지원시스템 홈페이지(http://seoji.nl.go.kr)와 국가자료공동목록시스템(http://www.nl.go.kr/kolis-net)에서 이용하실 수 있습니다.(CIP제어번호: CIP2017025643)

모든 인간은 하나님의 형상을 닮은 존귀한 존재입니다. 사람은 인종, 민족, 피부색, 문화, 언어에 관계없이 모두 다 존귀합니다. 예영커뮤니케이션은 이러한 정신에 근거해 모든 인간이 존귀한 삶을 사는 데 필요한 지식과 문화를 예수 그리스도의 사랑으로 보급함으로써 우리가 속한 사회에 기여하고자 합니다.

이와 같이 주 안에 서라

"이와 같이 주 안에 서라."

_빌립보서 4장 1절

"여호와로 인하여 기뻐하는 것이 너희의 힘이니라."

_느헤미야 8장 10절

차례

머리말

종교개혁 500주년이 되는 매우 뜻깊은 해인 2017년 7월 24일부터 일주일 동안 광주 호남신학대학교에서 제76회 한국누가회(CMF) 전국학생 수련회가 열렸습니다. 수련회 주강사로 거기 모인 의학도들에게 7회(120분 저녁 강해 4회, 90분 오전 강해 3회, 총 750분)에 걸쳐 빌립보서를 강해했습니다. 이 책은 수련회에서 강해했던 내용을 글로 다시 고쳐 쓴 것입니다. 그 과정에서 의학도뿐만 아니라 일반 독자들도 읽기 편하도록 강해 내용을 새로 다듬었습니다. 수련회에서는 주어진 시간 안에 어떻게든 강해를 끝마쳐야만 했기에 시간을 절약하기 위해 시청각자료(파워포인트)를 많이 활용했습니다. 일곱 차례 강해에 쓰인 파워포인트 화면만 1천 개가 넘습니다. 강해 내용을 글로 다시 옮기면서, 시간이 모자라 수련회에서는 아쉽게 빼야 했던 내용을 다시 살려 넣기도 하고 일부 내용은 빼거나 위치를 바꾸면서 강해의 틀을 전체적으로 재구성했습니다. 다 쓰고 보니 한 권의 책으로 묶기에는 이미 너무 버거운 양이 되어 버려서 아쉽게도 파워포인트 화면에 들어갔던 각종 사진 자료, 동영상 자료와 도표는 하나도 넣을 수 없게 되었습니다.

잘 아시다시피 '듣는 설교'와 '읽는 설교'는 양식(樣式)이 다릅니다. 각 양식마다 장·단점이 분명히 있습니다. '듣는 설교'는 설교자와 청중이 직접 만나서 대화하는 형식이기 때문에 설교 현장의 생생한 분위기에 따라 청중의 반응을 즉시 확인하고 바로바로 대응할 수 있는 장점이 있지만, 자칫 고조된 분위기 때문에 설교 내용이나 말투가 좀 투박하고 거칠어질 위험이 있습니다. 한편 '읽는 설교'는 차분히 생각을 정리하여 글을 쓰고 여러 차례 다듬는 과정에서 좀 더 정교한 논리로 독자와 만날 수 있는 강점이 있으나, 독자의 반응을 즉시 확인할 수 없어서 설교 현장에서의 생동감(상호 교감)이 약해지는 아쉬움이 있습니다. 말로 했던 설교를 읽는 설교로 양식을 바꾸는 작업은 그래서 늘 조심스럽고, 어떤 점에서는 강해 내용을 전체적으로 다시 써야 하는 수고가 뒤따릅니다. 다만, 수련회 현장에서 역사하신 성령 하나님께서, 독자 여러분께서 이 책을 읽을 때도 큰 은혜와 함께 여러분을 진리의 바다로 힘차게 이끌어 주시기를 바랄 뿐입니다. 기도하며 최선을 다해 글을 썼지만 그럼에도 어쩔 수 없이 드러나는 아쉬움에 대해서는 독자 여러분들께서 사랑으로 용납하고 이해해 주시기 바랍니다.

신학자, 목회자를 가릴 것 없이 모든 복음 사역자들은 다 '어깨 위에 선 신학'을 합니다. 앞선 연구자들의 어깨를 딛고 서서 연구하지 않으면 안 된다는 뜻입니다. 나 또한 그렇습니다. 일일이 다 밝히지는 못했지만 예수님의 복음을 전하기 위해 목숨 바쳐 헌신하신 스승·선배님들과 진리를 수호하기 위해 항시 애쓰는 신실한 신학자들의 빛나는 업적이 없었다면 빌립보서 강해 준비 과정이 훨씬 더 고단했을 것입니다. 때를 따라 당신의 종들을 적절하게 불러 멋지게 쓰시는 우리 주 예수 그리스도를 찬양합니다.

25년 세월 한결같이 동역해 주신 한국누가회 동역자님들과 간사님들, 임성재 학원 사역 총무 목사님과 최관호 선교사님, 박정엽 목사님, 광주전남누가회와 전북누가회 동역자님들, 전북대 치대 박주미·양연미 교수님, 전남대 의대 김계훈 교수님, 광주 알파성형외과 유성인 원장님, 순천 플러스 아이미코병원 이경석 원장님, 전주 정드림병원 정석형 원장님, 최혜은 원장님, 전주열린문교회 방극남 장로님, 이택남 · 윤승현 목사님을 비롯한 교우들, 전북학원복음화협의회 이진호 총무 목사님을 비롯한 대학생 선교단체 간사님들, 전북기독행동의 여러 동역자님들께 깊은 사랑과 존경을 드립니다. 아울러 수십 년 지기 사랑의 동역자, 황호민 집사님과 김은하 권사님 내외분께도 이 지면을 빌어 고마운 마음을 전합니다. 자식을 위해 늘 기도해 주시는 어버이와 장인, 장모님께 감사드립니다. 35년 세월 고단한 길을 묵묵히 함께 걸어온 아내와 우리 자녀들에게 낙제점 가장의 어눌하고 철 지난 사랑을 고백합니다. 특히, '독자의 시선'으로 원고를 꼼꼼히 읽고 신선한 조언과 함께 교정을 도와준 큰딸 이경원과 셋째 딸 이아람의 수고에 뜨거운 박수를 보냅니다.

출판계의 어려운 사정에도 불구하고, 같은 믿음, 같은 소망으로 오늘도 십자가의 좁은 길을 묵묵히 걷는 신실한 동역자 예영커뮤니케이션의 원성삼 대표님을 비롯한 직원 여러분께도 마음 깊이 감사드립니다.

오직 하나님 홀로 영광받으소서! (*soli Deo gloria!*)

2017년 초가을

완산칠봉 산자락 아래 열린문 서재에서

1그리스도 예수의 종 바울과 디모데는 그리스도 예수 안에서 빌립보에 사는 모
든 성도와 또한 감독들과 집사들에게 편지하노니 2하나님 우리 아버지와 주
예수 그리스도로부터 은혜와 평강이 너희에게 있을지어다. 3내가 너희를 생각
할 때마다 나의 하나님께 감사하며 4간구할 때마다 너희 무리를 위하여 기쁨
으로 항상 간구함은 5너희가 첫날부터 이제까지 복음을 위한 일에 참여하고
있기 때문이라. 6너희 안에서 착한 일을 시작하신 이가 그리스도 예수의 날까
지 이루실 줄을 우리는 확신하노라. 7내가 너희 무리를 위하여 이와 같이 생각
하는 것이 마땅하니 이는 너희가 내 마음에 있음이며 나의 매임과 복음을 변
명함과 확정함에 너희가 다 나와 함께 은혜에 참여한 자가 됨이라. 8내가 예수
그리스도의 심장으로 너희 무리를 얼마나 사모하는지 하나님이 내 증인이시니
라. 9내가 기도하노라. 너희 사랑을 지식과 모든 총명으로 점점 더 풍성하게 하
사 10너희로 지극히 선한 것을 분별하며 또 진실하여 허물없이 그리스도의 날
까지 이르고 11예수 그리스도로 말미암아 의의 열매가 가득하여 하나님의 영광
과 찬송이 되기를 원하노라. 12형제들아 내가 당한 일이 도리어 복음 전파에 진
전이 된 줄을 너희가 알기를 원하노라. 13이러므로 나의 매임이 그리스도 안에
서 모든 시위대 안과 그 밖의 모든 사람에게 나타났으니 14형제 중 다수가 나
의 매임으로 말미암아 주 안에서 신뢰함으로 겁 없이 하나님의 말씀을 더욱 담
대히 전하게 되었느니라. 15어떤 이들은 투기와 분쟁으로, 어떤 이들은 착한 뜻
으로 그리스도를 전파하나니 16이들은 내가 복음을 변증하기 위하여 세우심을
받은 줄 알고 사랑으로 하나 17그들은 나의 매임에 괴로움을 더하게 할 줄로
생각하여 순수하지 못하게 다툼으로 그리스도를 전파하느니라. 18그러면 무엇
이냐 겉치레로 하나 참으로 하나 무슨 방도로 하든지 전파되는 것은 그리스도
니 이로써 나는 기뻐하고 또한 기뻐하리라.

빌립보서 1장 1-18절

내가 당한 일이 도리어

빌립보서 1장 1–18절

빌립보서는 나를 많이 변화시킨 성경이고 지금도 계속해서 나를 변화시키고 있는 귀한 성경입니다. 이 빌립보서 강해를 대하는 독자 여러분께도 성령님의 도움으로 같은 변화, 아니 훨씬 더 눈부신 변화가 있기를 바라며 큰 기쁨과 소망 속에 빌립보서 강해를 시작합니다.

신실한 신앙인이 되고 싶으십니까? 그렇다면 빌립보서를 깊이 읽으십시오. 충성스런 기독인이 되고 싶으십니까? 빌립보서를 깊이 묵상하십시오. 자녀를 신실한 신앙인으로 기르고 싶으십니까? 빌립보서를 늘 가까이 하십시오. 혹시 지금 마음 아프게 고통당하는 일이 있습니까? 빌립보서를 가까이 두고 깊이 읽으며 말씀을 붙들고 기도하십시오. 공책을 챙겨 도움말을 꼼꼼히 잘 적어 놓으십시오. 그렇게 만들어진 빌립보서 자료를 나중에 가족 성경공부 모임에서 열심히 활용하십시오. 사랑하는 여러분, 빌립보서 전체를 한꺼번에 공부할 수 있는 기회가 앞으로 몇 번이나 더 있을 것 같습니까? 몇몇 분에게는 한두 번 더 그런 기회가 주어질 수도 있겠지만 대부분의 사람들에게는 아마 그런 기회가 다시 주어지기는 어려울 것입니다. 그러므로 말씀을 전하는 이나 듣는 이 모두 정신을 바짝 차려 '같은 마음'으로(빌 2:2) 최선을 다해 이 말씀에 집중하는 것이 좋겠습니다.

빌립보서 4장 1절 말씀에 기대어 "이와 같이 주 안에 서라"로 강해의 주제를 정했습니다. 예수님 안에서 누리는 복이 무엇인지 알고, 예수님 안에 사는 법을 열심히 배우자는 뜻입니다. "예수 믿는다"는 것은 "오직 예수'만' 믿는다"는 뜻입니다. 그것은 또한 "예수님 안에 있다, 예수님 안에서 산다"는 뜻이기도 합니다. '믿음'으로 우리는 예수님과 '신비한 연합'을 누리게 됩니다. 예수님도 요한복음 15장에서 '포도나무와 가지 비유'로 그것을 말씀하셨습니다. 성경의 또 다른 부분에서는 그것을 '그리스도와의 결혼'으로 표현하기도 합니다. 따라서 예수님은 신랑이시고 신자(교회)는 신부입니다.

지금 예수님 안에 있습니까? 그래서 기쁘십니까? 그 이유가 무엇입니까?

어쩌면 지금은 그 이유를 명쾌하게 설명할 수 없을 지도 모릅니다. 그러나 이 빌립보서를 끝까지 다 공부한 뒤에는 언제 어디서든 누구에게나 그 이유를 분명하게 설명할 수 있게 될 것입니다. 시작하기 전에 먼저 한 가지 더 물어보겠습니다.

"신자에게 하나님은 상수입니까, 변수입니까?"

예수 믿노라 하는 사람들 가운데도 하나님을 삶의 상수가 아닌 변수로 취급하는 이들이 많이 있습니다. 자기 생각대로, 자기 계획대로, 모든 일을 제멋대로 계획하고 추진하다가 그 결과가 영 신통치 않으면 그때서야 비로소 슬그머니 하나님을 해결사로 동원하여 골치 아픈 책임을 다 떠넘기는 몸짓을 하는 이들이 많습니다. 그러나 하나님은 우리 인생의 변수가 아니라 영원한 상수이심을 명심해야 합니다. 예수님은 산상수훈에서 "먼저 하나님 나라와 그 의로움을 구하라(마 6:33)"고 말씀하셨습니다. 그러므로 신앙인은 어떤 경우에도 하나님을 함부로 변수 취급하면 안 됩니다. 그것은 심각한 신성모독이기 때문입니다.

빌립보서에서 도드라지는 주제 가운데 하나는 '기쁨'입니다. 로마 감옥에 갇혀 있는 바울(오늘날 해외에서 활동하는 이들이 우리말 이름과 영어식 이름을 따로 갖고 있듯이 당시 사람들도 헬라식 이름과 히브리식 이름을 갖고 살았습니다. 바울도 그랬습니다. '사울'은 히브리 식 이름이고 '바울'은 헬라 식 이름입니다. 바울은 대화 상대에 따라 두 이름 가운데 하나를 사용했습니다. "부활하신 예수님을 만난 뒤로 '사울'이 '바울' 되었다"는 주장은 누군가의 엉터리 추론일 뿐입니다)은 옥살이의 역경 속에서도 빌립보교회와의 동역을 주 안에서 기뻐하고 있습니다. 예수 믿는 즐거움, 예수 믿는 기쁨은 광야 같은 세상에서 순례의 길을 걷는 성도가 누릴 수 있는 아주 큰 은혜이고 복입니다.

요 15:11 내가 이것을 너희에게 이름은 내 기쁨이 너희 안에 있어 너희 기쁨을 충만하게 하려 함이라.

예수님의 말씀입니다. 하지만 현실은 그렇게 만만하지 않습니다. 곳곳에 절망, 실망, 불만, 스트레스가 넘쳐납니다. 요즘은 초등학생들도 스트레스를 많이 받는 모양입니다. 며칠 전 점심때쯤 시내버스를 탔는데 바로 앞자리에 수업을 마치고 집으로 돌아가는 초등학교 학생 둘이 앉아 있었습니다. 어린 아이들답게, 아주 발랄하게 재잘대며 나누는 이야기를 자연스레 흘려듣게 되었습니다.

"나 증말, 요즘 스트레스가 너무 심해서 도저히 못살겠어!"

"왜?"

"우리 엄마 때문에……. 아주 갈수록 밥맛이야!"

"그래? 나는 우리 아빠 때문에 스트레스 너무 받아서 미치겠는데……. 짜증 나!"

잔뜩 겉늙어 버린 듯한 철부지 아이들의 이야기에 웃어야 할지 울어야 할지 난감했습니다. '초딩'들까지도 스트레스를 몽땅 받으며 살아가는 이 세상에서 사람들은 무지갯빛 행복이 그저 지속되기만을 막연히 열망합니다. 인생을 살아가다 보면 기쁨과 만족의 순간보다 고단한 시간이 훨씬 많습니다(시 90:10). 내일은 좀 나아질 것이라는 기대로 스스로를 위로하며 하루하루를 버텨 보지만, 삶에 속고 속다 보면 어느 순간 그런 기대마저도 부질없는 것처럼 느껴질 때가 많습니다. 소망이 없다는 생각은 나이 들어감에 따라 점점 더 확신에 가까워집니다. '백세시대'입니다. 예전에 비해 평균 수명이 많이 늘어났습니다. 내가 어렸을 적에는 마을에 환갑을 넘긴 분들이 별로 없어서 '환갑잔치'가 인생에 매우 크고 의미 있는 잔치로 여겨졌습니다. 환갑을 넘기면 마을 사랑방에서 원로 중의 원로 대접을 받고 큰기침하며 살았습니다. 그러나 요즘 같은 백세시대에는 환갑 진갑 갓 지난 사람이 어쩌다 노인복지관이라도 기웃거리면, 80, 90대의 어르신들이 여지없이 호통을 칩니다.

"지공도 못된 주제에 감히 어딜 기웃거리시나? 어여 가서 엄마 젖 좀 더 자시고 오셔!"

참고로 '지공'은 '지하철을 공짜로 탈 수 있는 나이인 만 65세'를 가리키는 신조어(新造語)입니다. 지공을 넘어 인생이 7학년에서 9학년에 접어들면 육체적인 한계와 고통이 한없이 늘어납니다. 시시때때로 지난 인생에 대한 후회와 실패감(失敗感)이 밀려오고, 사랑하는 가족, 친구들과 하나둘씩 사별(死別)하면서 그 안타까운 이별에 가슴이 한없이 저미고, 덩달아 고독의 쓰나미가 늙은 가슴을 하염없이 후벼옵니다. 행복한 시간은 별로 없고, 노인 요양병원 침대에 힘없이 누워 한없이 초라해진 삶을 혼자 안타까워하며 떠날 날만 하염없이 기다립니다. "인생은 60부터"라고 아무리 목소리를 높여 보아도 하루가 다르게 잦아드는 생명에 대한 연민을 어쩌지는 못합니다. 이것이 백세시대 노인들의 어쩔 수 없는 모습입니다. 그럼에도 많은 이들이 행복을 주어진 환경에 기초한 기쁨이나 만족이라고 생각합니다. 그러나 문제는 그 환경이 인간의 통제 밖에 있다는 것, 그래서 행복을 도무지 계획할 수도, 조절할 수도 없다는 데 있습니다. 나이 들고 늙어 가면서 '내일은 좀 행복해질 것'이라는 보장이 없이 휘청휘청 살아갑니다. 사람들이 꿈꾸는 그런 행복은 오직 주변 환경이 다소 우호적일 때만 잠시 경험할 수 있는 것입니다.

그러나 영적인 기쁨은 환경을 초월합니다. 그것은 기회나 환경에 달려 있는 것이 아닙니다. 영적인 기쁨은 환경이 어떠하든 '예수님과 신자와의 깊고도 지속적인 관계'에 달려 있습니다. 바로 그 '관계'를 우리는 "예수님 안에 있다"는 말로 표현합니다. 예수님 안에 있으면 환경을 가볍게 뛰어넘는 기쁨을 누릴 수 있습니다. 아니 환경이 나쁠수록 예수님 안에서 누리는 기쁨은 더욱더 크게 느껴집니다. 나는 어린 시절에 어둠을 몹시 무서워했습니다. 어른들이 어린 나를 데리고 앉아 '흉악한 귀신 이야기', '이마에 빨간 뿔이 달린 무시무시한 도깨비' 이야기를 너무 많이 들려주었기 때문입니다. 덕분에 푸세식 화장실이 마당을 가로질러 울타리 쪽에 있던 시절에 어쩌다 밤에 대변이라도 마려울 때면 아주 심란했습니다. 하지만 그런 나에게도 밤 시간이 전혀 무섭지 않고 오히려 아주 즐거울 때가 있었습니다. 저녁밥을 드신 뒤 나를 데리고 동네 사랑방에 마실 나가셨던 아버지가, 기다리다 지쳐 그만 일찍 잠들어버린 나를 업고 캄캄한 동네 고샅을 걸어 집으로 돌아가실 때가 종종 있었습니다. 어쩌다 잠이 깨어 아버지 등 뒤에서 마을에 짙게 내려앉은 어둠을 보면 한없이 무섭던 그 어둠이 그렇게도 푸근하고 따뜻할 수가 없었습니다. 그 짙은 어둠 속에서도 아버지의 등이 얼마나 호습고 포근했는지 모릅니다. "예수님 안에 있다"는 것은 바로 그런 것입니다. 아버지 등에 업혀 있으면 그 어둠이 전혀 두렵지 않고 오히려 신바람이 나듯이, 예수님 안에 있으면 어떤 난관, 어떤 고통, 어떤 낙심과 실패, 어떤 반대 속에서도 참 기쁨을 누릴 수 있습니다. 죄인을 구원하시는 하나님의 은혜로 말미암은 영원한 복이 있기 때문입니다. 기쁨은 하나님과의 참된 관계에서 옵니다. 그 아름다운 관계 속에서 고난에 대한 관점이 거룩하게 조정되면서 다가오는 것이 하늘의 기쁨입니다. 이렇듯 예수님 안에서 누리는 기쁨은 늘 환경을 가볍게 초월합니다. 이 기쁨은 하나님의 자녀들에게 주어진 영원한 선물입니다.

'기쁨'은 신약성경의 핵심 주제 가운데 하나입니다. 신약성경에 "기쁘다"는 뜻의 헬라어 동사 '카이로'가 96회, "기쁨"이라는 헬라어 명사 '카라'가 59회 등장합니다. 모두 155회나 '기쁨'과 관련된 낱말이 등장하는데 이 낱말이 빌립보서에 무려 16회나 등장합니다. 평균치를 훨씬 웃도는 수치입니다. 그래서 흔히 빌립보서를 '기쁨의 편지'라고 부릅니다. 기쁨은 '회개한 죄인에게 주시는 하나님의 선물'입니다. 이 기쁨은 하나님의 말씀에 순종하는 이들만 충만히 경험할 수 있습니다. 이 기쁨은 시련을 통해 깊어지며 하늘 영광에 소망을 둘 때 완성됩니다. 그것은 예수님께 충성하면서, 예수님을 섬기듯이 이웃을 섬길 때 한없이 밀물져 오는 하늘의 은혜입니다.

[1장, 고난에 동참하는 기쁨]

빌 1:1-2 그리스도 예수의 종 바울과 디모데는 그리스도 예수 안에서 빌립보에 사는 모든 성도와 또한 감독들과 집사들에게 편지하노니 하나님 우리 아버지와 주 예수 그리스도로부터 은혜와 평강이 너희에게 있을지어다.

빌립보서는 사도 바울이 로마 감옥에서 빌립보교회 앞으로 써 보낸 '옥중서신'입니다. 흔히들 가볍게 읽고 지나치는 1장 1-2절 말씀은 단순한 인사말이 아니라 빌립보서의 서론이자 결론이라고 할 수 있는 대단히 중요한 말씀입니다. 여기에 예수 그리스도께 사로잡힌 사람, 사도 바울의 신앙 고백이 무르녹아 있습니다. 바울은 지금 1세기의 서신 양식(template)을 활용하여 인사말을 쓰고 있습니다. 그 당시 서신 양식의 인사말에는 ① 발신자 정보, ② 수신자 정보, ③ 발신자가 수신자에게 빌어 주는 복, 이 세 가지 요소가 포함되어 있었습니다. 바울은 당시 유행하던 이 양식을 활용하여 1-2절의 인사말 속에 기독교의 핵심을 고도로 압축해 놓았습니다. 이 인사말이 빌립보서 전체의 '복선' 역할을 하며 편지의 핵심을 관통합니다. 이것이 이 인사말을 '빌립보서의 서론이자 결론'이라고 감히 말하는 이유입니다. 따라서 이 인사말은 영혼 없는 빈말(lip service)도 아니고, 그저 그렇고 그런 의례적인 인사도 아닙니다.

대한민국은 정말 살기 좋은(?) 나라입니다. 하루에도 몇 번씩 이 사람 저 사람이 전화나 문자로 목돈을 빌려 주겠다고 속삭입니다. 여기저기서 백세시대에 노후를 대비한 암보험도 골고루 들어 놓으셔야 하지 않겠느냐고 노후까지 살뜰히 챙겨 주며 걱정해 주는 이들이 많습니다. 어느 날 갑자기 얼굴도 모르는 젊은 여성이 전화를 걸어서 해맑은 목소리로 "사랑합니다, 고객님" 하면서 살갑게 접근합니다. 물론 요즘은 그 말의 속뜻이 "사랑합니다, 호갱님"이라는 것쯤은 세상 물정에 어두운 저도 대충 압니다. 그러나 바울의 인사말은 이런 식으로 아부하는 소리와는 그 격조와 결이 다릅니다.

바울이 이 편지를 쓸 때 빌립보교회에는 몇 가지 문제가 있었습니다. 이기적이고 자기중심적인 자세로 움직이는 이들이 있었고, 유력 인사들의 갈등 때문에 교회 분열의 위기도 감지(感知)되고 있었습니다. 이런 과정에서 교회 지도자의 역할마저 미미해서 교회의 미래를 염려하는 교인들이 많았습니다. 이 사실이 옥살이하는 바울의 마음을 몹시 무겁게 했습니다. 바울은 이런 문제점을 의식하고 편지의 첫머리에서 자신이 "예수 그리스도의 종"임을 먼저 강조하고 있습니다. 이는 빌립보교회 교인들에게 예수 믿는 사람의 본질은 '예수님의 종'이라는 사실을 먼저 분명하게 각인(刻印)시키고자 함이었습니다.

바울 당시 1세기의 그리스-로마 사회에서 "종"은 사람이 아니고 그저 '말할 줄 아는 도구, 생각할 줄 아는 도구'에 지나지 않았습니다. 종은 개인적인 취향이나 의견을 가질 수 없었습니다. 뿐만 아니라 자신의 편익, 일정, 육체적 건강과 안전까지 모든 것을 다 주인님께 위탁해야 했습니다. 무력에 의해 강제로 진압당하거나 경제적인 필요에서가 아니라면, 과연 그 누가 이런 '종'의 자리를 자원하겠습니까? 그러나 바울은 자신이 '그리스도께 사로잡힌 종'이라고 담대히 고백하고 있습니다. 예수님의 종으로 사는 것이 영원한 기쁨으로 가는 길임을 확신했기 때문입니다.

"그리스도 예수의 종 바울"

그러기에 빌립보서는 그리스도 예수의 종이 된 사람의 본분, 종들의 '동역'과 '상호 사랑'에 관한 가르침을 담은 귀중한 편지입니다. 예수님 안에 있는 사람이 어떻게 살아야 할 것인가에 대한 아름다운 내용을 담고 있는 참으로 귀하고 보배로운 성경입니다. 바울이 스스로 내놓는 명함은 '그리스도 예수의 종'입니다. 앞서 말씀드렸듯이 이 명함은 이 편지의 내용과 방향을 분명하게 드러내고 있습니다.

갈 1:1 사람들에게서 난 것도 아니요 사람으로 말미암은 것도 아니요 오직 예수 그리스도와 그를 죽은 자 가운데서 살리신 하나님 아버지로 말미암아 사도 된 바울은

갈라디아서를 시작하면서 바울은 "나는 (사람이 세우지 않은) 하나님이 친히 세운 사도"라고 자신을 소개합니다. 갈라디아 교회 안에 바울의 사도권(使徒權)을 의심하는 이들이 있었고, 그로 인해 그가 전한 복음의 권위가 땅바닥에 떨어질 아주 심각한 위기에 처해 있었기 때문입니다. 자신의 사도권을 강하게 변호할 목적으로 갈라디아서를 쓰고 있기 때문에 편지를 시작하면서 이런 명함을 내놓은 것입니다.

딤전 1:1 우리 구주 하나님과 우리의 소망이신 그리스도 예수의 명령을 따라 그리스도 예수의 사도 된 바울은

디모데 서신의 주제는 '목자의 소명'입니다. 영적인 아들이자 제자인 디모데 목사에게 '목자의 소명'에 관해 편지를 쓰고 있기 때문에 '그리스도 예수의 명령을 따라 그리스도 예수의 사도된 바울'이라는 명함을 썼습니다. 이렇듯, 바울 사도가 내미는 명함에는 늘 그 편지의 내용과 방향

이 압축되어 있습니다. 그러기에 이 인사말을 편지의 서론이자 결론이라고 말씀드리는 것입니다. 바울은 어떤 사람입니까? 바울은 '그리스도 예수의 종'입니다.

빌 3:17 형제들아 너희는 함께 나를 본받으라. 그리고 너희가 우리를 본받은 것처럼 그와 같이 행하는 자들을 눈여겨보라.

빌립보서 3장 17절에서 바울은 그리스도를 본받는 자신의 모습, 곧 종의 충성스런 자세를 본받도록 빌립보교회에 강력하게 도전하고 있습니다. 바울의 이 명함은 빌립보서의 주제인 희생적인 섬김, 복종과 아주 잘 어울립니다. 종들은 복종, 겸손, 희생 등의 덕목을 반드시 갖추고 있어야만 합니다. 이 인사말을 조금 더 깊이 살펴보면 기독교 신학의 중요한 핵심이 함축되어 있음을 알 수 있습니다. 아주 중요한 내용인데도 많이들 지나치는 부분이기 때문에 그 내용을 먼저 자세히 정리하도록 하겠습니다.

① 예수 = 그리스도(내 삶의 영원한 상수)

현대인들은 "내 인생은 나의 것. 내 운명은 내가 개척한다. 나는 그 누구도 믿지 않는다"고 주장합니다만, 정직하게 생각해 보면 현실은 그와 정 반대입니다. '믿음'을 흔히들 예수 믿는 사람들만 갖고 있는 것으로 착각하는데 전혀 그렇지 않습니다. 아무(것)도 안 믿고 살 수 있는 사람은 없기 때문입니다. 사람마다 한두 가지씩 믿는 구석이 다 있습니다. 그리고 무언가를 믿고 사는 이는 자기도 모르는 사이에 모두 다 자기가 믿는 것의 '종'이 됩니다. 다만 '무엇을 믿느냐', '누구의 종이냐'가 문제일 뿐입니다. 이는 듣기 싫고 기분 나빠도 어쩔 수 없는 분명한 사실입니다.

밥 딜런(Bob Dylon)이 1979년에 발표한 "누군가를 섬겨야 하리(*Gotta Serve Somebody*)"라는 곡의 노랫말은 매우 심오합니다.

It may be the devil
(마귀든)
or it may be the Lord
(또는 주님이든)
but you're gonna have to serve somebody.
(아무튼 그대는 누군가를 섬겨야만 할 거라네.)

가사를 음미해 보면 밥 딜런이 대중가요 가수로서는 받기 힘든 노벨 문학상까지 받게 된 이유를 짐작할 수 있습니다. 이는 그가 이 노랫말처럼 인생의 본질을 꿰뚫는 가사로 많은 곡을 만들었기 때문일 것입니다. 모든 인간의 본질은 '종'이라는 것을 바울은 알고 있었습니다. 그래서 눈부신 이력(履歷)의 '금수저' 출신(빌 3:4-11)이지만 바울이 스스로를 '예수님의 종'이라고 고백하고 있습니다. 예수님은 사랑의 왕이기 때문입니다. 그 왕은 종을 대신하여 십자가에서 죽어 주신 참 좋은 분이기 때문입니다. 세상에는 '가짜 그리스도(구원자)'가 참 많습니다만 그런 세상에서 바울은 오직 '나사렛 예수가 유일한 진짜 그리스도'라고 담대하게 고백하고 있습니다. '돈-그리스도'를 섬기는 이들이 있습니다. '돈-그리스도'를 따라가다 보면 정신이 빙빙 돌아 버립니다. '남의 시선-그리스도' 도 있습니다. 이 '시선-그리스도' 때문에 성형 열풍이 불고 있습니다. 그럭저럭 나름대로 예쁜 사람들이 사정없이 얼굴을 뜯어 고쳐 사람들이 다 엇비슷한 모습이 되어 버렸습니다. 성형한 여배우는 표정 연기가 부자연스러워서 영화감독들이 가능한 한 캐스팅하지 않으려 한다는 이야기도 있습니다. 엄밀히 말해서 성형은 하나님의 저작권을 침해하는 행위입니다. 하나님은 태초부터 종말까지 인류 역사를 통틀어서 '이광우'라는 사람을 단 한 명만 만드셨습니다. 독자 여러분 한 사람 한 사람이 다 그렇습니다. 어떻게 생겼든 모두 다 하나님의 고귀한 형상을 지닌 전무후무한 사상 최고의 걸작품들입니다. 그런데 그 걸작품을 하나님의 허락도 없이 사정없이 뜯어고치고 있습니다. 그뿐입니까? '배우자-그리스도', '자식-그리스도', '인맥-그리스도', '애정-그리스도', '명예-그리스도', '자격증-그리스도'를 섬기는 이들도 있고, 이것도 저것도 없는 이는 하다못해 '자존심-그리스도'라도 섬깁니다. 하지만 '가짜 그리스도'는 자기를 섬기는 그 사람을 종삼아 한없이 착취하다가 결정적인 순간에는 구원의 손길을 베풀지 않고 결국 꿀떡같이 믿고 있던 그 사람을 절망시킵니다. 귀신 들린 여종을 거리로 내몰아 앵벌이 시킨 사람들(행 16:16–18)처럼 가짜 그리스도는 헛된 소망으로 사람을 속여 그 사람의 생명을 한없이 착취할 뿐입니다(렘 2:27–28). 언젠가 환자 가족의 요청으로 중환자실에 입원 중인 어떤 분을 의료진의 허락을 받아 심방한 적이 있습니다. 기도가 끝난 뒤 누워 계신 환자 분이 숨을 헐떡이며 이런 말씀을 하셨습니다.

"내 재산 다 주어도 좋으니 단 며칠이라도 건강하게 살 수 있으면 그렇게 하겠습니다."

그분의 말씀이 바로 '돈–그리스도'가 가짜라는 증거입니다. 그분은 건축설계사를 많이 거느린 대형 건축설계 그룹의 회장님이셨습니다. '자격증–그리스도'도 가짜라는 증거입니다. 오직 예수님만이 유일한 그리스도이시고 진짜 그리스도이십니다. 그러기에 예수 그리스도의 종은 언제 어디서나 참되고 영원한 자유를 누릴 수 있습니다.

요 8:32 진리를 알지니 진리가 너희를 자유롭게 하리라.

요 14:6 예수께서 이르시되 내가 곧 길이요 진리요 생명이니 나로 말미암지 않고는 아버지께로 올 자가 없느니라.

"예수님의 종 된 사람은 죄로부터 참으로 자유롭다.
예수님의 종이 되면 다른 어떤 영역에서도 종이 되지 않는다."
– 크리소스톰

맞습니다. 예수 그리스도의 종은 오직 하나님께만 복종합니다. 주님의 종은 하나님을 섬기다 설령 고난이 와도 그것을 하나님의 뜻을 성취하는 과정으로 여겨 기쁘게 받아들입니다. 만물의 주인이신 예수 그리스도도 우리를 구원하기 위해 기꺼이 종의 형체로 이 땅에 오셨기 때문입니다(빌 2:6-8). 그러기에 그리스도의 주권을 인정하는 이들(종)은 참 자유와 기쁨을 한없이 누릴 수 있습니다. 그래서 그리스도의 종인 바울은 음습(陰濕)한 로마 지하 감옥 속에서도 한없이 기뻐하며 이 편지를 쓰고 있습니다. 빌립보서에 등장하는 바울, 디모데, 에바브로디도 모두 다 예수 그리스도의 종입니다. 우리들도 마찬가지입니다.

빌립보서는 "따라 하기" 시리즈(series)입니다. 요즘 서점가에 '무작정 따라 하기' 시리즈가 많습니다. 무작정 따라 하다 보면 "유명 연예인도 영어를 시원~하게 잘 한다"고 하지 않습니까? 여러분도 예수님, 바울, 디모데, 에바브로디도, 이분들을 한 걸음씩 한 걸음씩(step by step) 따라가다 보면, 어느 순간 그분들처럼 충성스럽고 신실한 종의 모습을 어엿이 갖추고 하나님과 이웃을 기쁨으로 섬기고 있는 자신을 발견할 수 있을 것입니다. 예수 그리스도의 종, 그 종의 본질은 겸손한 섬김에 뿌리를 두고 있다는 것을 명심해야 합니다.

고전 4:6 형제들아 내가 너희를 위하여 이 일에 나와 아볼로를 들어서 본을 보였으니……, 서로 대적하여 교만한 마음을 가지지 말게 하려 함이라.

히 13:7 하나님의 말씀을 너희에게 일러 주고 너희를 인도하던 자들을 생각하며 그들의 행실의 결말을 주의하여 보고 그들의 믿음을 본받으라.

우리는 복음으로 신앙의 발걸음을 잘 인도해 주는 목자들의 믿음을 본받아야 합니다. 사랑하는 동역자 여러분, 주변에 본받고 싶은 모델이 있습니까? 훗날, 주님께 충성하고 이웃을 열심히 섬긴 여러분을 본받고 싶어 할 사람이 있겠습니까? 부디 그럴 수 있기를 간절히 바랍니다. 그리스도 예수라는 말에는 '그리스도 = 예수님', '그리스도 = 내 삶의 영원한 상수'라는 고귀한 신앙 고백이 고도로 압축되어 있음을 잊지 마십시오.

② 예수님 = 하나님

'그리스도 예수의 종 바울'이라는 말은, 구약에 17회나 등장하는 '여호와의 종 모세(예, 신 34:5; 수 1:1; 왕하 18:12)'라는 말을 흉내 낸(parody) 것입니다. 이런 식으로 바울은 예수님이 하나님이심을 입증합니다.

신 34:5 이에 여호와의 종 모세가 여호와의 말씀대로 모압 땅에서 죽어
수 1:1 여호와의 종 모세가 죽은 후에 여호와께서 모세의 수종자 눈의 아들 여호수아에게 말씀하여 이르시되
왕하 18:12 여호와의 종 모세가 명령한 모든 것을 따르지 아니하였음이더라.

여호와의 종 모세
그리스도 예수의 종 바울

구약의 '여호와'와 신약의 '그리스도 예수'를 똑같은 위상으로 대비시키고 있음을 알 수 있습니다. 사도 바울이 말하고자 하는 것이 바로 그것, '예수님이 바로 하나님'이라는 사실이었습니다. 그렇습니다. 그리스도 예수 그분이 바로 하나님(의 본체, 빌 2:6)이십니다. 그러므로 '그리스도 예수의 종' 바울은 결국 "하나님의 종"입니다. '대통령 비서실장'과 같은 세상적인 명함은, 감히 명함도 못 내밀 정도로 '예수 그리스도의 종'은 아주 존귀한 신분입니다. '종'은 의무만 있고 권리는 없습니다. 그러나 종의 지위는 그 주인의 지위에 비례합니다. '시장 비서'보다 '대통령 비서'가 더 높은 이유는 그 주인의 지위가 다르기 때문입니다. 그러기에

하나님이신 예수 그리스도의 종은 '종이기 때문에' 높습니다. 기억하십시오. 오직 왕이신 예수님께 온전히 충성하는 신실한 종'만' 높습니다. 종의 본분에 충실치 않은 이들은 높임 받을 이유가 없습니다. 빌립보서 1장 1–2절에 "예수 그리스도"라는 말이 무려 세 번이나 쓰인 이유를 잘 알고 있어야 합니다.

③ 바울의 겸손: "그리스도 예수의 종 바울과 디모데"

"그리스도 예수의 종 바울과 디모데"라는 말에서 바울의 겸손을 읽을 수 있습니다. 아마도 예수 그리스도의 겸손을 본받아 살았기 때문에 그럴 것입니다(빌 2:7, "종의 형체"로 오신 예수님). 나중에 2장에서 자세히 살펴보겠지만 디모데는 사도 바울의 1차 전도여행 때 바울의 전도로 예수 믿게 된 사람입니다. 그는 바울의 영적인 아들이자 제자입니다. 나이로 보든, 경륜으로 보든, 사역의 열매로 보든, 바울과 디모데는 함부로 비교할 수 없음에도 불구하고 바울은 빌립보교회에 보내는 공식 편지에 디모데를 '그리스도 예수의 종'으로 자기와 나란히 세우고 있습니다. 갑질이 넘치는 세상에서 예수 믿는 사람들이 눈여겨보고 배워야 할 정말 아름다운 자세입니다.

④ 수신자: 빌립보에 사는 모든 "성도(거룩한 백성, Holy people)"

'성도(聖徒)'는 '예수님 안에 있는 사람'입니다. 예수 그리스도의 복음이 아주 빠른 속도로 이방 지역에 전파되고 팔레스타인 땅 바깥에 예수 그리스도의 교회가 많이 세워지는 과정에서, 교회 안에 함께 들어와 있는 '이방인 출신 그리스도인'과 '유대인 출신 그리스도인'을 하나로 묶는 거룩한 끈이 바로 '성도'라는 이름이었습니다. '성도'가 '새 언약'에 기초한 개념이었기 때문입니다. 예수 그리스도를 구주와 주로 믿는 사람들이 '새로운 이스라엘'이 되고, '새로운 하나님 나라의 백성'이 된다는 하나님의 '새 언약'에 따른 복된 이름이 바로 '성도'입니다. 한 마디로 성도는 '천국 시민권자(빌 3:20)'입니다. 자기중심성에 젖어 사는 이들이 많은 이 세상에서 그리스도 예수의 종으로 삶의 본질이 바뀐 사람들이 바로 '성도'입니다. 그런 점에서 예수 믿는 사람은 누구나 성도입니다. 성도이기 때문에 찬양대원도 되고, 장로도 되고, 목사도 되고, 집사도 됩니다. 그 반대는 아닙니다. 교회 직분자가 곧 성도라는 증거라고 잘라 말하기 어렵다는 이야기입니다. 성도는 직분을 받을 수 있지만 그렇다고 모든 직분자가 다 성도는 아닙니다. 교회 안에 마귀가 뿌려 놓은 가라지도 꽤 많기 때문입니다. 아무튼 성도는 예수님의 몸인 교회공동체의 지체가 되어 그 '공동체 안에서' 살아가야만 합니다. 그 근거를 살펴보겠습니다.

창 1:27 하나님이 자기 형상(으로 창조하시니) 곧 하나님의 형상대로 사람을 창조하시되 남자와 여자를 창조하시고

Ge 1:27 So God created man in his own image, in the image of God he created him; male and female he created them.

창세기 1장의 '인간 창조 기사'입니다. 이 말씀을 이해하기 쉽게 다시 정리하면 이렇습니다.

하나님이
자기 형상으로 (창조하시니)
사람을 창조하시되
남자와 여자를 창조하시고

우리말 개역성경에는 '창조하셨다'는 말이 한 번 생략되었지만, 히브리어 성경에는 이 말(히브리어, '바라')이 세 번 등장합니다. 히브리어에 '2단 평행법'이 많은데, 유독 인간 창조 기사에서는 특이하게 '3단 평행법'을 썼습니다. 하나님의 인간 창조가 그만큼 중요한 일이기 때문에 그 사실을 강조하기 위해서 약간 특이한 표현을 한 것입니다. 이는 인간을 창조하신 다음 "하나님이 보시기에 '심히' 좋았다"는 기록(창 1:31)에서 볼 수 있듯이, 하나님의 형상인 인간을 창조하는 일이 하나님께 매우 의미 있는 일이었음을 강조하는 히브리 문학 기법입니다. 보시는 바와 같이 '하나님의 형상', '사람'과 '남자와 여자'가 나란히 대비되고 있습니다. 사람이 곧 하나님의 형상이라는 뜻이고, 그 형상은 바로 '남자와 여자' 곧

'공동체'라는 것을 밝히는 것입니다. 이렇듯 사람은 본래 혼자 사는 것이 그다지 좋지 않은 존재(창 2:18)여서 공동체 안에서 '함께 살도록' 지음 받았습니다. 예수님을 구주와 주님으로 영접하여 하나님의 자녀가 된 사람들은 우주적인 '교회공동체' 안에서 그 '지체'가 됩니다. 교회공동체의 지체가 된 사람을 가리키는 가장 아름다운 이름이 바로 '성도'입니다. 인류사회는 오랫동안 개인주의와 승자독식(勝者獨食)주의가 판쳐 왔습니다. 성도(교회)의 삶은 이런 세속의 어두운 흐름을 거슬러 '더불어' 살고 '함께' 살아가는 아름다운 대안을 제시하는 것이어야 합니다.

④ 수신자: 빌립보교회 "감독들과 집사들"

사도 바울이 이 빌립보서를 쓰고 있을 때 이미 지상 교회에 '공교회 조직'이 자리 잡았다는 것을 알 수 있습니다. 공교회의 조직이 필요한 이유는 첫째, 이단을 방지하고 둘째, 교회의 질서를 유지하기 위해서입니다. 수신자로 빌립보교회의 감독들을 콕 집어 말하는 이유는 교회 안에서 지도자의 역할이 매우 중요하기 때문입니다. 바울은 4장 3절에서 빌립보교회에서 서로 갈등 관계에 있는 두 여인을 중재할 책임이 교회 지도자에게 있다는 것을 분명히 밝히고 있습니다. 어쩌면 여기서 말한 '감독들' 가운데 한 사람에게 그 일을 잘 해결하라는 부탁을 했을지도 모릅니다.

⑤ 발신자가 수신자에게 빌어 주는 복: "은혜와 평강"

'은혜'를 주시는 분은 하나님이시고 '은혜'의 중보자는 예수님이십니다. '평강'은 하나님과의 올바른 관계에서 옵니다. 그리고 평강을 통해 성도에게 '기쁨'이 옵니다. 은혜와 평강의 주인이신 하나님은 그리스도를 통해 그분의 교회(예수님 안에 있는 이)에 은혜와 평강을 주십니다. 이 어둡고 험한 세상을 살아가는 성도의 영원하고도 무한한 자원은 바로 하나님의 은혜와 평강입니다. 하나님의 은혜는 죄인에게 베푸시는 하나님의 무한한 호의(好意)입니다. 우리가 발 디디고 살아갈 지구라는 별을 주신 것, 날마다 숨 쉴 공기를 주신 것, 마실 물을 주신 것, 심장이 뛰고 피가 돌고 신경계가 움직이게 하시는 것, 일할 수 있는 건강, 지혜, 재능을 주신 것, 사랑하는 가족을 주신 것, 예수 그리스도의 십자가로 우리를 구원하시고 우리 곁에 소중한 동역자들을 세워 주신 것……. 이 모든 것이 하나님의 '은혜'입니다. 이것들은 노력해서 얻을 수 없고 돈으로 살 수도 없습니다. 오직 하나님의 '은혜'로만 누릴 수 있는 것들입니다. 이 은혜와 평강은 인간의 환경이라는 비바람을 초월하기 때문에, 하나님의 은혜와 평강을 누리는 성도들은 어떤 처지에서나 바울처럼 영적인 '고공비행'을 할 수 있습니다. 이 은혜와 평강이 없으면, 고난의 먹구름 아래서 영적인 '저공비행'을 하다가 절망의 늪으로 추락하기 쉽습니다. 바울이 이 편지의 시작과 끝에서 하나님의 은혜(빌 1:2, 4:23)를 강조하는 이유가 바로 여기에 있습니다.

[3-8절, 시작도 하나님이, 마무리도 하나님이: 빌립보교회의 동역에 대한 찬사]

이 단락을 읽다 보면 마치 누군가의 연애편지를 훔쳐보는 것 같은 느낌이 듭니다. 따뜻하고 정겨운 분위기에 그만 닭살이 돋을 정도입니다. 그만큼 사도 바울과 빌립보교회의 동역이 아름다웠습니다. 흔히들 사도 바울이 자비량 사역(tent making)을 했다고 알고 있지만, 그렇지는 않습니다. 무슨 이유에서인지 그는 마케도니아의 빌립보교회로부터는 선교 후원을 받았습니다. 바울은 이 편지 전반(全般)에 걸쳐 그 사실을 말하면서 빌립보교회 앞에 깊은 감사의 뜻을 전하고 있습니다.

[회상의 기쁨]

(빌 1:3) 내가 너희를 생각할 때마다 나의 하나님께 감사하며

로마 감옥에 갇혀 고통을 겪고 있는 바울이 빌립보교회를 생각할 때마다 하나님께 감사한다고 고백합니다. 바울에게 빌립보교회가 얼마나 소중한 존재였는지를 짐작할 수 있습니다. 나는 꽤 오랫동안 전주열린문교회 교우들과 함께 남북나눔운동본부를 통해 대북지원 사업을 해 왔습니다. 대북지원 사업을 시찰하기 위해 그동안 북한의 평양, 황해도 봉산,

개성, 러시아의 블라디보스토크(연해주) 등지를 몇 차례 다녀왔습니다. 언젠가 평양 순안공항에서 비행기를 기다리고 있는데 방북대표단을 이끌고 계시던 목사님께서 이런 말씀을 하셨습니다.

"목양 과정에서 어떤 교인을 생각하면 감사가 절로 나오고, 또 어떤 교인을 생각하면 기도가 절로 나옵디다."

빌립보교회 교인들은 옥에 갇혀 있는 바울의 입에서 감사가 절로 나오게 하는 사람들이었습니다. 사랑하는 여러분 잠시 펜을 놓고, 옆에 앉은 형제자매의 손을 꼭 잡으십시오. 얼굴을 보며 서로에게 이렇게 말하십시오.

"우리 서로 '감사의 제목이 되는 삶'을 삽시다."

여기서, 빌립보교회 교우들을 생각하며 깊은 감사에 젖어 있던 바울, 옥에 갇혀서 하염없이 고난의 날을 보내고 있던 바울의 스트레스 지수는 제로(0)였음을 알 수 있습니다. 왜냐하면 그가 "예수님 안에" 있었기 때문입니다. 감옥 밖에서도 예수님 안에 있었고, 감옥 안에서도 예수님과 동행하고 있었기에 그의 가슴 속에는 성령이 주시는 기쁨이 늘 충만했습니다. 바울은 지금 자기의 형편이 아니라 빌립보교회(이웃/동역자) 때문에 감사하고 있습니다. 비록 완벽하지 못한 교회였어도 바울에게 빌립보교회는 기쁨의 근원이었습니다. 그래서 바울은 빌립보교회를 "나의 사랑, 기쁨, 면류관"이라며 극찬(빌 4:1)합니다. 또한 바울은 자신의 열악한 형편 때문에 불평하거나 원망하지 않았습니다. 오히려 빌립보교회 때문에, 동역자(이웃) 때문에 한없이 감사하고 있습니다. 늙은 몸으로 감옥에서 온갖 고초를 다 겪으면서도 말입니다. 성도들은 이렇게 언제 어디서나 누구에게나 '기쁨과 감사'의 근원이 되는 삶을 살아야 합니다.

[4-7절, 감사의 이유]

[이웃을 위한 기도의 기쁨]

빌 1:4 간구할 때마다 너희 무리를 위하여 기쁨으로 항상 간구함은

4절 한 절에서 "간구"라는 말을 두 번이나 쓰고 있습니다. '생각만 해도 기뻐지는 사람'이 있는 이는 행복합니다. 4절 말씀에서 기도는 의무가 아니라는 것을 알 수 있습니다. 기도는 기쁨입니다. 기도할 수 있다는 것이 기쁨이고, 내가 기도해 줄 사람이 있는 것이 기쁨이고, 나를 위해 기도해 줄 누군가가 있는 것 또한 큰 기쁨입니다. 동역자 여러분, 언제 어디서나 어떤 상황에서나 문득 누군가가 생각날 때마다 잠시 멈춰 서서

바울처럼 그 사람을 위해 기도해 주는 아름다운 습관을 들이도록 합시다. '기도하는 복'을 더욱 풍성히 누리며 살도록 합시다. 존 오웬이 이런 말을 했습니다.

"만일 우리가 말을 좀 덜하고 기도를 좀 더 한다면,
모든 일이 본래보다 훨씬 더 잘 해결될 수 있을 것이다."

어려울 때일수록 스피커를 하늘로 향하게 해야 한다는 말입니다. 이어지는 5절에는 [동역의 기쁨]이 짙게 드러나 있습니다.

빌 1:5 너희가 첫날부터 이제까지 복음을 위한 일에 "참여"하고 있기 때문이라.

바울이 감사하는 초점은 후원자인 빌립보교회가 그의 복음 사역에 신실하게 동역한 것이었습니다. 말씀 드린 바와 같이, 바울은 자비량 선교를 원칙으로 사역했지만 빌립보교회로부터는 선교 후원을 받았습니다. 5절의 "참여(교제, 헬라어 코이노니아)"는 물질, 기쁨, 슬픔 등의 삶 전체를 함께 나누는 것을 말합니다. 조선시대 최고의 덕목이 '충효(忠孝)'였듯이, 바울 당시 그리스 로마시대의 최고 덕목은 '우정'이었습니다. 그 시대에 우정은 사회를 유지하는 기본 틀이었습니다. 당시 사람들은 "우정 없이는 정의도 없다"고 했습니다. 친구는 '같은 마음(빌 2:2)'을 지니고 모든 물건을 공유합니다. 그 당시 '교제'는 우정의 핵심이었습니다. "함께 살기, 더불어 살기"가 고대인들의 삶의 기둥이었던 것입니다. 당시의 시대정신에 비추어 보아도 바울과 빌립보교회는 예수님 안에서 서로서로 정말 깊은 우정을 나누고 있었음을 알 수 있습니다.

[기대의 기쁨: 기도의 배경]

빌 1:6 너희 안에서 착한 일을 시작하신 이가 그리스도 예수의 날까지 (이것을) 이루실 줄을 우리는 확신하노라.

본문에서 바울은 "하나님이 그리스도 예수의 날까지 이루실 줄을 확신한다"고 말하지 않고, 하나님을 '너희 안에서 착한 일을 시작하신 이'로 에둘러 표현하고 있습니다. 빌립보교회 성도들로 하여금 각 사람에게 각기 일하시는 '특별한 하나님'을 생각하도록 도전하고 있는 것입니다. 하나님께서 빌립보교회 안에서 시작하신 선한 일을 반드시 마무리하실 것을 굳게 믿는다는 것입니다. 우리 하나님은 일단 시작하면 끝을 보는 분이십니다. 하나님은 우리 삶과 사역의 출발점이십니다. 우리 안에서 시작하신 그 착한 일을 하나님이 반드시 마무리하실 것입니다. 하나님은 신실하시기 때문입니다. 그분은 어떤 경우에도 예수님 안에 있는 우리를 결코 포기하지 않으십니다. 바울이 갖고 있는 이 확신의 밑바닥에는 '예수님이 역사의 주인'이시라는 '기독교적인 종말관'이 확고하게 깔려 있습니다. 여기서 말하는 "착한 일"의 좀 더 구체적인 내용은 빌립보서 2장 1절에서 확인할 수 있습니다. 사랑하는 동역자 여러분, 나와 이웃과 교회공동체 안에서 하나님이 행하신 착한 일을 하나하나 찾아보십시오.

그런가 하면 이웃과 공동체의 약점을 찾아 거침없이 공격하는 '비판의 달인들'도 많이 있습니다. 하다하다 못하면 심지어 자기 자신의 약점까지 낱낱이 찾아내 스스로 신상을 열심히 볶아 대는 이들도 꽤 많습니다. 그러나 그보다는 나와 내 옆에 있는 동역자 안에서 '하나님이 행하시는 착한 일'을 먼저 찾아보는 것이 지혜요 은혜입니다. 나와 내 옆에 있는 동역자 안에서 일어나는 착한 일들은 아무리 사소한 것일지라도 모두 다 '기적'입니다. 왜냐하면 우리 모두 다 죄로 부패하였기에, 우리 안에는 애당초 착한 일을 행할 수 있는 '선한 DNA'가 하나도 없기 때문입니다. 그런데도 삶 속에 어떤 선한 열매가 나타났다면 그것이 바로 하나님이 우리 안에서 행하신 뚜렷한 증거이고 눈부신 기적입니다. 하나님께서 우리 안에서 시작하신 그 일을, 하나님이 성장시키고 발전시키고 마침내 완성시킬 것입니다. 우리를 향한 하나님의 거룩한 뜻을 이루어 가는 그 길에 역경도 많을 것이지만, 믿음으로 끝까지 인내하며 그 역경의 강을 건너고 나면 전보다 훨씬 더 강해진 사람으로 건너편 강 언덕에 우뚝 서게 될 것 또한 믿습니다. 낙심될 때마다, 하나님께서는 결코 당신을 포기하지 않는다는 사실을 기억하십시오. 하나님은 우리 한 사람 한 사람을 무한히 사랑하시며 기뻐하십니다. 하나님께서 우리들을 통해 그분의 아름다운 뜻을 반드시 이루어 가실 것을 굳게 믿으십시오. 우리 아버지 하나님은 우주의 왕이시며 주권자이시기 때문입니다.

잘 생각해 봅시다. 하나님에 대해 어떤 생각이 드십니까? 하나님을 생각할 때 어떤 사건 어떤 특질이 제일 먼저 떠오르십니까? 바울은 본문에서 하나님을 우회적으로 표현합니다. 특별한 상황에서 일하시는 특별한 하나님으로 생각하도록 도전하고 있습니다. 교리적으로 화석화된 관념 속의 하나님이 아니라 '내 삶 속에서 생생하게 일하시는 하나님'을 생각해야만 합니다. 하나님을 어떻게 정의하실 수 있겠습니까? 본문 6절은 하나님에 대해 신선하면서도 경험적인 시선을 강력하게 요구하고 있습니다. 하나님에 대해 경험한 모든 속성을 찬찬히 다 생각해 보십시오. 누군가에게 내가 만난 하나님을 어떻게 소개할 수 있는지 생각을 잘 정리해 보시기 바랍니다. 모쪼록 하나님을 살갑게 경험하십시오. 삶의 불확실성과 난관, 영적인 패배에도 불구하고 내가 반드시 완벽한 그리스도인이 될 것이라는 기대와 소망이 있어야 환경을 초월한 기쁨을 누릴 수 있습니다. 나중에 새 하늘 새 땅(천국)에 들어가면 사람들이 세 번 놀란다고 합니다.

"그 사람 여기 안 왔어?" 하며 한 번,

"어라? 저런 사람도 들어왔네?" 하며 또 한 번,

"얼씨구! 나도 왔네!" 하며 또 한 번.

하나님은 몹시 견디기 힘든 우리네 역경 속에서도 그분의 뜻을 성취시키기 위해 언제나 우리의 삶 속에 역사하십니다. 우리의 역경에 대해 '하나님의 관점'을 채택하는 것이 하늘의 지혜입니다. 7절에서 그것을 좀 더 자세히 밝히고 있습니다.

[7–8절, 애정의 기쁨: 기쁨의 크레센도]

빌 1:7 내가 너희 무리를 위하여 이와 같이 생각하는 것이 마땅하니 이는 너희가 내 마음에 있음이며 나의 매임과 복음을 변명함과 확정함에 너희가 다 나와 함께 은혜에 참여한 자가 됨이라.

우리의 그릇된 관점 대신 바른 역사관(歷史觀)을 지녀야 한다는 말씀입니다. 고난을 하나님의 관점에서 보라는 권면입니다. "마땅하니" 라는 말은, 예수님 안에 있는 신자는 "당연히 이런 식으로 생각해야만 한다"는 뜻입니다. 본문의 '매임(투옥), 변명, 확정함'이라는 말은 법률 용어입니다. "복음을 변명함과 확정함"이라는 표현에서 곧 열릴 재판에 임하는 바울의 각오를 읽을 수 있습니다. 다가오는 최종 재판은 '바울 개인에 대한 재판'이 아니고, 그가 전한 '그리스도의 복음에 대한 재판'이 될 것이라는 점을 분명히 하는 것입니다. 바울에게 '공생애적인 인식'이 뚜렷했다는 이야기입니다.

'공생애적인 인식'

'공생애적인 인식'이란, 내가 하고 있는 개인적인 일들이 '하나님 나라'라는 거대한 틀 안에서 어떤 의미를 지닐 것인지를 생각하며 일하는 자세를 말합니다. 예수님이 말씀하신 "하나님 나라와 그의 의로움"을 항시 먼저 생각하는 자세를 가리킵니다. 바울은 앞으로 벌어질 자신의 최종 재판을 복음을 증거할 절호의 기회로 생각하며 단단히 벼르고 있습니다. 어쩌면 무척 고단한 과정이 될 수도 있는 그 마지막 재판 과정에도 빌립보교회가 자신과 아름답게 동역하고 있다고 하며 그들을 격려하고 있습니다. "함께 참여한(헬라어, 쉉코이노노스)"이라는 말은 합성어인데, 어원을 풀어서 번역하면 "함께 나누는(동고동락하는)"이라는 뜻입니다. 빌립보교회에 복음이 전해진 처음부터 지금까지 빌립보교회가 꾸준히 바울의 사역에 동참하며 동고동락(同苦同樂)한 사실에 대해 깊이 감사하고 있습니다. 바울과 빌립보교회의 동역은 참으로 아름다웠습니다. 바울과 빌립보교회는 서로를 마음에 품고 살았습니다. 그들은 사랑으로 섬기는 기쁨으로 충만했습니다. 기쁠 때도 괴로울 때도 변함없이 서로를 따뜻하게 섬겼습니다. 사랑하는 여러분 섬김과 사랑이야말로 행복의 원천임을 잊지 마십시오.

빌 1:8 내가 예수 그리스도의 심장으로 너희 무리를 얼마나 사모하는지 하나님이 내 증인이시니라.

빌립보 교회에 대한 그리움을 "예수 그리스도의 심장으로"라는 말로 표현했습니다. 여기서 "예수 그리스도의 심장으로" 라는 말을 이해하려면 출애굽기 28장 1-30절을 먼저 살펴봐야만 합니다. 출애굽기 28장에는 대제사장이 입는 옷을 만드는 법이 적혀 있습니다. 우선 예수님이 우리의 대제사장(히 3:1)이시라는 것을 기억하면서 출애굽기 28장의 내용을 살펴보는 것이 좋겠습니다.

'에봇'은 대제사장이 입는 옷입니다. 이 에봇의 양쪽 어깨에 어깨받이가 하나씩 붙게 되는데, 각각의 어깨받이에는 이스라엘 여섯 지파의 이름이 기록됩니다. 그리고 이 어깨받이에 끈을 연결해서 가슴 앞쪽으로 늘어뜨려 흉패(판결패)를 연결합니다. 제사장의 가슴에 붙이는 흉패에는 열두 개의 보석이 박혀 있고, 보석 하나하나에 이스라엘 열두 지파의 이름이 하나씩 적혀 있습니다. 두 개의 어깨받이는 제사장이 이스라엘 12 지파를 위해 감당해야만 하는 중보기도의 부담을 상징합니다. 이스라엘 백성은 엉망진창의 오합지졸이었습니다. 하나님의 수많은 이적과 기사를 은혜롭게 경험했음에도 그들은 걸핏하면 반역과 배신을 일삼았습니다. 그런데도 이스라엘의 대제사장은 그 반역하는 백성을 마음에 보석으로 여기며 중보기도의 부담을 져야만 합니다. 이는 반역하는 언약 백성을 쓰레기가 아닌 '보석'으로 여겨 그들을 위하여 기도해야 한다는 뜻입니다. 출애굽기 28장에 기록된 대제사장의 의복(어깨받침과 흉패)에 담긴 신학적인 의미는 골고다 언덕 예수님의 십자가에서 완벽하게 성취됩니다. 반역의 달인인 우리를 건지기 위해 몸소 고난을 감당하신 주님, 그 주님의 십자가 사랑을 구약성경에서 제사장의 옷으로 예표(豫表)하셨던 것입니다. 따라서 '예수 그리스도의 심장으로'라는 말은 '십자가 사랑으로'라는 뜻이 함축되어 있는 뜨거운 사랑 고백입니다. '나를 고통스럽게 하는 사람'은 성도인 내가 기도해 주어야만 하는 사람입니다. 고통스러워도 함부로 분노하지 말고 그럴수록 더욱더 기도해 주어야 합니다. 주 예수님이 죄인인 우리, 하나님의 원수였던 우리를 가슴에 품고 기도하셨기 때문입니다. 예수 믿어 성도가 된 우리는 왕 같은 제사장(벧전 2:9)이기 때문이기도 합니다. 인간관계에서 기도가 정말 중요합니다. 깊이 기도하다 보면 반역적인 사람들이 선뜻 변하지 않더라도 기도하는 내가 변하기 때문입니다. 바울에게 빌립보교회 성도들은 감사가 나오는 사람(3절), 기뻐지는 사람(4절), 예수님의 심장으로 기도해 주고 싶은 사람, 소중한 동역자들(5절)이었습니다. 그래서 바울은 힘들게 옥살이하면서도 그들을 한없이 그리워하고 있습니다. "하나님을 증인"으로 삼는다는 말은, "당신들은 내 가슴의 보석"이라는 바울의 말이 결코 "아부도 아니고 허풍도 아님"을 고백한 것입니다. 이처럼 성숙한 그리스도인은 어떤 환경에서도 하나님으로부터 오는 기쁨을 충만히 누릴 수 있습니다.

[9–11절, 하나님 나라의 의를 위한 목자의 열정적인 기도: 성장하는 경건의 필수 요소]

빌 1:9 (이것을) 내가 기도하노라. 너희 사랑을 지식과 모든 총명으로 점점 더 풍성하게 하사

옥에 갇힌 바울이 사랑하는 빌립보교회 공동체를 위해 간절히 기도하고 있습니다. 바울은 육체적인 욕구나 교회 성장을 위해 기도하지 않습니다. 신앙생활에서 영적인 본질이 그 무엇보다도 중요하기 때문입니다. 이 기도도 1–2절의 인사말과 마찬가지로 어떤 점에서는 빌립보교회에 주는 핵심 메시지로 보입니다. 아울러 바울의 이 기도는 '하나님이 지상 교회에 주시는 경고를 정교하게 압축한 말씀'이기도 합니다. 9절의 "너희 사랑"이라는 말은 빌립보교회 안에 '이미 있는 사랑'을 가리킵니다. 교회 안에 이미 자리 잡고 있는 그 사랑을 계속 더 성장시켜 나가라는 뜻입니다. 큰 강물이 넘치듯이 사랑을 한없이 키워 가라(endless love)는 것입니다. 이 사랑의 기준은 물론 '예수 그리스도의 십자가'입니다.

"난 할 만큼 했어. 난 더 못해! 그러니 이젠 아무개 집사더러 하라고 해!"

이런 식으로 말하는 이들이 더러 있는데, 이런 말은 아직 자신이 '그리스도의 십자가'를 잘 모른다는 자백으로 밖에 들리지 않습니다. 십자가 사랑, 곧 예수님처럼 '원수 대신 죽어 주는 사랑'을 한 것이 아니라면, 사랑에 관한 한 아직 가야 할 길이 멀다는 것을 알아야 합니다. 이 사랑을 계속 키워 가려면 '지식과 총명'이 뒷받침되어야만 합니다. '지식'은 '하나님의 뜻(말씀)을 아는 힘'을 말합니다. '총명'은 상황적인 지혜, 곧 그때그때 변하는 상황에 진리를 현실적으로 적용하는 능력을 말합니다. 이 지식과 총명이 있어야 사랑을 꾸준히 키워 나갈 수 있습니다. 그렇다면, 지식과 총명이 뒷받침 되는 사랑은 무엇이며 지식과 총명이 뒷받침되지 못하는 사랑은 또 무엇입니까? 어떤 것이 지식과 총명이 뒷받침되지 못하는 사랑입니까?

우리 어머니 말씀으로는 어렸을 때 내가 무척 예뻤답니다. 고슴도치도 제 새끼는 예쁘다고 한다니 우리 어머니의 말씀을 적당히 새겨들으시기 바랍니다. 아무튼 어린 내가 자연 곱슬머리에 피부도 뽀얗고 아주 예뻤답니다. 그런데 어린 나를 안고 어르며 많이 귀여워해 주시던 어머니의 친구들 가운데 어떤 분을 내가 무던히 무서워했던 어렴풋한 기억이 있습니다. 그분은 어린 저를 안으면 으레 볼을 꼬집고 귀를 잡아당기며 예뻐했습니다. 어떤 때는 자기 몸을 부르르르 떨며 내 팔뚝을 물어뜯어서 내 여린 팔에 시퍼렇게 이빨 자국을 내기도 했습니다. 그때마다 얼마나 아팠는지 모릅니다(농담입니다만, 60여 년이 지난 지금도 MRI를 찍어 보면 내 팔뚝 어딘가에 그분의 이빨 자국이 나타날지 모릅니다). 그분이 식인종이어서 어린 내 살을 뜯어 잡수려고 그랬겠습니까? 아닙니다. 그분은 분명히 나를 귀여워하셨고 사랑해 주셨습니다. 그런데도 어린 나는 그분이 정말 무섭고 싫었습니다. 가수 김광석 씨가 "너무 아픈 사랑은 사랑이 아니었음을"이라는 노래를 불렀는데, 나는 이미 60년 전 그것도 아주 새파랗게 어린 나이에 "너무 아픈 사랑은 사랑이 아니라는 것"을 내 몸으로 생생하게 터득하고 말았습니다. 지금도 김광석 씨의 그 노래를 들을 때마다 그 '죠스 아줌마'의 무시무시한 이빨이 생각납니다. 이런 것이 바로 지식과 총명이 없는 사랑입니다.

하나 더 예를 들어보겠습니다. 요즘 동물애호가들이 많아졌습니다. 동물을 아끼고 사랑하는 것은 참 좋은 일입니다. 한때 '애완동물'로 불리던 짐승들이 요즘은 한 단계 격상되어 '반려동물'로 불립니다. 며칠 전 새벽기도회를 마치고 운동 삼아 전주열린문교회 교회당 뒤편에 있는 완산칠봉을 다녀왔습니다. 산을 내려오는 길에 반려견을 끌고 산을 올라오고 있는 여성 한 분을 만났습니다. 푹푹 찌는 삼복더위에 아주머니 손에 강제로 끌려 산을 오르는 반려견의 몸에는 꽃무늬 옷이 입혀져 있었습니다. 한여름 삼복더위에, 안 그래도 털옷을 입은 동물에게 두툼한 누비옷을 입혀 산으로 끌고 다니다니……. 지나치는 순간, 침을 질질 흘리고 가쁜 숨을 헐떡이며 끌려가는 그 개가 한없이 불쌍해 보였습니다. 말 못하는 개가 주인의 그 행동을 사랑으로 여기는지, 아니면 공포에 짓눌려서 그냥 찍소리 못하고 끌려 다니는지는 그 개하고 마주 앉아 차분히 대화를 해 보지 않아서 잘 모르겠습니다. 그뿐입니까? 동물을 사랑한다는 사람들, 동물을 사랑하자는 사람들이, 거침없이 중성화 수술을 해서 생식 기능을 제거해 버리고, 아파트에서 키우기 위해 성대 제거 수술을 해 버립니다. 동물을 사랑하는 착한 마음은 충분히 이해할 수 있습니다만, 과연 그 동물들이 주인의 그런 행동을 정말 사랑으로 여길 것인지는 또 다른 문제가 아닐까 싶습니다.

지식과 총명이 없는 사랑은 이렇듯 매우 이기적이며 폭력적입니다. 그것은 지나치게 일방적인 사랑입니다. 그것은 자칫 베푸는 이의 얼굴과 이름만 빛내는 천박한 사랑으로 전락하고 맙니다. 사랑을 받는 이가 그 사랑을 정말 사랑으로 느끼고 하나님께 감사하게 하려면 지식과 총명이 뒷받침되어야 합니다. 다시 말하면, 사랑 받는 이들의 자존감에 상처가 생기지 않게 정말 따뜻하게 '배려하는 사랑'이어야 하는 것입니다. 사랑 받는 이가 '아, 주님께서 저분을 통해, 저 교회를 통해 지금 나를 도우시는구나' 이렇게 고백할 수 있는 사랑을 해야 한다는 것입니다. 교회 안팎에도 지식과 총명이 뒷받침되지 않는 사랑이 많습니다. 매달 쥐꼬리만큼씩 선교 후원금을 보내 주면서 해외에 나가 목숨 걸고 힘들게 사역하는 선교사들에게 틈만 나면 갑질하는 교회는 또 얼마나 많습니까? 구제한답시고 예배 시간에 구제 대상 교인들을 한 사람씩 불러내, 교인들이 다 보는 앞에서 쌀자루를 하나씩 들쳐 메고 가게 하여 가난한 그들의 마음에 평생 씻지 못할 치욕을 안겨 주고, 결국은 정든 교회를 떠나게 만드는 저질 사랑도 더러 있지 않습니까? 사랑을 키워 가려면 지식과 총명이 뒷받침되어야만 한다는 것을 명심해야 할 것입니다.

빌 1:10 너희로 지극히 선한 것을 분별하며 또 진실하여 허물 없이 그리스도의 날까지 이르고

'분별력'이 있어야 제대로 된 사랑을 할 수 있습니다. 사랑은 모호한 감정이 아닙니다. 사랑은 철저하게 분별력에 뿌리를 두고 있습니다. 10절의 "지극히 선한 것"은 윤리 도덕적으로 '착한 것'을 가리키지 않습니다. 그것은 '본질'입니다. '본질'과 '비본질', '몸통'과 '깃털'을 구분할 줄 알아야만 합니다.

"뭣이 중헌디?"

본질과 비본질을 왜 분별해야 합니까? "본질에 목숨 걸고, 비본질은 양보하기 위해서"입니다. "몸통에 집중하고 깃털은 관용하기 위해서"입니다. 이 분별력이 있어야 영적인 탁월성을 발휘할 수 있습니다. 교회 안에도 정말 사소한 것에 목숨 걸면서 교회를 시끄럽게 하는 사람들이 뜻밖에 많습니다. 본질에 대한 분별력이 없기 때문에, 본질은 아예 생각지도 못한 채 그냥 넘어가 버리고, 아주 사소한 깃털을 가지고 끊임없이 다

투고 싸웁니다. 이런 분별력이 없기 때문에 대통령 탄핵 국면에서도 목사가 앞장서서 태극기 집회에 나가고, 아무 생각 없는 교인들은 그런 목사의 뒤를 따라 떼로 몰려가서 태극기와 성조기를 내두르며 영어로 기도하는 것입니다. 현직 국회의원 가운데 약 45%가 기독교인이라는데, 그래서 우리나라 국회가 정말 거룩하게 돌아가고 있습니까? 전혀 아니지 않습니까? 그 결과 우리 조국 교회는 요즘 정말 낯 뜨겁게도 '개독교'라 욕을 먹고 있습니다. 우리가 욕먹는 것은 참을 수 있지만, 덩달아 우리 예수님이 무참히 욕을 먹는 현실이 너무너무 가슴 아프고 안타까울 뿐입니다.

중요한 주제이므로 몇 가지 예를 더 들겠습니다. 전도사 시절에 어느 주일 밤 예배 후 당회에 무언가를 보고할 일이 있어서 회의에 곁다리로 참석한 적이 있습니다. 그런데 당회원들이 내가 보기에 별 것도 아닌 안건들을 가지고 한없이 시간을 끌며 티격태격하고 있었습니다. 그러다보니 시간이 꽤 흘렀고 어언간 밤 9시가 가까워 오고 있었습니다. 저녁식사도 하지 않고 모인 터라 다들 배가 고팠습니다. 회의가 하염없이 길어지자 장로 중에 한 분이 "배고픈데 근처 어디 식당에 음식을 주문해서 식사하면서 회의를 계속하자"는 제안을 했습니다. 그러자 다른 장로 한 분이 아주 근엄한 표정으로 "주일이라 돈을 쓰면 안 된다"며 따끔하게 한 마디 했습니다. 그 한 마디로 이내 분위기가 평정되는 듯했습니다. 그렇게 회의가 좀 더 진행되고 있었는데, 장로님 한 분이 너무너무 배가 고팠

던지 참다못해 다시 말을 꺼냈습니다.

"우리 그러지 말고 오늘 요 앞 식당에 전화해서 음식을 시켜 먹고, 돈은 내일 월요일에 갚읍시다. 그러면 되지 않겠어요?"

그 빛나는 머리의 장로님을 나는 지금도 잊을 수 없습니다.

어떤 교회에서 교회 설립 50주년 기념행사를 하기로 했습니다. 당회가 모여 기념행사 때 어떤 음식을 할 것인지를 아주 진지하게 의논하기 시작했습니다. 무려 네 시간의 마라톤 회의 끝에 '찰떡'을 하기로 결론이 났습니다. 회의를 마치고 다들 일어서려는데 갑자기 한 장로가 궁시렁거리며 또 이렇게 말했습니다. "그런데, 찰떡도 여러 종류가 있잖여?" 그 말을 듣고 다들 자리에 다시 주저앉아 추가로 2시간을 더 회의한 끝에 '쇠머리 찰떡'을 하기로 결정했습니다. 무려 6시간 당회 끝에 '쇠머리찰떡'이라는 결론에 도달한 것입니다. 그냥 여전도회에 맡겨 버리면 될 일을 가지고 당회원들이 나서서 이렇게 요란을 떤 것입니다. '본질'과 '비본질'을 전혀 구별하지 못하기 때문에 그러는 것입니다. 꾸며 낸 이야기 같지만 실화입니다. 문제는 이런 일을 하는 이들의 자세가 지상에서 최고로 진지하고 경건하다는 데 있습니다.

어떤 집사 부부가 주일 아침에 교회학교에 가려고 나서는 딸을 불러 세웁니다. "아무개야, 이 헌금봉투 잘 갖고 가서 본당 입구에 있는 헌금함에 잘 넣어 다오. 엄마 아빠는 오늘 어느 집 결혼식이 있어서 거기 다녀와야 하거든? 알았지? 실수 없이 헌금함에 잘 넣어야 한다?" 만일 이런 식으로 자녀들에게 헌금 심부름을 한 번만 시키면 그 아이의 신앙은 그것으로 끝나 버릴 것입니다. 그 아이에게 하나님의 아주아주 특별한 은혜가 다시 임하지 않는 한 그 아이의 신앙은 떡 쪄 먹고 시루 엎어 버린 셈이 됩니다. 그래서 그 못되고 알량한 엉터리 신앙생활 자세를 대대로 추하게 대물림하게 됩니다. 본질을 분별하지 못하고 자녀들에게 이런 식의 심부름을 단 한 번이라도 시키면, 그것으로 아이의 일생을 간단히 망가뜨려버릴 수 있다는 것을 명심해야 합니다. 이 예들을 통해 본질과 비본질을 분별하는 것이 얼마나 중요한 일인지 잘 아셨을 것입니다.

본질과 비본질을 구별하는 것으로 끝이 아닙니다. "진실하여야" 합니다. 고대 사회에서 도공(陶工)들이, 무던히 힘들여 만든 도자기에 살짝 금이 가면 거기에 양초를 살짝 발라 감쪽같이 흠 없는 것처럼 속여서 파는 일이 흔했습니다. 비싸게 산 도자기에 흠결이 있으면 안 되기에 사람들은 도자기를 살 때 종종 도자기 감별사를 동원했습니다. 감별사들은 도자기의 금간 곳을 찾아내기 위해 그 도자기를 들고 밖으로 나가 햇빛에 비춰 보았습니다. 햇빛에 비춰 보면 도자기에 나 있는 아주 작은 금도 잘 보이기 때문입니다. '진실하여'라는 말은 바로 그렇게 '햇빛에 비추어 보아도 흠이 없다'는 뜻을 담고 있습니다. 본문의 '진실하여'는 하나님과의 관계를, '허물없이'는 이웃과의 관계를 가리킵니다. 하나님 앞에 진실하고 이웃 앞에 허물이 없어야 한다는 것입니다. 결국 이 두 낱말은 '관계의 진실성과 성실성'을 가리킵니다. 그리스도인은 자신의 삶을 항시 말씀의 햇빛에 비춰 보는 좋은 습관을 들여야 합니다. 그래야 진실하게 살 수 있습니다.

히 4:12 하나님의 말씀은 살아 있고 활력이 있어 좌우에 날선 어떤 검보다도 예리하여 혼과 영과 및 관절과 골수를 찔러 쪼개기까지 하며 또 마음의 생각과 뜻을 판단하나니

하나님의 말씀은 우리 영혼의 진단 장비입니다. 말씀을 통해 정기적으로 건강을 검진하는 것이 중요합니다. 별 것 아닌 병인데도 정기 검진을 소홀히 하다가 그만 병을 키워 허망하게 목숨을 잃는 이들이 많습니다. 아무리 그럴싸한 경건의 모양도 극심한 시련과 박해 앞에서는 금간 곳이 여지없이 드러나게 되어 있습니다. 그러기에 평소에 말씀의 빛 앞에서 내 영혼의 건강 상태를 수시로 점검하는 것이 무엇보다 중요합니다. 노벨문학상 수상 작가이자 소련 민주화를 위해 오랫동안 옥살이를 했던 알렉산더 솔제니친이 이런 말을 했습니다.

"우리 모두 '싸구려'를 늘 진지하게 좇고 있다."

진실하게 산다는 것은, 인생의 싸구려를 뒤로 하고 삶의 본질을 따라 하나님 앞에서 삶의 우선순위를 올바르게 조정하는 삶을 가리킵니다. 하나님 앞에서 진실한 사람은 사람 앞에서 "허물 없이" 살아야 합니다. '허물이 없다'는 것은 우선 '내 삶에 허물이 없다'는 뜻이지만 그것이 다는 아닙니다. 나의 언행이 누군가에게 걸림돌이 되어 그 사람의 삶에 허물로 나타나게 하지 않아야 한다는 뜻도 포함되어 있습니다. 내가 누군가에게 걸림돌이 되어 그의 삶에 허물이 나타난다면, 그 또한 나의 허물이 된다는 것이 바울의 생각입니다. 하나님과 이웃과의 관계에서 성실성과 일관성은 대단히 중요합니다. 언제까지? 그저 며칠 동안만? 아닙니다. '예수 그리스도의 날' 곧 예수님 앞에 서는 그날까지 내내 그렇게 살아야 합니다. 십계명의 구조(1-4계명은 하나님과의 관계를, 5-10계명은 이웃과의 관계를 명시)에서 보듯이, 하나님과의 관계와 이웃과의 관계는 아주 깊이 연동되어 있습니다. 하나님 앞에 신실하게 살겠다면서 이웃과의 관계를 하찮게 여기는 사람, 그런 사람의 믿음은 안타깝게도 가짜일 가능성이 높습니다. 그 반대도 마찬가지입니다. 이런 점에서 잠언 16장 7절 말씀은 우리가 두고두고 묵상해 봐야 할 귀한 말씀입니다.

> **잠 16:7** 사람의 행위가 여호와를 기쁘시게 하면[하나님과의 관계] 그 사람의 원수라도 그와 더불어 화목하게[이웃과의 관계] 하시느니라.

빌 1:11 예수 그리스도로 말미암아 의의 열매가 가득하여 하나님의 영광과 찬송이 되기를 원하노라.

11절은 10절의 결과를 가리킵니다. 지식과 총명으로 사랑이 계속 자라 가야 영적 탁월성이 유지되고 그래야 신앙의 일관성이 유지되어 하나님께서 기뻐하실 만한 의(義)로운 열매를 맺을 수 있기 때문입니다. 결국 핵심은 '의로운 열매'입니다. 그리스도인들이 맺어야 할 삶의 열매, 행동의 열매가 풍성하게 나타나야만 합니다. 그런데 불행히도 우리 안에는 그렇게 의로운 열매를 맺을 수 있는 힘이 없습니다. 그래서 "예수 그리스도로 말미암아"라는 말을 덧붙인 것입니다. 오직 예수님 안에 있을 때만 "의(義)"의 열매를 맺을 수 있습니다. 한자(漢字) '옳을 의(義) 자'는 '양 양(羊)'과 '나 아(我)' 자가 합쳐진 것입니다. 예로부터 동양에서는 '내 양이 아닌 것을 내 양이라고 하면 옳지 않은 것이고, 내 양을 내 것이라고 하는 것이 옳은 것'이라 했던 것입니다. 하지만 성경적인 '의로움'은 '하나님이 보시기에 옳은 것'을 가리킵니다. 죄가 들어오기 전의 에덴에는 불의한 것(죄)이 없었습니다. 그래서 하나님께서 보시며 한없이 좋아하셨습니다. 의로운 세상이었기 때문입니다.

세상의 상대적인 의로움은 의로움이 아닙니다. 여당이 옳다는 것을 야당은 틀렸다고 합니다. 영희가 옳다는 것을 현수는 아니라고 합니다. 의로움의 유일한 기준은 하나님입니다. 오직 하나님께서 의롭다하시는 절대적인 의로움이 진짜 의로움입니다. 하나님이 기뻐하시는 의로운 삶을 순간적인 결심과 치열한 노력으로 잠시 이룰 수는 있으나, 그것을 지속하기는 정말 어렵습니다. 우리가 죄로 약해졌기 때문이고, 우리를 유혹하는 마귀의 권세가 아직 남아 있기 때문입니다. 이런 삶을 "그리스도의 날까지" 변함없이 유지하고 신앙의 지조를 지키려면 우리가 예수님 안에 있어야만 합니다. 오직 예수님 안에 있을 때만 꾸준함과 한결같음을 유지할 수 있습니다.

본문 9-11절에 기록된 바울의 기도는, 보살피는 사랑(9절), 본질에 충실한 삶(9절 앞부분), 순결한 삶(9절 뒷부분), 열매 맺는 삶(11절)을 위한 것입니다. "동역과 사랑은 계속 풍성해져야만 한다. 그럼으로써 의의 열매가 가득하게 된다." 이것이 바울의 생각입니다. 옥중에서 기도하는 바울은 자신의 석방을 위해 기도하지 않았고, 옥살이의 고통이 줄어들기를 기도하지도 않았습니다. 그는 오직 빌립보교회의 '영적인 성숙'을 위해 기도했습니다. 그들의 삶의 질을 위해 기도했고, (자신이 아닌) 이웃을 위해 기도했고, 하나님 나라를 위해 기도했습니다. 이런 점에서 우리의 기도를 찬찬히 점검해 볼 필요가 있습니다. 우리의 기도는 어떻습니까? 우리는 주로 누구의 무엇을 구하고 있습니까? 바울의 기도를 본받아 우리 모두 기도의 품격을 한 단계 더 높여야만 합니다.

[12–18절, 역경과 복음의 상관성: 역경에도 사역의 기쁨이 !]

이 단락에서 바울은 뜻밖에도 그의 투옥은 복음 사역의 장애물이 아니라 오히려 복음의 큰 진전을 이루는 계기가 되었다고 말합니다. 바울은 그의 투옥에 대한 빌립보교회의 관점을 바꿔 줄 목적으로 이 글을 쓰고 있습니다. 표면상 나빠 보이는 일이 사실은 좋은 일이 되었다는 것입니다. 그 이유는 그가 하나님 안에 있었기 때문입니다. 하나님이 그의 역경을 선하게 쓰시기 때문입니다. 하나님이 그의 삶의 영원한 상수이시기 때문이기도 합니다.

롬 5:3–5 다만 이뿐 아니라 우리가 환난 중에도 즐거워하나니 이는 환난은 인내를, 인내는 연단을, 연단은 소망을 이루는 줄 앎이로다. 소망이 우리를 부끄럽게 하지 아니함은 우리에게 주신 성령으로 말미암아 하나님의 사랑이 우리 마음에 부은 바 됨이니 [환란〉인내〉연단〉소망]

빌 1:29–30 그리스도를 위하여 너희에게 은혜를 주신 것은 다만 그를 믿을 뿐 아니라 또한 그를 위하여 고난도 받게 하려 하심이라. 너희에게도 그와 같은 싸움이 있으니 너희가 내 안에서 본 바요 이제도 내 안에서 듣는 바니라.

바울은 자신의 고통스런 상황을 단순히 수용하는 것에 그치지 않고, 더 적극적으로 그 이상으로 나아갈 것을 빌립보교회에 요구하고 있습니다(12절, "너희가 알기를~, 30절, "너희에게도~"). 주어진 상황에 대한 '사람의 관점'과 '하나님의 관점'은 완전히 다를 수 있습니다. 오늘날 우리도 마찬가지입니다. 구약성경 시편에는 의인의 고난과 악인의 번영, 그런 가운데 하나님이 침묵하시는 것처럼 여겨지는 속상한 분위기에서 의인들이 부르짖는 기도가 많습니다. 바울의 투옥에 대한 빌립보교회 교인들의 생각도 아마 그와 비슷했을 것입니다. 그런 상황이 되면 웬만한 사람들은 "도대체 언제까지? 왜 나를 잊으셨습니까?" 이런 식으로 분노하며 하나님을 원망하기 쉽습니다. 이런 역경은 "너희 안에서 착한 일을 시작하신 이가 그리스도 예수의 날까지 이루실 줄을 우리는 확신하노라(빌 1:6)"라는 말씀과도 모순되는 듯합니다. 역경을 당하면 하나님으로부터 소외되고 버림받은 듯한 느낌이 강해집니다. 심지어 하나님이 안 계시는 듯한 느낌이 들 때도 많습니다.

시 73:21-22 내 마음이 산란하며 내 양심이 찔렸나이다. 내가 이같이 우매 무지함으로 주 앞에 짐승이오나

시인의 절절한 탄식이 느껴지십니까? 만일 우리의 상황 인식이 오직 사람의 관점에만 머물면, 시인의 이 고백처럼 스스로를 한낱 쓸모없는

사람이나, 버림받은 짐승처럼 여길 수 있습니다. 그러면 한없이 무기력해지고 맙니다. 버림받은 느낌으로 숱하게 불면의 밤을 보낼 수도 있습니다. 그러나 악인이 번성하고 의인이 고난당하는, 이처럼 기막힌 상황에서 의인이 하나님께 간절히 기도하면, 하나님께서는 그 '환경'보다 환경에 대한 '태도'를 바꿔 주십니다. 바울은 놀랍게도 자신의 투옥 상황을 복음 전파의 멋진 기회로 활용할 생각을 갖고 있었습니다. 이 단락의 핵심은 인간의 관점을 하나님의 관점으로 전환시켜서 상황을 다시 읽어 낼 수 있어야 한다는 것입니다. 그러면 눈부신 소망, 용기와 믿음으로 힘차게 전진할 수 있습니다. 결국 이 단락에서 사도 바울의 목적은 바울의 고통스런 환경을 바라보는 빌립보교회 교인들의 관점을 바꾸는 데 있습니다. 관점을 바꾸십시오. 사람의 관점에서 하나님의 관점으로 바꿔야 성도의 고난 속에 담긴 하나님의 은혜를 풍성히 맛볼 수 있습니다.

바울의 고백은 이것입니다. "환란 날에도, 우리는 기쁨을 누릴 수 있다"는 것입니다. 하나님은 어떤 경우에도 우리의 역경을 선용하셔서 복음을 증진시키고 주님을 높이십니다. 그러므로 우리는 고난 앞에서 함부로 낙심하지 말고 의연하게 모범이 되는 신앙인의 삶을 당당하게 살아야만 합니다.

[12-30절, 역경 속의 기쁨: 신나는 감옥 생활, "그대들도 함께 있었으면!"]

빌 1:12 형제들아 내가 당한 일이 도리어 복음 전파에 진전이 된 줄을 너희가 알기를 원하노라.

편지의 서론(빌 1:1-11)에 이어 12-30절에서는 '역경 속의 기쁨'을 노래합니다. 캄캄한 지하 감옥 속 옥살이의 시련에도 불구하고 예수님의 복음이 진전되고 있어 매우 기쁘다는 것입니다. 하나님께서는 모세의 손에 '능력의 지팡이'를 들려 주셨습니다. 그리고 다윗의 손에는 '돌팔매'를 들려 주셨습니다. 그런 하나님께서 바울의 손에는 '쇠사슬'을 채워 주셨습니다. 그리고는 그의 손을 묶고 있는 쇠사슬을 복음의 문을 여는 열쇠로 사용하고 계십니다. "너무 가혹하다"고 여길 수도 있습니다만, 고린도전서 10장 13절 말씀을 묵상해 보면 그런 생각이 조금은 달라질 수도 있습니다.

고전 10:13 사람이 감당할 시험 밖에는 너희가 당한 것이 없나니 오직 하나님은 미쁘사 너희가 감당하지 못할 시험 당함을 허락하지 아니하시고 시험 당할 즈음에 또한 피할 길을 내사 너희로 능히 감당하게 하시느니라.

12절의 "형제들아, 내가……원하노라"라는 말은 대단히 중요한 주제를 강조하는 헬라 시대의 수사법 가운데 하나입니다. 이런 기법을 써서 바울은 "주목!(attention please!)", "이것만은 놓치지 마십시오." "이것은 꼭 기억하십시오." 이렇게 말하고 있는 것입니다. 이제부터 그가 하려는 말을 특별히 주목하도록 문학적인 기법을 동원한 것입니다. 스티븐 룬지는 이 대목을 매우 재미있게 "바울이 지금 빌립보 교인들의 생각에 '신학적인 폭탄'을 투하하고 있다"고 표현했습니다. 바울의 고난을 바라보는 빌립보 교인들의 피상적인 관점에 폭격을 가해서, 그들의 관점을 하나님의 관점으로 전환시키려 한다는 것입니다. 물론 그 폭탄의 내용은 그의 투옥으로 '복음이 후퇴한 것이 아니라 오히려 전진하고 있다'는 것입니다. 바울은 고난이 장애물이 아니라 오히려 복음 전파의 필수 과정임을 빌립보 교인들의 마음속에 각인(刻印)시키려 합니다. 왜냐하면 역경은 예수님이 재림하실 때까지 신실한 그리스도인들에게 항시 있는 것이기 때문입니다.

요 15:20 내가 너희에게 종이 주인보다 더 크지 못하다 한 말을 기억하라. 사람들이 나를 박해하였은즉 너희도 박해할 것이요 내 말을 지켰은즉 너희 말도 지킬 것이라.

요 16:33 이것을 너희에게 이르는 것은 너희로 내 안에서 평안을 누리게 하려 함이라. 세상에서는 너희가 환난을 당하나 담대하라. 내가 세상을 이기었노라.

복음을 전하던 존 번연이 옥에 갇히게 되었습니다. 그런데 그는 감옥에서도 틈만 나면 설교를 계속했습니다. 어떤 벌과 협박도 그의 입을 막을 수가 없었습니다. 간수들이 할 수 없이 그를 독방에 가두었습니다. 그는 그 독방에서 자기를 감시하는 간수의 도움으로 불후의 명작인 『천로역정』을 썼습니다. 존 번연의 고난이 맺은 빛나는 열매입니다.

12절의 "도리어"는 예상과는 달리 정반대의 결과가 나왔다는 이야기입니다. 피상적인 안목을 극복하라는 가르침이기도 합니다. 예수님 안에 있는 그리스도인들은 역전의 명수입니다. 역전 경기의 묘미는 정말 짜릿하지 않습니까? 세계적인 농구대회 결승전에서 우리 팀이 2점 차로 끌려가다가 종료 1초 전에 던진 3점 슛이 버저 비터로 들어가서 마침내 1점차로 대역전극을 연출하며 우승했다면 아마 그 경기는 평생 잊지 못할 것입니다. 예수 믿는 사람의 삶이 늘 그렇다고 생각합니다. 그러기에 바울의 투옥은 빌립보 교인들에게 낙심의 근거가 아니라 큰 기쁨의 이유임을 알아야만 하고, 그러기에 그런 상황을 불평하지도 말고 후회하지도 않아야 한다는 것입니다. 원망과 불평은 하나님과의 교제를 차단하는 아주 무서운 장벽이기 때문입니다. 빌립보서는 바울의 투옥에 대한 빌립보 교회 교인들의 염려와 그 투옥 상황이 바울의 복음 사역에 미치는 영향 때문에 기록된 것입니다. 빌립보 교인의 관점에서는 바울의 투옥이 복음의 엄청난 뒷걸음질로 보였을 것입니다. 바울은 그들의 이런 생각에 '고난 신학'의 폭탄을 투하하여 그 생각을 깨부수려 하고 있습니다. 내가 전하는 복음으로 누군가가 '영생의 길'에 들어설 수만 있다면, 어떤 고난도 기쁨으로 여겼던 바울의 이 귀한 고백이 마음속에 온전히 뿌리내리기를 바랍니다.

빌 1:13 이러므로 나의 매임이 그리스도 안에서 온 시위대 안과 그 밖의 모든 사람에게 나타났으니

그의 투옥이 가져온 매우 긍정적인 효과를 기록하고 있습니다. '시위대(헬, 프라이토리온)'는 1만 명으로 구성된 정예 로마군대의 특전단입니다. 거기에 징집되면 약 12–16년간 복무해야 했고, 제대 후에는 연금을 받을 수 있었습니다. 이 시위대원들은 황제의 친위대 역할을 했고, 그들에게는 황제 선출권도 주어졌습니다. 아무튼 시위대 감옥에 갇혀 있는 바울의 생각은 이랬습니다. 바울이 로마의 시위대 감옥에 갇힌 것은 그가 전하는 '예수 그리스도의 복음이 로마 권력의 핵심부로 당당히 진입한 것'이라는 것입니다. 13절의 "매임"은 쇠사슬과 밧줄로 묶인 상태를 말합니다. 로마 감옥에서는 죄수와 간수의 손을 각각 하나씩 묶어서 죄수가 도망치지 못하게 했습니다. 그러기에 바울과 함께 손이 묶여 있는 간수는 바울에게 잡혀온 '포로 청중', 또는 억지로 끌려와 바울 선생님에

게 '복음을 배우는 학생'인 셈이었습니다. 많은 간수가 교대로 근무했으므로 간수들은 번갈아가면서 강제로 바울의 학생이 되어 바울한테서 복음을 들어야 했습니다. 바울은 파렴치범도, 정치범도 아니고 양심수였습니다. 비록 간수와 함께 사슬에 매여 있으나 그는 시위대의 간수들에게 복음을 전할 기회를 얻은 기쁨으로 충만했습니다. 낮에는 면회객들에게 설교하고, 깊은 밤에는 자신을 감시하기 위해 함께 묶여 있는 간수들에게 일대일로 복음을 가르쳤습니다. 밤샘 교대 근무를 마치고 귀가한 간수가 아침 식탁에서 이렇게 궁시렁거렸을 것입니다.

"나 원 참, 살다 살다 별 희한한 죄수를 다 보네. 사람은 참 오래 살고 볼 일이여."

간수의 아내가 묻습니다.

"왜 무슨 일 있어요?"

"아니, 얼마 전에 바울인가 뭔가 하는 안짱다리에 털복숭이 죄수 하나가 들어왔는데, 아 이 미친 놈이 허우대는 멀쩡하게 생겨 가지고는 날이면 날마다 하는 소리가, 팔레스타인에서 황제 폐하의 법으로 십자가형을 받았던 나사렛 예수인가 뭔가 하는 작자가 하나님이래나 뭐래나, 십자가에서 죽었던 예수가 부활했다고, 날이면 날마다 밑도 끝도 없이 주절거리고, 더 가관인 것이, 아 어제 저녁에도 밤새 나더러 그 예수를 믿어야 영원히 산다고 어찌나 달달 볶아 대던지, 나 한숨도 못 자부렀네! 아이고 내 팔자야. 어여 한 술 뜨고 잠 좀 자야 쓰겄네. 아 그런데 말이시, 이 미친 놈 이력서를 보니 놀랍게도 빛나는 박사학위가 한두 개도 아니고 여러 개더라고. 그놈을 찬찬히 뜯어보니 성품이 참 따뜻하고 평소에는 참으로 영리하고 착하고 진실되어 보이는데, 아! 어쩌다가 인간이 그렇게 '고상하게' 맛이 갔는지 나 원 참, 쩝."

바울에 관한 이런 이야기가 간수의 아내를 통해, 또 그 아내의 이야기를 들은 다른 사람의 입을 통해 순식간에 퍼져서 그가 전하는 복음이 로마 권력의 핵심부에 널리 퍼지게 되었습니다. 인터넷과 SNS가 발달한 요즘 같았으면 바울의 투옥소식은 한동안 인터넷 '실시간 검색어 1위'를 차지했을 것입니다. 바울은 바로 그런 흐름을 직시했습니다. "시위대 안"과 "그 밖의 모든 사람에게"라는 말은 그의 감옥 주변에 복음에 대한 잠재적인 증인들이 많다는 것을 가리킵니다. 로마 황실 주변 소수의 경비대원들과 다수의 일반인들에게 복음을 전할 절호의 기회가 옥살이하는 바울에게 주어진 것입니다. 그러므로 바울의 투옥은 복음의 패배도 아니고, 우주의 왕이신 하나님이 로마의 조무래기 잡신들에게 패배한 것도 아니라는 것입니다. 바울의 은혜로운 자세, 그의 눈부신 인내와 지혜, 깊은 확신과 열정, 그의 겸손, 깊은 사랑과 애정이 한없이 억센 시위대 간수들을 감동시켜 마침내 옥중 전도의 빛나는 열매가 맺히게 되었던 것입니다. 마침내 바울은 빌립보서 4장 22절에서, "가이사의 집 사람들 중

몇" 사람, 곧 '네로 황제의 친족 가운데 몇 사람'이 결국 예수를 믿게 되었다는 감격스런 보고를 하고 있습니다. 할렐루야!

[고난 속 복음의 진보]

빌 1:14 형제 중 다수가 나의 매임으로 말미암아 주 안에서 신뢰함으로 겁 없이 하나님의 말씀을 더욱 담대히 전하게 되었느니라.

게다가 로마교회 형제 중 다수가 옥에 갇힌 바울을 대신하여 더 열심히 복음 전도에 나선 것도 복음의 큰 진보라고 바울은 생각했습니다. 사도 바울을 존경하고 아끼는 이들이 더 용기를 내서 사역(바울은 지금 이 사실을 강조하고 있음)하게 되었다는 것입니다. 이렇듯 신앙의 용기는 전염성이 매우 강한 것입니다. 2천 년 교회 역사를 살펴보면, 영적인 부흥은 언제나 시련과 환란의 시기에 있었습니다. 자유로운 세상에서는 오히려 영적으로 쇠퇴하는 흐름이 나타났습니다. 무시무시한 박해가 그치고 기독교가 로마의 국교가 된 뒤의 중세 천 년의 암흑기가 그 뚜렷한 증거입니다. 사랑하는 동역자 여러분,

신앙의 가장 무서운 독약은 '부요하고 안락한 삶'
임을 잊지 마십시오. 치명적인 독약을 모으려고 너무 애쓰지 마십시오.

안락한 삶, 그것은 너무너무 위험하기 때문입니다! 오해하지 마십시오. 신앙인은 안락한 삶을 누리면 안 된다는 말이 아닙니다. 다만, '안락한 삶의 영적인 위험성'을 늘 기억하며 근신해야 한다는 것 그리고 내가 혹시 안락한 삶을 누리고 있다면 어딘가에서 고통당하고 있는 이들을 잊지 말고 그들을 돕는 일에 더 힘써야 한다는 말입니다. 사랑하는 여러분, 우리를 낙심시키는 영적인 위기 상황에서 바울처럼 복음의 진보를 내다볼 수 있는 안목과 용기를 지닐 수 있다면 얼마나 좋겠습니까?

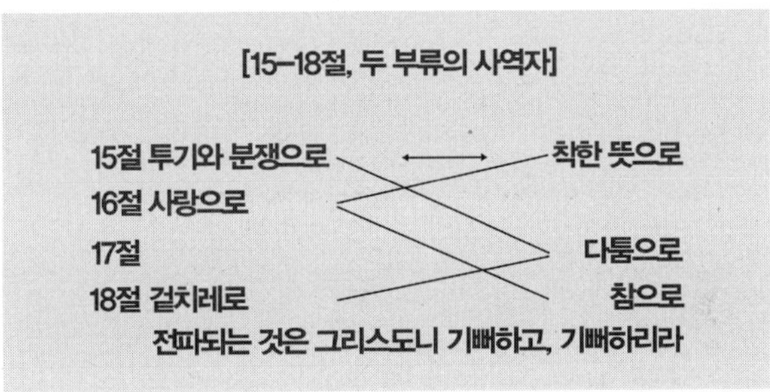

[15–18절, 역경에도 그리스도의 이름이 전파됨]

빌 1:15 어떤 이들은 투기와 분쟁으로, 어떤 이들은 착한 뜻으로 그리스도를 전파하나니

로마교회 안에 바울 대신, 바울을 사랑하는 마음으로 용기 내어 복음

을 열심히 전하는 다수의 사람들이 있었는가 하면, 바울을 죽이려고 복음을 전하는 척하는 소수의 적군들도 있었습니다. 그들의 활동 소식을 듣는 바울의 마음이 얼마나 쓰리고 아팠을지 그 속내를 제대로 가늠하기는 어렵습니다. 예나 지금이나 모든 사역자가 다 순수한 동기로 사역하는 것은 아닙니다(17절, 야심, 경쟁심, 시기심으로 사역하는 이들). 복음의 내용이 문제가 아니라, 사역자의 '숨겨진 동기'가 문제입니다. 복음은 그 내용이 바른 것이어야 하고, 바른 동기로 전하여야 합니다. '스타 목사'를 좋아하는 이들이 많은데, 스타 목사 한 사람이 실족함으로 무시무시한 대형 참사가 빚어지는 것을 우리 조국 교회는 이미 여러 번 경험하였습니다. 그리스도의 복음을 전하는 일에, 교회 안팎에 '스타 목사'라는 저속한 개념이 있는 것 자체가 매우 고약하고 낯 뜨거운 일입니다. 전도자의 악한 동기는 예수님의 몸 된 교회에 큰 해독을 끼칩니다. 욥의 친구들을 보십시오. 욥을 공격하는 말을 아주 잘하는 그들은 친구가 아니라 사탄의 대변인들이었습니다. 이렇듯 예나 지금이나 예수님의 몸 된 교회 안에서 '바른 말 잘하는 나쁜 분(糞)들'이 골칫거리입니다. '나쁜'이라는 말 다음에 욕을 넣어 주어야 하는데 차마 그럴 수 없어서 고민 끝에 그냥 '똥 분(糞)' 자를 붙여 드렸습니다. 이 글자는, '쌀 미(米)' 자와 '다를 이(異)' 자가 합쳐진 것입니다. 입으로 들어간 쌀이 전혀 다른 모양이 되어 똥꼬로 나오는 것 곧 '똥'을 뜻하는 글자를 이렇게 만든 것입니다. 좀 편하게 '바른 말 잘하는 개똥같은 사람들' 정도로 정리해 두겠습니다. '바른 말 잘하는 개똥같은 사람'의 예를 하나 들어보겠습니다.

요 12:4-6 제자 중 하나로서 예수를 잡아 줄 가룟 유다가 말하되, 이 향유를 어찌하여 삼백 데나리온에 팔아 가난한 자들에게 주지 아니하였느냐 하니 이렇게 말함은 가난한 자들을 생각함이 아니요 그는 도둑이라 돈 궤를 맡고 거기 넣는 것을 훔쳐감이러라.

요 6:70 예수께서 대답하시되 내가 너희 열둘을 택하지 아니하였느냐 그러나 너희 중의 한 사람은 마귀니라.

가룟 유다 같은 이가 바로 '바른 말 잘하는 개똥같은 사람'입니다. 어떤 여인이 향유 옥합을 들고 와서 그것을 깨어 예수님의 몸에 부었습니다. 주님을 사랑하는 여인의 이 행동을 보며 가룟 유다는 몹시 화가 났습니다. 그래서 "구제할 것을 허비했다"며 '바른 말(?)'로 여인을 호되게 책망합니다. 예수 믿는 사람 가운데 가난한 사람 구제하자는 데 토를 달 사람은 없습니다. 따라서 유다의 말은 분명히 바른 말처럼 보였지만 문제는 '숨겨져 있는 악한 동기'였습니다. 그의 숨은 동기를 드러내면서 복음서 기자는 그를 '도둑'이라 못 박습니다. 예수님은 일찍이 그를 가리켜 '마귀'라고 넌지시 말씀하셨습니다. 이제 '바른 말 잘하는 개똥같은 사람들', 그들의 문제가 무엇인지 아시겠습니까? 로마교회 안에 바로 이렇게 개똥같은 사람들이, 복음을 전한다는 거룩한 명분을 내걸고 뒷전에서는 보이지 않게 바울을 죽이는 작업을 열심히 하고 있었던 것입니다.

옥에 갇혀 있는 바울을 죽이고 싶어 안달하는 이 개똥같은 사람들의 비난을 추정해 보면 이렇습니다.

'바울이 갇힌 것은 어쩌면 바울의 숨겨진 죄에 대한 하나님의 심판일 것이다.'

'전에는 옥에 갇혔어도 하나님이 빼내 주셨는데(행 16:26) 왜 이번에는 바울을 석방시키시지 않나? 아마도 그의 교리가 문제여서 하나님이 그를 계속 감방에 가둬 두는 것 아닌가?'

'바울이 참 믿음으로 타협하지 않았다면 벌~써 순교했어야 맞는 것 아닌가?'

이에 대한 바울의 답이 16절에 기록되어 있습니다.

빌 1:16 이들은 내가 복음을 변증하기 위하여 세우심을 받은 줄 알고 사랑으로 하나

바울의 설명은 이렇습니다. 그의 투옥은 '로마에 복음을 전하시려는 하나님의 뜻'이라는 것입니다. 바울을 대신하여 용기를 내서 전도하러 나선 다수의 동역자들은 바로 그 점을 잘 이해하고 있었습니다. 그들은 갇혀 있는 바울의 역할을 대신하고자, 그가 전하는 예수 그리스도의 복

음을 수호하고자, 열심히 복음을 전하고 있었습니다. 그러므로 바울은 자신의 투옥으로 복음 사역이 실패하지 않았다는 것을 빌립보교회가 알기를 간절히 원했습니다. 빌립보교회의 세속적인 관점으로는, 바울의 투옥은 복음 진보의 모든 소망이 사라진 것이고 바울의 사역이 실패한 것입니다. 하지만 자신을 향한 하나님의 뜻과 계획에 주목하고 있던 바울의 관점은 전혀 달랐습니다. 그러므로 고난 중에 하나님이 나를 잊으시고 무시하시는 듯할 때 우리는 늘 마음을 새롭게 해야만 합니다. 닥친 고난에 대해 합력하여 선을 이루실 하나님을 믿을 것인가, 우리의 세속적인 관점을 믿을 것인가를 늘 선택해야만 합니다. 상수이신 하나님, 우리와 함께하시는 하나님의 뜻에 주목할 것인가, 우리의 고단한 환경에 주목할 것인가를 선택해야만 합니다. 바울은 전자(前者)를 선택하면서 빌립보교회에게도 자신과 똑같은 선택을 권유하고 있습니다. 사랑하는 동역자 여러분, 로마 감옥에서 바울이 옥살이를 함으로써 로마제국 전체에 복음이 뿌리내리게 되었다는 것을 기억하십시오. 신자로서 지금 내가 겪고 있는 어려움과 불편이 바로 하나님께서 나를 파송하신 나의 '로마 감옥'임을 기억하고 신실하게 주님과 이웃을 기쁨으로 섬겨야만 합니다.

빌 1:17 그들은 나의 매임에 괴로움을 더하게 할 줄로 생각하여 순수하지 못하게 다툼으로 그리스도를 전파하느니라.

바울을 괴롭히려는 몇몇 원수들은 바울의 투옥 상황이 더 악화되도록 전도에 열심을 냈습니다. 이번 기회에 눈엣가시인 바울을 밀어내고 자신들의 악한 야망(밥그릇)을 충족시키기 위해 더러운 위선과 악한 동기로 열심히 전도하는 척했습니다. 그들은 처음부터 끝까지 '밥그릇 목회자'였습니다. 바울과 달리 그들은 자족(自足)하는 법(빌 4:12)을 전혀 알지 못했기 때문입니다. 또한 천국 백성으로서의 자존감(빌 3:20; 눅 10:20)도 아예 없었기 때문입니다. 그러면 그들의 전도활동이 어떻게 바울을 더 괴롭히는 것이 된다는 말입니까? 그 속내는 이렇습니다. 바울은 지금 복음을 전하다 붙들려 로마 감옥으로 압송되어 왔습니다. 그는 최종 재판을 앞두고 있으며, 그 재판에서 어떤 판결이 나올지 전혀 예측할 수 없는 상황이었습니다. 재판 결과 참수형을 당할 수도 있고 그냥 석방될 수도 있었습니다만, 그 결말은 누구도 알 수 없는 상황입니다. 로마 공권력의 입장에서는, 복음전도자인 바울을 가두어 둠으로써 이 '예수 운동'이 그만 잠잠해져 버리면 이 운동을 별 것 아닌 것으로 여겨 재판에서 바울의 형량을 낮게 선고할 수 있습니다. 그러나 그를 가두었음에도 불구하고 계속해서 이 예수 운동의 세력이 확산되어 가면, 당국자 입장에서는 이 흐름을 멈추기 위해서라도 부득이 일벌백계 차원에서 바울에게 중형(극단적으로는 참수형)을 선고할 수도 있습니다. 로마교회 안에 들어와 있던 바울의 원수들이 바로 그 점을 노리고 복음 전파에 열심을 내는 척한 것입니다. 비록 입으로는 예수 그리스도의 복음을 전하고 있지만, 그들의 숨겨진 속내는 어떻게든 바울을 제거하는 데 있었던 것입니다. 이 사악하고 나쁜 사람들, '바른 말 잘하는 이 개똥같은 사람들'의 속내를 꿰뚫어 알고 있는 바울의 속마음이 얼마나 쓰리고 아팠겠습니까? 그러나 바울은 그러든 저러든 이 개똥같은 밥그릇 목회자들의 입을 통해서도 예수 그리스도의 이름이 전파되고 있다 하니 자기는 그냥 '기뻐하기'를 선택하겠노라고 선언합니다.

고전 13:3 내가 내게 있는 모든 것으로 구제하고 또 내 몸을 불사르게 내어 줄지라도 사랑이 없으면 내게 아무 유익이 없느니라.

"몸을 불사르게 내어 준다"는 말은 '화형을 당하여 순교한다'는 뜻입니다. 목자의 길을 걷는 내가 항시 두려워하는 말씀이기도 합니다. '이기적인 순교도 가능하다'는 무서운 뜻이 이 말씀 속에 들어 있기 때문입니다. 어쩌다 사람 몇은 속일 수 있겠지만, 우리가 어찌 감히 불꽃같은 눈으로 우리 속내를 샅샅이 살피시는 하나님을 속일 수 있겠습니까? 그래서 한없이 두려운 것입니다.

고전 13:13 그런즉 믿음, 소망, 사랑 이 세 가지는 항상 있을 것인데 그 중의 제일은 사랑이라.

성령과 사랑의 동기가 아니라면, 아무리 정통 교리라도 그리스도의 이름으로 아무것도 하면 안 된다는 말씀입니다. 악한 동기는 아무리 좋게 보아도 영적 미숙의 증거입니다. "다툼으로"라는 말은 도박판의 타짜 심리와 똑같은 것입니다. 도박꾼들은 오직 '내 돈'만 생각할 뿐, 옆 사람 생각은 아예 하지 않습니다. 예나 지금이나 '내 밥그릇'을 위해 복음을 얼마든 이용해 먹을 수도 있다는 사실이 목자인 나를 한없이 두렵게 합니다. 어떤 경우에도 예수님의 이름을 팔아 '내 밥그릇'이나 챙기는 더러운 장사꾼은 되지 말아야지, 날마다 다짐하고 또 다짐합니다.

빌 1:18 그러면 무엇이냐 겉치레로 하나 참으로 하나 무슨 방도로 하든지 전파되는 것은 그리스도니 이로써 나는 기뻐하고 또한 기뻐하리라.

원수들의 악한 활동을 바라보는 사도 바울의 태도와 각오를 확인할 수 있습니다. 바울은 정말 큰 그릇, 영적인 거인이었습니다. 그는 코앞의 '자기 밥그릇'보다 훨씬 더 큰 우주적인 그림을 보는 영적인 안목을 갖고 있었습니다. 시기 질투심에 사로잡힌 이기적인 사람도, 하나님이 잠시 쓰실 수는 있다는 것이 이 단락에서 확인되는 서글픈 아이러니입니다. 그래서 예수님도 바리새인의 말은 듣되, 그들의 행실은 본받지 말라(마 23:3)고 하셨을 것입니다. 19세기 스코틀랜드의 전도자 존 에디가 이런 말을 했습니다.

"복음에 덕이 있는 것이지, 복음전도자에게 있는 것이 아니다."

18절에서 "겉치레"와 "참(진리)"이 대조되고 있습니다. "기뻐하겠다"는 말도 두 번이나 쓰였습니다. 그 어떤 것도, 원수들의 더러운 활동도 하나님이 바울에게 주신 기쁨을 빼앗지는 못한다는 것입니다. 바울이 갇힌 것이지 복음이 갇힌 것은 아니기 때문입니다. 비록 예수님의 종 바울이 갇혔어도 그의 주인이신 그리스도께서 결국은 승리하신다는 확신이 바울에게 있었기 때문입니다. 그러니 종으로서 기뻐하는 게 당연하다는 것입니다. 이 점에서 바울의 이타적(利他的)인 겸손이 돋보입니다. 이렇듯 몹시 열악한 환경(슬픔, 고통, 아픔, 괴로운, 실패, 사별, 실직)에도 불구하고 예수님의 종들은 더 큰 기쁨을 누릴 수 있습니다. 역경 속에서 주님과의 깊은 연대를 더 생생하게 경험할 수 있기 때문입니다. 앞서 말씀드렸듯이, 우리는 바울의 영적인 고공비행을 배워야 합니다. 영적인 저공비행은 우리 환경의 구름과 바람의 영향으로 예수 믿는 기쁨을 수시로 빼앗아 가 버리기 때문입니다.

기쁨은 열악한 환경(고난)을 '통해서' 오는 것입니다.

비록 이 세상에서 나의 고난이 끝나지 않는다 하더라도, 하나님의 은혜로 그것이 언젠가는 이웃의 구원으로 열매 맺을 것(빌 1:6)을 확신해야만 합니다. 그래야 바울처럼 고난 중에도 기뻐할 수 있습니다. '겉치레'로 하는 전도사역은 솔직히 주님의 몸 된 교회에 재앙입니다. 우리 조국교회에 들어온 대표적인 겉치레 가운데 하나는, 복음 전파를 빙자한 '마케팅 전략'입니다. "꿩 잡는 게 매"라는 속담이 교회 안팎에서 나돌고 있습니다. 수단 방법을 가리지 않고 교회 몸집을 불리는 것이 전도라고 착각하기에, 어쩌다 교회 몸집이 좀 커지면 목사가 앞장서서 교만한 자세로 양 무리를 몰고 패망의 길로 달려가는 두려운 흐름이 곳곳에 보입니다. 교인 숫자가 너무 많아지면 아무리 유능한 목사라도 제대로 목양하기 어렵습니다. 그때부터는 '목양(잠 27:23)'이 아니라 '교회 경영'이 되고 말기 때문입니다.

잠 27:23 네 양떼의 형편을 부지런히 살피며 네 소떼에 마음을 두라.

그러니 너무 큰 교회를 기웃거리지 말고, 좀 작은 규모의 교회에서 신실한 목자의 자상한 도움을 받으며 차분하게 신앙생활을 하도록 하십시오. 그것이 '참'으로 건강하게 신앙생활을 할 수 있는 지름길입니다. 빌립보서 1장 18-26절에서 바울은 자신의 투옥으로 복음이 질식하는 것이 아니라, 사실은 대단한 진보를 보이고 있다고 주장합니다.

18절, 전도자의 태도가 어떠하든, 그리스도가 전파되므로 나는 기뻐하고(현재) 기뻐하겠다(미래).

어떤 상황에서도 나는 "기뻐하기"를 선택하겠다!

12-14절, 시련에도 복음이 진전하고 있으니 기뻐하겠다.

15-18절, 시기 질투에도 그리스도가 증거 되고 있으니 기뻐하겠다.

바울의 이 고백을 어떻게 받아들이시겠습니까?

이어지는 빌립보서 1장 18-30절 말씀에서는,

18-21절, 죽을 위기에도 불구하고 기뻐하겠다.

22-26절, 육체의 한계에도 불구하고 기뻐하겠다는

바울의 또 다른 고백을 확인할 수 있습니다.

사랑하는 동역자 여러분

고난에도 기뻐할 수 있겠습니까?

[빌립보서 1장 1-18절 말씀을 정리하며 아래 질문에 답해 봅시다.]

예수님은 나에게 어떤 분입니까?

내가 예수님 안에 있다는 확신이 있습니까?

동역자로 인한 기쁨과 감사가 있습니까?

내가 만난 하나님은 어떤 분입니까?

우리 삶의 최고수이자 상수이신 하나님께서 내 신앙을 완성하실 것이라는 믿음이 있습니까?

사랑이 자라나고 있습니까?

영적인 분별력이 있습니까?

내 삶이 하나님의 영광과 찬송이 될 수 있겠습니까?

지금 어떤 어려움이 있습니까? 그에 대해 어떤 생각을 갖고 있었습니까? 그 역경을 하나님의 눈으로 보면 어떨 것 같습니까?

역경과 인간관계의 아픔에도 불구하고 '기뻐하기'를 선택할 생각이 있습니까?

"'내 환경'보다 '예수님'이 훨씬 더 크시다"는 것을 믿어야 합니다.

어떤 상황에서도, '지금 내가 예수님 안에 있다'는 사실을 굳게 믿으십시오.

함께 기도합시다

하나님, 하나님의 은혜로 귀한 동역자들을 만나게 하시니 정말 고맙습니다. 삶이 다하는 마지막 순간까지 서로가 서로에게 감사의 제목이 되는 삶을 살게 해 주십시오. 살아 계신 하나님을 날마다 새롭게 알아 가는 복을 주십시오. 사랑을 계속 키워 갈 수 있게 지식과 총명을 주십시오. 영적인 분별력을 허락하시고 내내 진실한 삶을 살게 해 주십시오. 무슨 일이든지 악하고 불순한 동기로 하지 않게 도와주십시오. 어떤 고난과 역경에서도, 그 고난 속에 담긴 하나님의 뜻을 알 수 있는 지혜를 주시고 "예수님 안에 있는 기쁨"을 놓치지 않도록 힘을 주십시오. 주 예수 그리스도의 이름으로 기도합니다. 아멘.

18그러면 무엇이냐 겉치레로 하나 참으로 하나 무슨 방도로 하든지 전파되는
것은 그리스도니 이로써 나는 기뻐하고 또한 기뻐하리라. 19이것이 너희의 간
구와 예수 그리스도의 성령의 도우심으로 나를 구원에 이르게 할 줄 아는 고로
20나의 간절한 기대와 소망을 따라 아무 일에든지 부끄러워하지 아니하고 지
금도 전과 같이 온전히 담대하여 살든지 죽든지 내 몸에서 그리스도가 존귀하
게 되게 하려 하나니 21이는 내게 사는 것이 그리스도니 죽는 것도 유익함이라.
22그러나 만일 육신으로 사는 이것이 내 일의 열매일진대 무엇을 택해야 할
는지 나는 알지 못하노라. 23내가 그 둘 사이에 끼었으니 차라리 세상을 떠나
서 그리스도와 함께 있는 것이 훨씬 더 좋은 일이라 그렇게 하고 싶으나 24내
가 육신으로 있는 것이 너희를 위하여 더 유익하리라. 25내가 살 것과 너희 믿
음의 진보와 기쁨을 위하여 너희 무리와 함께 거할 이것을 확실히 아노니 26내
가 다시 너희와 같이 있음으로 그리스도 예수 안에서 너희 자랑이 나로 말미암
아 풍성하게 하려 함이라. 27오직 너희는 그리스도의 복음에 합당하게 생활하
라 이는 내가 너희에게 가 보나 떠나 있으나 너희가 한마음으로 서서 한 뜻으
로 복음의 신앙을 위하여 협력하는 것과 28무슨 일에든지 대적하는 자들 때문
에 두려워하지 아니하는 이 일을 듣고자 함이라. 이것이 그들에게는 멸망의 증
거요 너희에게는 구원의 증거니 이는 하나님께로부터 난 것이라. 29그리스도
를 위하여 너희에게 은혜를 주신 것은 다만 그를 믿을 뿐 아니라 또한 그를 위
하여 고난도 받게 하려 하심이라. 30너희에게도 그와 같은 싸움이 있으니 너희
가 내 안에서 본 바요 이제도 내 안에서 듣는 바니라.

빌립보서 1장 18-30절

내게 사는 것 그리스도니

빌립보서 1장 18-30절

예수님 안에 있습니까? 그래서 기쁘십니까? 그 이유가 무엇입니까?

[1:18-26, 불굴의 선택, 최고의 목표]

빌 1:18 그러면 무엇이냐 겉치레로 하나 참으로 하나 무슨 방도로 하든지 전파되는 것은 그리스도니 이로써 나는 기뻐하고 또한 기뻐하리라.

로마교회 안에, 옥에 갇힌 바울을 사랑하는 마음에서 진심으로 복음을 전하는 사람들이 많았지만, 바울을 죽이려는 아주 사악한 동기로 전도하는 자들도 있었습니다. '바른 말 잘하는 나쁜 분들, 개똥같은 사람들'의 더러운 속내가 뻔히 보이지만, 바울은 아무튼 그리스도가 전파되고 있으니 기뻐하고 기뻐하겠다고 고백했습니다. 고린도후서 11장 23-33절에 바울의 수난사(受難史)가 생생하게 기록되어 있습니다. 바울은 복음을 전하면서 죽을 고비를 많이 넘겼습니다. 그 역경, 중상모략, 임박한 죽음, 육체 안에 사는 고통은 인간 바울이 결코 피할 수 없는 것이었습니다만, 그러나 그것들이 그리스도의 종인 바울의 기쁨을 빼앗지는 못했습니다.

"겉치레로" 복음을 전하는 척만 하면서 실상은 바울을 죽여 없애려 하는 몇몇 사람들의 사악한 몸짓은 로마교회에게 정말 끔찍한 일이었습니다. 그러나 바울의 답은 매우 간결합니다. "그냥 결과만 보라!"는 것입니다. 좋은 수단, 좋은 동기로 복음을 전하면 더 좋겠지만, 어찌되었든 그리스도가 전파되고 있다는 사실에 주목하려 한다는 말입니다. '개똥같은 사역자의 태도와 동기가 어떠하든, 아무튼 그들이 겉으로라도 그리스도를 전하고 있지 않은가?' 이런 일은 바울이 동의하든 안하든 어차피 벌어지고 있는 일이라는 사실을 바울은 직시하고 있었습니다. 이토록 가슴 쓰린 상황에 대한 바울의 선택은 뜻밖에도 "기뻐하고 기뻐하리라"는 것입니다. "기뻐하고"는 '현재'의 감정을 추스르는 것을, "기뻐하리라(I will rejoice)"는 '미래'의 선택을 가리킵니다. 바울은 상황이 어떠하든 무조건 '기뻐하기'를 선택하기로 결심했습니다. '기뻐하기'를 선택하면 낙심과 불평이 사라지기 때문입니다. 바울의 이 반응은 우리가 상식적으로 기대하는 자연스런 반응은 아닙니다. "원수들이 복음을 어떻게 선포하든, 어떤 동기로 선포하든 나는……, 지금도 기뻐하지만, 앞으로도 계속 그럴 것"이라고 선언합니다. '기뻐하기'를 선택한다는 것은 단지 환경에 순응

하는 것만을 가리키는 것이 아닙니다. 거기에 하나님을 향한 신뢰와 감사를 더한 것입니다. 그러면 원망과 불평이 사라집니다. "틀렸다. 불공정하다. 바꿔야 한다"는 생각만으로 노심초사(勞心焦思) 하다 보면 기쁨을 잃어버리기 쉽습니다. 정말 하나님을 신뢰한다면 하나님이 모든 것을 온전히 통제하실 것이라 믿어야 합니다. 그러면 초조해 하지 않게 되고, 내 관점이 하나님의 관점으로 바뀌는 것을 느끼게 됩니다. 상황이 어떠하든 우리 안에서 착한 일을 시작하신 하나님이 그 목적을 마침내 성취하실 것을 확신해야만 합니다(빌 1:6; 롬 8:28).

빌 1:6 너희 안에서 착한 일을 시작하신 이가 그리스도 예수의 날까지 이루실 줄을 우리는 확신하노라.

롬 8:28 우리가 알거니와 하나님을 사랑하는 자 곧 그의 뜻대로 부르심을 입은 자들에게는 모든 것이 합력하여 선을 이루느니라.

하나님이 시작하신 일은 하나님이 반드시 끝내신다는 것을 굳게 믿어야 합니다(빌 1:6). 하나님을 사랑하는 자, 그 뜻대로 부르심을 입은 자들에게는 (좋은 일이든 나쁜 일이든) 모든 것이 합력하여 선을 이룬다는 것을 확실히 알면(롬 8:28), 내가 무엇을 선택하든 선하게 일하실 하나님의 신실하신 섭리에 얼마든지 감사할 수 있습니다.

빌 1:12 내가 당한 일이 도리어 복음 전파에 진전이 된 줄을 너희가 알기를 원하노라.

환경 자체보다 환경에 대한 관점의 변화가 있어야 한다는 말씀입니다. 바울은 자신의 투옥 상황에 대해 예수님 안에서 매우 긍정적인 관점을 갖고 있었습니다. 아울러 빌립보교회도 자기와 똑같은 관점을 갖도록 도전하고 있습니다.

빌 1:16 이들은 내가 복음을 변증하기 위하여 세우심을 받은 줄 알고 사랑으로 하나

바울은 복음을 변호하기 위해 선택받은 사람입니다. 바울은 고단한 '환경'이 자신의 '소명'을 무너뜨리지 못한다는 확신을 갖고 있었습니다. 그는 소명감에 불타는 사람이었습니다. '말'로만 하는 것과 실제로 소명을 따라 사는 것은 다릅니다. 소명감에 불타는 신실한 종이 정말 귀한 세상입니다. 신학대학원을 졸업하고도 지방에 있는 교회에서 사역하기 싫어하는 이들이 많습니다. 조국 교회의 앞날을 생각해 볼 때 하나님 앞에 몹시 두렵고 가슴 아픈 흐름입니다. 하지만 바울은 오직 소명의 렌즈로 어려운 자신의 상황을 조명하고 있습니다. 살다 보면 소명이 흔들리는 역경의 밤이 참 많습니다. 그 속에서 때로는 하나님을 향한 의심이 생기

기도 합니다. 자신을 바라보는 주변의 따가운 시선도 부담스러울 수 있습니다. 바로 그때, 바울처럼 '큰 그림'을 보지 못하면 낙심할 수밖에 없습니다. 그러나 역경 속에서도 변함없이 하나님을 따르며 그분의 선한 인도에 보조를 맞추다 보면, 내 삶을 위한 하나님의 계획을 신뢰하게 되고, 내 안에서 착한 일을 시작하신 이가 그 일을 반드시 끝내실 것을 굳게 믿게 됩니다(빌 1:6). 하나님은 '착한 일'을 시작하시는 창조주이시며, 시작하신 일을 반드시 완성하시는 분이십니다. 이런 하나님에 대한 감사는 하나님을 향한 신뢰의 결정적인 지표입니다. 자신을 사도로 선택한 하나님의 신실함을 바울은 굳게 믿었습니다. 대체로 주님에 대한 우리의 신뢰는 '우리 자신의 얄팍한 이해'에 기초하거나, 또는 우리 '마음의 극히 일부에만' 해당될 때가 많습니다. 그리되면 고난의 쓰나미가 밀려올 때 그 얄팍한 신뢰가 허망하게 무너져 버립니다. 그러기에 온 마음으로 내가 아는 범위를 넘어선 확고한 신뢰가 필요합니다.

잠 3:5–6 너는 "마음을 다하여" 여호와를 신뢰하고 네 명철을 의지하지 말라. 너는 범사에 그를 인정하라. 그리하면 네 길을 지도하시리라.

그렇다면 빌립보교회의 반응은 어떠해야 합니까? 그들도 바울처럼 기뻐해야 한다는 것입니다. 그리스도가 전파되고 있는데 기뻐하지 않을 이유가 없다는 것이 바울의 한결같은 생각이었습니다.

빌 1:19 이것이 너희의 간구와 예수 그리스도의 성령의 도우심으로 나를 구원에 이르게 할 줄 아는 고로

이 단락에서는, 신자의 역경을 통해 그리스도가 높아진다는 것과 고난에도 불구하고 사역의 기쁨이 넘쳐난다는 바울의 고백을 읽을 수 있습니다. 바울에게 임박한 죽음의 위협에도 불구하고 주님께서 영광 받으신다는 사실 앞에서 바울은 오히려 담대하게 기뻐하고 있습니다.

19절의 "이것이"는 바울의 투옥 상황을 가리킵니다. "구원"은 바울의 석방을 말합니다. 바울이 마지막 재판에서 실제로 석방될 수 있을지는 미지수입니다. 어쩌면 그는 끝내 석방되지 않을 수도 있습니다. 그러나 혹시 그가 석방된다면 그것이야말로 첫째 빌립보교회의 기도와, 둘째 그 기도에 응답하시는 성령님의 도움 이 두 채널을 통해 이루어진 것으로 알겠다는 것입니다. 성령 하나님은 우리 믿음의 창조자로서 성도의 마음에 내주(內住)하셔서 내 삶뿐만 아니라 다른 사람의 삶에도 역사하십니다. 특히 고통을 겪는 어려운 시절에 큰 도움은 신앙공동체와 동역자들의 기도 후원을 통해서 옵니다. 공동체와 동역자의 도움과 사랑을 받으면, 외롭다는 생각을 이겨 낼 수 있습니다. 투옥 중인 바울은 빌립보교회의 기도 후원으로 영적인 활력을 유지할 수 있다고 고백합니다. 그 덕분에 고난을 넉넉히 이길 힘을 얻게 되었다는 것입니다. 고난당할 때 성령 하나님의 도움은 정말 중요합니다. 성령 하나님과의 관계를 유지하려

면 꾸준히 기도하고, 말씀을 규칙적으로 묵상하고, 계속 죄를 고백하고 회개해야 합니다. 이 가운데 어느 하나라도 소홀하면 성령님의 도우심을 받기 어렵고, 성령님의 역사 또한 활발하게 나타나기 어렵습니다.

빌 1:20 나의 간절한 기대와 소망을 따라 아무 일에든지 부끄러워하지 아니하고 지금도 전과 같이 온전히 담대하여 살든지 죽든지 내 몸에서 그리스도가 존귀하게 되게 하려 하나니

본문의 "간절한 기대와 소망(헬라어, 아포카라도키아)"이라는 말과 그 뜻이 정확하게 일치하는 한자숙어가 하나 있는데 그것은 '학수고대(鶴首苦待)'라는 말입니다. 이 말은 로마서 8장 19절과 여기 딱 두 곳에만 등장합니다.

롬 8:19 피조물이 고대하는 바는 하나님의 아들들이 나타나는 것이니

20절에서 바울은 자신이 석방되리라고 믿는 이유를 설명하고 있습니다. 그런데 그가 석방을 희망하는 이유는 놀랍게도 우리의 상식적인 예상을 훨씬 비껴갑니다. 19절의 "나는 안다"는 말은 헬라어로 '에이도'입니다. '안다'는 뜻을 가진 낱말로, '에이도'와 '기노스코'가 있는데, '기노스코'는 '경험을 통해 점진적으로 알아 간다'는 뜻이고, '에이도'는 '속속

들이 이미 다 알고 있다'는 뜻입니다. 따라서 이 '에이도'는 바울이 갖고 있는 확신의 깊이를 짐작할 수 있게 하는 낱말입니다.

① 그 무엇도 나를 부끄럽게 하지 못한다. ② 그리스도가 높아지실 것이다(18절→20절).

바울이 살든 죽든(삶 전체), 그 결과는 똑같다고 고백합니다.

> "나는 부끄러움이 없다. 예수님 안에 있기에 나는 이미 생사(生死)를 초월했다. (내 전 생애를 통해) 오직 그리스도가 높아지실 것이다."

이것이 옥살이하고 있는 바울의 확신에 찬 고백이었습니다. 정말 위대한 신앙 고백 아닙니까? 밤하늘의 별들은 사실은 우리가 발 디디고 있는 지구라는 작은 별보다 엄청나게 큰 별들입니다. 그런데도 왜 그토록 작게 보입니까? 너무 멀리 떨어져 있기 때문입니다. 엄청난 배율의 허블리스 망원경으로 보아야 비로소 좀 크게 보입니다. 예수 그리스도도 마찬가지입니다. '고난의 망원경'으로 볼 때 우리는 비로소 함께하시는 예수님을 실감할 수 있습니다. 주변의 예수 믿는 사람들에게 '어떻게 예수님을 만나게 되었는지' 한 번 물어보십시오. 십중팔구, 삶의 큰 고통 속에서 예수님을 찾게 되었다고 고백하는 것을 볼 수 있을 것입니다. 고난은 영혼의 망원경일 뿐 아니라, 우리를 예수님께로 인도하는 안내자(guide)입니다.

빌립보교회는 존경하는 사도 바울의 투옥과 그가 겪는 고난을 걱정하고 있었습니다. 더더군다나 로마교회의 몇몇 개똥같은 사역자들은 오직 바울을 제거하는 데 혈안이 되어 있었습니다. 그러나 바울은 누군가가 겉치레로 사역해도 그리스도만 높아지신다면 얼마든지 기뻐할 수 있다고 거듭거듭 고백합니다. 사역자의 태도와 상관없이 복음 자체에 하나님의 영광이 담겨 있기 때문입니다. '그리스도가 높아지시면 되었지, 내가 잃을 것은 없다'는 것이 바울의 생각이었습니다. 이처럼 바울은 자신의 석방에 전혀 목을 매지 않고 있었습니다.

18절/ 개똥같은 자들의 사역 속내가 어떠하든

→ 그리스도가 높아지신다.

19절/ 내가 어떤 형을 받든(석방되든, 참수 당하든)

→ 그리스도가 높아지신다.

빌 1:16 이들은 내가 복음을 변증하기 위하여 세우심을 받은 줄 알고 사랑으로 하나

복음의 수호자로 선택받았다 해서 육체의 안전이 보장되는 것은 아닙

니다. 바울의 옥살이가 그 증거입니다. 투옥의 고통에도 불구하고 그 고통스런 상황이 복음을 전혀 방해하지 못하고 오히려 전진시키고 있는 흐름을 바울은 주목하고 있었습니다. 나의 안전이나 위안이 아니라 오직 주 예수 그리스도가 높아지는 것이 기준이고 삶의 목표라면 정말 '급진적인' 가치체계의 변화를 경험하게 될 것입니다. 바울의 믿음은 '편의점 신앙'이 결코 아니었습니다. 바울의 신앙 고백은 그의 가치 판단 체계를 그대로 반영하고 있습니다. 그것을 본문 21-26절에서 더 자세히 설명하려 하고 있습니다. 하나님의 약속과 하나님의 계획에 대한 신뢰, 어떤 역경 속에서도 절대 복종함으로 오직 예수 그리스도만을 높이려는 그의 숭고한 자세가 정말 돋보입니다.

[21-24절, 바울의 딜레마]

빌 1:21 이는 내게 사는 것이 그리스도니 죽는 것도 유익함이라.

"내가 사는 것이 이득(유익)이 아니라, 죽는 것이 더 이득이다." 바울의 고백입니다. 왜냐하면 삶의 영원한 상수이신 예수님 안에 있기 때문입니다. 죽음은 예수 그리스도의 품 안으로 들어가는 결정적인 과정입니다. 죽음은 예수님의 영광으로 들어가는 문입니다. 부(富), 권세, 명성, 영향력, 소유, 특권, 지위, 면허증, 건강, 사업, 전문적 업적 등은 일시적인 것으로서, 그런 것들은 가짜 그리스도입니다. 이런 사실을 머리로 아는 이는 많지만 실제로 이런 사실을 따라 사는 이는 정말 드뭅니다. 본문 21절은 정말 위대한 선언으로 반드시 외워야 할 귀한 말씀입니다. 바울은 오직 그리스도를 위해 여러 차례 장거리 선교 여행을 했습니다. 오직 예수님만을 위해 설교하다가 박해받고 옥에 갇혔으며, 이제 죽음을 코앞에 두고 있습니다. 그는 이 모든 과정을 하나님이 주신 은혜의 결과물로 보고 있습니다. 설령 마지막 재판에서 사형을 선고 받아 죽더라도 그것이 더 이득이라는 정말 무시무시한 확신을 갖고 있습니다. 하나님의 무한한 사랑과 자비에 대한 확신이, 극심한 옥살이의 고난, 심지어 죽음까지도 견디게 했음을 알 수 있습니다. 이 단락에서 교회에 유익이 되는 한 육체 안에 머물기를 희망하는 바울의 모습을 확인할 수 있습니다. '죽음의 강'을 건너본 사람만이 영원한 삶에 대한 소망의 줄을 든든히 붙들 수 있습니다. 가장 확실한 '살 준비'는 '죽을 준비'임을 바울이 가르치고 있습니다. '죽음'에 대한 관점을 정직하게 점검해 보십시오. 언제든 죽을 준비가 되어 있습니까? 그렇다면 그리스도의 종으로 살 준비가 이미 충분히 되어있는 것입니다.

빌 1:22 그러나 만일 육신으로 사는 이것이 내 일의 열매일진대 무엇을 택해야 할는지 나는 알지 못하노라.

'택해야'라는 말의 헬라어는 '아이레오'입니다. 이 말을, NIV 영어성경에서는 'choose(선택하다)'로, NRSV 영어성경에서는 'prefer(오히려 ~을 좋아하다)'로 번역했습니다. 둘 다 가능한 번역이지만, 옥살이 하는 바울이 무언가를 선택할 처지가 아니었기 때문에 NRSV의 번역이 더 나아 보입니다. 우리말 개역성경의 번역으로는 22절의 뜻이 분명치 않으므로 원문을 살려 다시 번역해 보겠습니다.

"이 세상적인 육신의 삶이 더 지속된다면(석방되어 사도직 계속 감당),
그것은 내가 더 많은 일을 해서 열매를 드러내는 일이 될 것이다.
그러나 내가 무엇을 좋아할는지 알 수 없다."

주님의 뜻을 확실히 모르겠고, 자기가 어떻게 해야 할지도 아직 잘 모르겠다는 것입니다. 그래서 23절 말씀을 덧붙입니다.

빌 1:23 내가 그 둘 사이에 끼었으니 차라리 세상을 떠나서 그리스도와 함께 있는 것이 훨씬 더 좋은 일이라 그렇게 하고 싶으나

"그 둘 사이에 끼었으니"

바울은 이러지도 못하고 저러지도 못하는 끔찍한 진퇴유곡(進退維谷)

상태에 있습니다. 죽어서 예수님의 품에 안겨 안식을 누리는 것이 훨씬 더 좋은데, 그러자니 이 땅에서 고난당하는 빌립보교회 교인들이 자꾸만 마음에 걸립니다. 살아남아 빌립보 교인들 곁으로 가서 사도의 직분을 계속 감당하려면 자신의 제일 큰 소망인 주님 품안에서의 안식을 포기해야만 합니다. 존 맥아더는 바울의 이런 심정을 '주말 부부' 예화로 적절하게 잘 설명했습니다. 아주 오랫동안 먼 곳에 출장 가 있는 남편이 어느 날 집에 있는 아내에게 출장지로 와 달라고 연락을 보냈습니다. 남편을 만나러 가려고 짐을 싸다 보니 아내는 집에 남겨 두고 가는 자식들이 걱정됩니다. 솔직히 남편의 품이 더 좋지만, 집에 두고 가는 자식도 많이 걱정됩니다. 바울의 심정이 바로 이 여인과 비슷하다는 것입니다.

23절의 "둘 사이"는, 개인의 욕망(죽음)과 빌립보교회를 위한 염원(석방) 사이에서 생긴 바울의 고민을 가리킵니다. "떠나서"라는 말은 배가 닻을 올리고 출항한다든지, 군대가 주둔지를 떠난다든지, 죄수가 석방된다든지, 잡아 둔 동물을 살려 보내 준다(방생)든지, 군인이 제대하여 군대를 떠날 때 쓰인 말입니다. 이런 일반적인 뜻을 배경으로 하고 있어서 본문의 '떠나서'는 '신자의 죽음'을 뜻합니다. 바울의 고백처럼, 신자의 죽음은 개인적으로 예수님의 재림을 경험하는 가슴 벅찬 복임을 알아야 합니다. 앞부분에서 바울은 자신이 죽든지 살든지 개의치 않는다고 담대히 선언했습니다. 왜냐하면 그리스도가 높아지시기 때문입니다. 죽어서 하늘 보좌에 오르신 그리스도를 직접 뵙는다면 어떻겠습니까? 그것은 우리 인생에 가장 기쁘고 중요한 일, 가장 영광스러운 일이 될 것입니다. 현직 대통령과 어쩌다 악수 한 번 한 것을 평생 가문의 영광으로 아는 이들을 생각해 보면, 성도가 주님을 친히 뵙는 일이 얼마나 영광스러운 일인지를 충분히 짐작할 수 있습니다. 육체의 죽음에 대한 관점의 변화는 삶의 특질과 관점에 눈부신 변화를 가져옵니다. '육체의 죽음'에 대해 어떤 관점을 갖고 계십니까? 본문은 우리가 생각하거나 느끼는 것과는 별도로 삶과 죽음의 실제적인 의미에 초점을 맞추고 있습니다. 21절은 이 단락의 핵심입니다.

빌 1:21 이는 내게 '사는 것'이 그리스도니 '죽는 것'도 유익함이라.

참으로 빠져나오기 힘든 딜레마(23절, 둘 사이에 끼어 있음)에 빠져, 삶과 죽음 사이에서 많이 고민하는 바울의 모습을 볼 수 있습니다. "사는 것"은 석방되어 그리스도를 위한 사역을 계속하는 상황을 가리킵니다. 그리되면 바울의 삶과 사역을 통해 그리스도가 영광받으실 것입니다. 바울에게 "사는 것"은 그리스도 안에 있는 것이고, "죽는 것"은 평생 고대하던 그리스도의 품으로 들어가는 것입니다. 그러기에 바울에게는 죽는 것이 사실은 더 유익입니다. 이미 말씀드린 바와 같이 본문 21절은 모든 그리스도인들의 고백이어야 하고, 영원한 가훈으로 삼을 만한 말씀입니다. 석방되어 이 땅에 더 머물건 처형되어 이 땅을 떠나건 상관없다는 고백입니다. 바울은 정말 무서운 사람입니다. 생사를 초월한 사람보다 더 무서운 사람은 없기 때문입니다.

고등학교 시절, 머리 꼭대기가 다른 학생들의 겨드랑이에 닿을 정도로 유난히 키가 작은 동기생이 하나 있었습니다. 얼마나 키가 작은지, 입학식 날 그 친구를 보면서 고등학교에 입학하는 형을 따라온 줄 알았습니다. 그런데 자세히 보니 나와 똑같은 교복을 입고 있었습니다. 청소년기의 몸집은 대체로 힘과 비례합니다. 키도 작고 몸집이 작으니 또래들 사이에서 힘이 제일 약할 것은 당연합니다. 그런데도 이 콩알만 한 친구가 우리 학교에서 싸움을 제일 잘했습니다. 힘이 세서 그랬던 것은 아닙니다. 그 이유는 만일 누군가가 그 친구를 한 대 때리면, 죽게 얻어맞으면서도 끝끝내 턱밑으로 기어들며 더 때려 보라고 대들고, 야간 통행금지(그때는 자정부터 새벽 4시까지 야간 통행금지 시간이 있었음) 해제 사이렌이 울리자마자 자기를 때린 그 친구 집 앞에 가서 양철대문을 계속 걷어차며 "어여 나와서 다시 한 판 붙자"고 온 동네가 떠나가게 소란을 떨었기 때문입니다. 이런 소문이 나면서 우리 학교 학생들, 특히 학창시절에 껌 좀 씹는다는 친구들이 이 친구를 아예 건드리지도 못하게 되었습니다. 그렇게 해서 이 친구가 우리 학교에서 싸움을 제일 잘하는 사람이 된 것입니다. 사도 바울을 철부지 콩알 친구와 비교하는 것이 좀 그렇기는 하지만, 죽음을 각오할 뿐만 아니라 그 죽음을 오히려 더 기뻐하는 바울이 정말 무서운 사람임은 분명합니다. 바울은 간략하게 자신이 선택한 결과만 말할 수도 있었으나, 이 단락에서 자신이 결정을 내리는 과정을 정말 자세히 소개합니다. 이 또한 바울과 빌립보교회의 따스한 우정, 그 깊이를 짐작할 수 있는 대목입니다.

처형당하여 그리스도의 품안으로 들어가야 할지

석방 되어 고난을 각오하고 다시 빌립보교회로 가야 할지

선택의 갈림길에서 고민하는 바울의 모습이 보입니다. 물론 그가 더 바라는 것은, 처형당하여 주 예수님의 품안으로 들어가 영원한 안식을 누리는 것입니다.

빌 1:22 그러나 만일 육신으로 사는 이것이 내 일의 열매일진대 무엇을 택해야 할는지 나는 알지 못하노라.

바울의 첫 번째 선택지(바울에게는 손해)는 석방되어 육체 안에 머무는 것입니다. 그렇게 되면 그리스도를 위한 사역의 열매가 좀 더 맺히게 될 것입니다. 이어지는 바울의 복음 사역은 그리스도인들(교회)을 위한 덤(보너스)이 될 것입니다. 그런데 이렇게 생각을 정리하려니, 솔직히 주님 품이 너무 그립습니다.

빌 1:23 내가 그 둘 사이에 끼었으니 차라리 세상을 떠나서 그리스도와 함께 있는 것이 훨씬 더 좋은 일이라 그렇게 하고 싶으나

그의 두 번째 선택지는 죽어서 주님 품으로 들어가 안식하는 것입니다. 그리되면 더 이상 고통, 고난, 투옥은 없기 때문입니다. 교회 문제로 골치 아플 일도 더 이상 없을 것입니다. 죽고 나면 그 다음 일은 더 이상 바울의 문제가 아닙니다. 죽으면 육체 안에 있을 때보다 그리스도의 구원을 좀 더 풍성히 맛보면서 영원한 쉼을 누릴 수 있습니다. 반대로 석방되어 살아남게 되면 육체는 힘들겠지만 그리스도를 위한 사역의 열매가 좀 더 많이 맺히게 될 것입니다. 둘 중 어떤 것을 선택하는 것이 좋겠습니까? 솔직히 바울에게는 죽어서 이 땅을 떠나는 것이 훨씬 더 나은 선택입니다. 그렇게 되면 모든 고통의 무거운 짐을 다 내려놓고 그리스도와 함께 영원히 살 수 있습니다. 바울 자신을 위해서는 그것이 훨씬 더 유리한 선택입니다.

계 7:16–17 그들이 다시는 주리지도 아니하며 목마르지도 아니하고 해나 아무 뜨거운 기운에 상하지도 아니하리니, 이는 보좌 가운데에 계신 어린 양이 그들의 목자가 되사 생명수 샘으로 인도하시고 하나님께서 그들의 눈에서 모든 눈물을 씻어 주실 것임이라.

바울은 평생 이 천국 소망을 갖고 살았습니다. 이것은 예수 믿는 우리 모두가 가져야 할 소망입니다.

고후 11:23-27 그들이 그리스도의 일꾼이냐? 정신없는 말을 하거니와 나는 더욱 그러하도다. 내가 수고를 넘치도록 하고 옥에 갇히기도 더 많이 하고 매도 수없이 맞고 여러 번 죽을 뻔하였으니 유대인들에게 사십에서 하나 감한 매를 다섯 번 맞았으며 세 번 태장으로 맞고 한 번 돌로 맞고 세 번 파선하고 일 주야를 깊은 바다에서 지냈으며 여러 번 여행하면서 강의 위험과 강도의 위험과 동족의 위험과 이방인의 위험과 시내의 위험과 광야의 위험과 바다의 위험과 거짓 형제 중의 위험을 당하고 또 수고하며 애쓰고 여러 번 자지 못하고 주리며 목마르고 여러 번 굶고 춥고 헐벗었노라.

고린도후서 11장 25-27절에, "위험"이라는 말이 무려 여덟 번이나 쓰였습니다. 39대짜리 태장을 5회 맞았고, 난파선에서 세 번이나 죽을 뻔했고, 스데반 집사처럼 투석형도 당했다고 고백하고 있습니다. '39대짜리 태장'이 무엇입니까? 유대인들은 40대까지 매질을 하면 사람이 죽는다고 생각했습니다. 그래서 40대에서 한 대를 뺀 39대 매질을 하곤 했습니다. 그러니까 '39대 태장'은 사람을 초죽음 상태가 될 때까지 두들겨 패는 무서운 형벌입니다. 예수님의 복음을 전하다가 바울이 그토록 무시무시한 형벌을 무려 다섯 번이나 당했습니다. 이렇듯 바울은 복음을 위해 목숨 건 수고를 평생 감당했던 사람입니다. 복음을 위해 고통을 누구보다 많이 겪었습니다. 그러기에 고통을 정말 잘 아는 사람이기도 했습니다. 누가 보아도 바울은 이제 좀 쉬어야 할 때가 되었고 쉬어야 할 사람이었습니다. 그리스도의 품으로 들어가 안식하는 것이 가장 큰 소망이라는 바울의 말은 정말 진심이었습니다. 그러나 24절 이하에서 그는 또 다른 고민에 빠집니다. 바울이 떠나고 나면 빌립보교회는 어떻게 될 것인가? 빌립보교회를 위해서는 바울이 어떤 선택을 해야만 하는가? 바울의 머릿속에서 다시 저울추가 반대편으로 기울기 시작합니다.

[바울의 딜레마]

빌립보교회를 위해 열매 맺을 기회(석방) ↔ 개인의 간절한 소원(죽어서 그리스도의 품 안으로)

아주 고약한 딜레마에 빠진 바울은 살아도 그리스도와 함께 살고 죽어도 그리스도 안에 들어가게 되므로 자신이 어떻게 되든 그리스도가 높아진다는 확신이 있었습니다. 바울이 살아남아 있어도 복음이 진보하고 바울이 죽어도 복음이 진보할 것이라는 확신도 있었습니다.

빌 1:24 내가 육신으로 있는 것이 너희를 위하여 더 유익하리라.

18절에서 바울은 자신의 투옥과 그가 겪는 고난이 복음의 진보를 위해서는 별 것 아니라는 것을 이미 고백한 바 있습니다. 그리고 24절에서는 자신이 살아남아서 빌립보교회를 가르치는 것도 큰 유익이라고 말합니다. 바울에게는 지상 교회의 성도들을 더 섬기기 위해 '천상(天上)의 영원한 기쁨'을 기꺼이 유보할 의향이 있었습니다. 바울에게는 차선(불리한 것)이 빌립보교회에게는 최선(유리한 것)인 상황입니다. 바울이 과연 둘 중 어떤 것을 선택해야 할 것 같습니까? 이 지점에서 저울추가 다시 반대편으로 기울어집니다. 그리고 마침내 그는 예수님처럼(2:6-8) 차선(자신이 손해 보는 길)을 선택하기로 합니다. 사랑하는 동역자 여러분, 이 땅에 머무는 동안 주님의 몸인 교회를 위해 열심히 사랑하고 섬기는 것이 성도의 본분임을 잊지 마십시오. 바울은 매일 매순간 오직 그 본분에 충실한 삶을 살고자 했던 사람이었습니다. 브루스 바톤은, 바울처럼 그리스도께 순종하고 그 뜻대로 섬길 때 생길 수 있는 두 가지 아주 흔한 오류를 이렇게 지적했습니다.

① 이 땅에서 일하면서 그리스도와 함께 있을 우리의 궁극적인 본향(本鄕)을 잃어버리는 것

② 그리스도와 함께 있기만을 바라고 그분이 우리를 불러 명하신 일을 소홀히 하는 것

빌 1:25 내가 살 것과 너희 믿음의 진보와 기쁨을 위하여 너희 무리와 함께 거할 이것을 확실히 아노니

바울은 예수님을 본받아 빌립보교회를 위해 자기에게 불리한 길을 선택하기로 결심합니다. 죽어서 주님 품에 안기고 싶은 자신의 간절한 소원을 희생하기로 결단한 것입니다. 이 딜레마 속에서 세상을 떠나는 길을 선택하는 것은 너무 이기적인 선택임을 바울은 알고 있었습니다. 왜냐하면 빌립보교회는 아직 바울의 사역을 절실히 필요로 하고 있었기 때문입니다. 빌립보교회에는 그의 가르침과 리더십이 아직은 필요했습니다. 그들은 바울을 통해 그리스도의 겸손을 더 배워야 했고, 거짓 교사들과 십자가의 원수들과의 싸움(3-4장)에서도 이겨야 했으며, 설상가상으로 교회 안에 동역자들 사이의 불화도 해결해야 했습니다. 이런 위태로운 상황에서 빌립보교회 지도자들은 별다른 역할을 하지 못하고 있었습니다. 그래서 교회의 앞날을 심히 염려하고 근심하는 이들도 많았습니다. 빌립보교회는 이렇듯 바울의 영적인 돌봄이 정말 절실한 교회였습니다. 결국 바울은 자기에게는 불리하지만 빌립보교회에게는 유리한 길, 곧 이 세상에 살아남는 첫 번째 선택지를 선택하기로 마음먹습니다. '나의 필요'와 '이웃의 필요' 사이에서 예수 그리스도의 모범(2:5-11)을 따르기로 한 것입니다. 최종적으로, 바울이 살아남아 빌립보교회를 더 돕는 쪽으로 저울추가 기울어집니다. 그리스도인의 선택 기준은 무엇입니까?

바울은 자신의 고민과 선택(결정) 과정을 솔직하게 빌립보교회 앞에 공개하면서, 빌립보교회를 위해 기꺼이 이타적(利他的)인 선택을 하기로 결정했다는 것을 그들에게 알려 줍니다.

빌 2:4 각각 자기 일을 돌볼뿐더러 또한 각각 다른 사람들의 일을 돌보아 나의 기쁨을 충만하게 하라.

바울은 빌립보교회를 위해, 자기의 소망(죽어서 그리스도와 함께 함)을 희생시키기로 결정합니다. 왜냐하면 바울에게는 그리스도와 그분을 향한 믿음의 기쁨이 최상의 가치였기 때문입니다.

빌 1:26 내가 다시 너희와 같이 있음으로 그리스도 예수 안에서 너희 자랑이 나로 말미암아 풍성하게 하려 함이라.

바울은 빌립보교회가 그리스도 안에서 확실히 성장하는 것을 간절히 보고 싶어 합니다. 그런 이유로 그는 빌립보교회를 섬기기 위해 직접 빌립보로 가고 싶어 합니다. 나의 위안이 아닌 이웃(빌립보교회)의 이익을 위한 사역을 자원하는 바울의 자세가 참 아름답습니다. "그리스도 예수 안에서 너희 자랑"이라는 말은 예수 믿는 우리의 자랑이 오직 그리스도라는 것, 그리스도가 유일한 왕이시라는 것을 고백하는 것입니다. 바꿔 말하면, "가이사(로마 황제)가 주가 아니라 예수 그리스도가 주님"이라고 고백하는 것입니다. 빌립보교회는 이 사실을 앞으로 바울의 가르침을 통해 더 확신하게 될 것입니다.

때로는 죄가 되지 않는 육체의 만족을 위한 욕구가 더 나은 선택에 큰 장애물이 될 수 있습니다. 쉼이 필요할 때, 쉬고 싶은 욕구가 강할 때, 모쪼록 바울의 이 결정 과정을 꼭 참고해 보시기 바랍니다.

고전 15:58 그러므로 내 사랑하는 형제들아 견실하며 흔들리지 말며 항상 주의 일에 더욱 힘쓰는 자들이 되라. 이는 너희 수고가 주 안에서 헛되지 않은 줄을 앎이라.

고린도전서 15장에 부활에 대한 변증이 기록되어 있습니다. 부활에 대한 확신과 부활 소망은 이처럼 성도에게 무한한 도전력과 담력을 부어 줍니다. 바울의 영적인 담력, 그 뿌리는 부활 신앙에 있었습니다.

12–14절, 시련에도 복음이 진전 (그러므로 기뻐하겠다.)

15–18절, 시기 질투에도 그리스도가 증거 (그러므로 기뻐하겠다.)

19–21절, 죽을 위기에도 (오직 복음의 영광이 드러나는 길을 택하겠다.)

22–26절, 육체의 한계에도 (오직 그리스도의 영광을 위해 살겠다.)

[27-30절, 역경이 신자를 격려하다. 빌립보교회의 의무: 고난 가운데 단결!]

앞 단락에서 바울의 고민과 선택을 이야기했습니다. 이제는 자신에게 불리한 선택을 하기로 결정한 바울과 동역해야 할 빌립보교회의 선택, 곧 복음의 능력에 걸맞는 빌립보교회의 책임에 대해 이야기하기 시작합니다. 바울은 자기 자신과의 치열한 싸움 끝에 빌립보교회를 위해 자기의 소망을 기꺼이 접고 육체 안에 남기를 바란다고 했습니다. 바울의 기대는 개인이 아니라 단체, 곧 공동체성에 기초하고 있었기 때문입니다. 이제 바울은 빌립보교회 공동체가 복음에 합당하게 생활할 것을 요구하고 있습니다.

> **빌 1:27** 오직 너희는 그리스도의 복음에 합당하게 생활하라. 이는 내가 너희에게 가 보나 떠나 있으나 너희가 한마음으로 서서 한 뜻으로 복음의 신앙을 위하여 협력하는 것과

"오직(only)"이라는 말은 "다만(단)"이라는 뜻입니다. 외출하는 부모가 집에 있는 자녀들에게 "숙제 다해 놓고 놀아!" 이렇게 말하는 것처럼 바울은 이렇게 빌립보 교인들의 자유를 일정 부분 제한합니다. "마음대로 다 해도 좋다. 단, 무엇무엇은 꼭 해 놓고!" 이런 식입니다. 창세기 2장에

서도 하나님은 아담 부부에게 그런 식으로 말씀하셨습니다. "동산에 있는 모든 나무의 실과는 얼마든지 먹어도 좋다. 단, 동산 중앙에 있는 선악을 알게 하는 나무의 실과는 먹지 말아라". 바울도 같은 방식으로 빌립보교회에 '과제(To Do List)'를 제시합니다. 선택의 폭을 어느 정도 제한하는 것입니다. 본문에서 "합당하게"라는 말을 강조하는 이유가 바로 거기에 있습니다. "합당하게 생활하라"라는 말의 헬라어는 '폴리튜오마이'인데 "폴리스(Polis)의 시민으로서 의무를 다하라"는 뜻입니다. 고대 그리스 사회는 폴리스(도시국가) 형태였습니다. 폴리스는 상호협력공동체입니다. 아시다시피 빌립보는 '리틀 로마'로 일컬어졌습니다. 시민 대부분이 로마 시민권을 갖고 있었습니다(빌 3:20 참조). 그래서 빌립보 시민들은 자부심이 정말 대단했습니다. 우리나라에서 어떤 여성들이 종종 이렇게 자신을 과시한다지요. "나 이래 봬도 ㅇ대 나온 여자야!" 이와 비슷하게 바울 당시 빌립보 시민들은 "나, 빌립보 시민이야!" 이런 말을 하며 목에 힘을 주고 살았습니다. 로마식 옷을 입고, 로마식 이름을 짓고, 그 어렵다는 로마의 공식어인 라틴어를 사용했습니다. 빌립보 사람들은 국가주의 정치 철학을 바탕으로 개인보다 국가를 앞세웠습니다. 개인은 철저하게 국가에 종속되었습니다. 전체주의 국가였기 때문에 개인의 기량, 재능, 역량, 노력은 모두 다 오직 국가를 위해서만 사용되었습니다. 그러나 그 신민(臣民)의 자부심 덕에, 국가를 위한 헌신은 강제성 없이 비교적 자발적으로 이루어졌습니다. 명예로운 시민이 되기 위해, 폴리스 구성원들은 자기가 속한 폴리스의 명성에 누가 되지 않으려 부단히 노력했습니다. 그러지 않으면 시민 명단에서 제외되기 때문이었습니다. 바울은 이런 문화를 배경으로 빌립보교회에 호소하고 있습니다. 리틀 로마 시민인 빌립보 사람들이 인간왕국의 명예를 위해 헌신한다면, 그리스도인들은 그리스도의 왕국에 어떤 자세로 헌신해야 하는지를 은근히 묻고 있습니다. 그러므로 "그리스도의 복음에 합당하게"라는 이 말은 '교회는 이 세상에 박혀있는 하나님 나라의 식민지'라는 신학적인 전제에서 나온 것입니다. 빌립보가 로마하고 멀리 떨어져 있음에도 로마법에 따라 통치되듯이, 교회는 오직 하나님 나라의 법(성경)에 따라 통치되어야만 하고, 하나님의 자녀들은 '하늘 폴리스'에 소속된 사람으로서 하나님 나라의 명예를 위해 헌신해야만 한다는 것입니다. 바울은 그리스도인들에게 천국 시민의 의무가 있다는 것을 누누이 강조합니다. 복음은 하나님 나라의 법이므로 이 법을 준수하며 공동체적인 삶을 살기 위해 힘써야만 한다는 것입니다. 교회는 오직 '사랑으로 전투하는 공동체'입니다. 그러므로 모든 성도들은 '전투 의식'이 분명해야 합니다. '내가 지금 전쟁터에 서 있다'고 생각하며 살아가는 것과 그렇지 않은 것은 실제 신앙생활 자세에 엄청난 차이를 가져오기 때문입니다.

[27–30절, 서로 해야 할 일]

바울: 빌립보교회의 성장을 위해 육체 안에 남음

빌립보교회: 복음에 합당하게 생활해야 함

"한마음으로 서서(standing firm)"는 단합하여 믿음을 위해 투쟁해야 한다는 뜻입니다. 적극적으로 복음의 신앙을 위해 협력해야만 하는데, 그러기 위해서는 우선 한마음 한뜻이 되어야 한다는 것입니다. 동역자들과의 관계가 어떠하냐에 따라 교회 사역의 효율이 현저히 달라집니다. 따라서 성도들은 최선을 다해 단합해야만 합니다. '한마음으로 서서'라는 말은 로마 군대가 횡대로 서서 전진하는 모습을 연상시킵니다. 로마 군인들이 횡대로 설 때는 좌우에 나란히 선 옆의 병사와 서로 어깨와 어깨를 맞댑니다. 이렇듯이 동역자들이 서로 어깨를 맞대고 단합된 자세로 복음 사역을 해 나가야만 한다는 것입니다. "가 보나 떠나 있으나"는 사람(바울)의 눈치를 보지 말고, 오직 "하나님 앞에서(coram Deo)" 정직하게 사역하라는 말입니다. "복음의 신앙을 위하여"는 '내 밥그릇을 위해 일하면 안 된다'는 뜻이 함축되어 있습니다. '내 밥그릇'이 아닌 '복음의 신앙을 위해' 열심히 주님을 섬겨야 한다는 것입니다. 이 말은 영적인 분별력을 강조하는 것이기도 합니다. 사랑하는 여러분, 어린이 영어예배가 복음(신앙)과 무슨 상관이 있는 것인지 진지하게 생각해 보시기 바랍니다. 아직 우리말도 제대로 못하는 어린이들이 영어로 예배하고 영어로 기도하면 하나님께서 특별히 더 귀 기울여 그 기도를 들으실 것 같습니까?

27절의 "협력(헬, 쉰아뜰레오)"이라는 말은 '쉰(함께)과 아뜰레오(힘쓰다)'의 합성어입니다. '아뜰레오'가 영어로 넘어가서 'athlete(운동선수)'가 되었습니다. 어원을 밝혀 번역하면 이 말은 "한 팀, 팀 사역"을 뜻합니다. 하나님의 진리 위해 동역자들과 팀 사역을 하는 것이 정말 중요하다는 뜻입니다. "서서"는 '군인이 자기 자리를 굳건히 지키는 것'을 말합니다. 단합된 마음으로 견고히 서서, 두려워하지 않고 복음의 신앙을 위하여 협력해야만 한다는 것입니다. 하나님의 부르심이 확실한데도 복음에 대한 반대가 나타날 수 있습니다. 그럴 때, 그런 아이러니 앞에서 허망하게 의심하지 말고 담대히 동역자들과 함께 힘차게 전진해야만 합니다. 반대에 부딪힐 때 자꾸만 의심하는 까닭은 자기 자신의 관점에 너무 의존하기 때문입니다. 그러므로 영적인 안경을 바꿔 써야만 합니다. 내 안경을 벗고 하나님의 안경으로 바꿔 써야 합니다. 바울 사도의 명령은 이것입니다. "주 안에 굳게 서라! 동역하라! 복종하라!"

이어지는 28–29절에서는 그리스도를 위해 고난을 받으라고 권면합니다. "두려워하지 마라!"고 말합니다. 왜냐하면 그리스도의 십자가가 있기 때문입니다. 구원과 심판은 오직 하나님께서 홀로 결정하시기 때문입니다.

요 3:16–21 하나님이 세상을 이처럼 사랑하사 독생자를 주셨으니 이는 그를 믿는 자마다 멸망하지 않고 영생을 얻게 하려 하심이라. 하나님이 그 아들을 세상에 보내신 것은 세상을 심판하려 하심이 아니요 그로 말미암아 세상이 구원을 받게 하려 하심이라. 그를 믿는 자는 심판을 받지 아니하는 것이요 믿지 아니하는 자는 하나님의 독생자의 이름을 믿지 아니하므로 벌써 심판을 받은 것이니라. 그 정죄는 이것이니 곧 빛이 세상에 왔으되 사람들이 자기 행위가 악하므로 빛보다 어둠을 더 사랑한 것이니라. 악을 행하는 자마다 빛을 미워하여 빛으로 오지 아니하나니 이는 그 행위가 드러날까 함이요 진리를 따르는 자는 빛으로 오나니 이는 그 행위가 하나님 안에서 행한 것임을 나타내려 함이라 하시니라.

빌 1:28 무슨 일에든지 대적하는 자들 때문에 두려워하지 아니하는 이 일을 듣고자 함이라. 이것이 그들에게는 멸망의 증거요 너희에게는 구원의 증거니 이는 하나님께로부터 난 것이라.

28절의 "두려워하지 아니하는"이라는 말을 읽으면서 빌립보 사람들은 아마 '빌립보 전투'를 떠올렸을 것입니다. 브루투스가 줄리어스 시저를 암살했습니다. 이 때문에 안토니 · 옥타비아누스 연합군과 브루투스 · 카시우스의 연합군이 빌립보 평원에서 전쟁을 하게 되었습니다. 그런데 카시우스가 그만 겁을 먹고 자살해 버렸습니다. 결국 안토니와 옥타비아누스 연합군이 이깁니다. 이 전쟁에서 승리한 옥타비아누스가 바로 가이사 아구스도(눅 2:1)입니다. 복음을 위해 싸울 때, 외부의 공격 못지않게 내부에서 믿음의 동요가 나타날 수 있습니다. 적군이 나타나고 적군이 밀려오는 상황에서 어떻게 해야 하는지를 지금 바울이 말하고 있습니다. 27절에서는 '해야 할 일'을, 28절에서는 '하지 말아야 할 일'을 말하고 있습니다. "두려워하지 말라(대경실색하지 말라)". '적군'의 등장은 필연적이므로 완전히 코너로 몰리기 전에 겁먹지 말고 어떻게 대응할지를 미리 미리 결정하는 게 중요하다는 것입니다. 믿음을 위해 노력하고, 적 앞에서 기죽지 않는 것만으로는 충분하지 않습니다. 한 걸음도 전진하지 못하고 벙커 속에 쪼그리고 앉아 숨어 있기만 해도 안 됩니다. 그저 그날그날 현상 유지에 목을 매는 자세도 바람직하지 않습니다. 28절 뒷부분에서 바울은 하나님의 관점으로 전환하여 상황을 보라고 권면합니다. 사랑으로 싸우라고 합니다. 선으로 악을 이기라고 합니다.

롬 12:21 악에게 지지 말고 선으로 악을 이기라.

십자군 전쟁의 과오는 악으로 악을 대항한 데 있습니다. 성도들이 악에게 지면 안 됩니다. 악과 싸우되 반드시 선으로 악을 이겨야 합니다. 악과 싸우되, 수단 방법을 가리지 않고 싸우는 것이 아니라, 하나님의 거룩한 방법만으로 선하게 싸워야 합니다. 사역하다가 어떤 반대에 직면하면, "이거 꼭 해야만 하나? 모든 게 다 잘못된 걸까? 방법을 달리하면 일이 좀 부드럽게 진행될까?" 이런 생각들로 전전긍긍하느라 아무 일도 못하게 되는 경우가 있습니다. 그러나 두려워하지 말고 담대하게 싸워 이기라고 바울은 권면합니다. 빌립보교회의 투쟁 과정은 그 자체로 적대세력이 결국 멸망한다는 확실한 증거이며 빌립보교회가 구원받았다는 결정적인 증거이기 때문입니다. 결국은 하나님이 승리하시기 때문입니다.

[빌립보교회의 영적인 투쟁 과정 = 구원의 증거]

1장 19-20절에서 영적인 싸움은 그 자체가 구원받은 증거라고 이야기합니다. 말하자면 잃을 게 전혀 없는 정말 해 볼 만한 싸움(빌 1:20)이라는 것입니다. 결국 바울은 우리에게 '관점의 변화'가 필요하다는 말을 하고 있는 것입니다. 바울이 처한 상황과 빌립보교회가 맞이하고 있는 상황 모두에 대해서 관점을 달리해서 보아야 한다는 말씀입니다. 28절에서, 일어나고 있는 모든 일들이 하나님으로부터 온 것(하나님의 허락)임을 강조합니다. 적군(원수)의 등장도 그리 놀랄 일이 아니라는 것입니다. 그러므로 나의 시각과 하나님의 시각 사이에서 선택하라고 권면합니다. 만일 하나님의 시각을 선택하면 바울의 투옥 상황도 은혜롭게 재해석될(1:12-18, 복음의 진보) 수 있고, 박해받는 빌립보교회의 상황도 재해석될(1:27-28, 대적의 패배, 빌립보교회 구원의 증거) 수 있기 때문입니다. 고난은, 우리의 시선을 참 구원자이신 예수님께 고정시키는 못과 같습니다. "모진 바람 불어야 굳센 풀을 알고, 집이 가난할 때 비로소 어진 아내를 안다"는 옛말이 있습니다. 맞습니다. 고난은 우리 믿음의 리트머스 시험지입니다. 고난의 날에 믿음이 비로소 위력을 발휘하기 때문입니다. 고난을 견디는 바울과 같은 삶은 늘 아름다운 이정표가 됩니다. 고난 속에서 뒷걸음질하지 않고 영적인 싸움을 계속하는 것이야말로 우리에게 '구원'이 임했다는 가장 확실한 증거입니다.

빌 1:29 그리스도를 위하여 너희에게 은혜를 주신 것은 다만 그를 믿을 뿐 아니라 또한 그를 위하여 고난도 받게 하려 하심이라.

빌립보교회를 믿음으로 준비시키려는 바울의 마음이 엿보입니다. '믿음과 고난의 상관성'을 이해시킴으로써 교회를 굳게 세우려 합니다. 하나님께서 주시는 은혜라는 동전의 양면은 '믿음'과 '고난'입니다. 지금 바울이 당하는 고난은 앞으로 빌립보교회가 당할 고난의 그림자입니다. 그러므로 고난에 대한 관점을 바꾸는 것이 중요합니다. 하나님은 그리스도인들에게 고난받을 "특권"을 주셨습니다. 예수님를 믿게 된 것이 은혜요, 예수님을 위해 고난받는 것도 은혜입니다. 믿음과 고난이 모두 다 은혜입니다. 현재의 고난은 미래 영광의 확실한 보증서입니다. 왜냐하면 현재의 고난은 하나님의 명령이자 성도의 특권이기 때문입니다.

빌 1:30 너희에게도 그와 같은 싸움이 있으니[미래] 너희가 내 안에서 본 바요[과거] 이제도 내 안에서 듣는 바니라[현재].

바울의 투옥과 고난은 하나님의 실수가 아닙니다 그것은 복음의 진보를 위해 하나님이 계획하신 일의 일부분이었습니다(1:29-30). "내 안에서 본 바(과거)", "이제도 내 안에서 듣는 바(현재)", "너희에게도 같은 싸움(미래)"이 있다는 말은 결국 '고난에 찬 생애 전체'를 아우르는 것입니다. 바울은 자기가 지금 하고 있는 말에 대해 빌립보교회의 공감을 그다지 기대하지 않았습니다. 단지 그들 앞에 무엇이 놓여 있는지를 솔직하게 알려 주고자 했을 뿐입니다. 그리스도를 믿고 따르는 데에 더 필요한 것이 있습니다. 그것은 "그리스도를 위한 고난"입니다. 그 고난은 바울이 이미 경험했고, 지금도 겪고 있는 것이며, 앞으로 빌립보교회 교인들도 받게 될 것들입니다. 사랑하는 여러분 '믿음'과 '고난'이 하나님께서 주신 은혜라는 사실을 잊지 맙시다.

솔직히 고난받기를 원하거나 즐기는 사람은 없습니다. 많은 이들이 고난을 은혜가 아닌 부담으로 인식하는 것도 사실입니다. 그러나 본문에서 바울은 고난이야말로 하나님이 특별히 주시는 은혜의 선물임을 강조합니다. 왜냐하면 그것을 '하나님의 관점에서' 바라보기 때문입니다.

"하나님은 우리의 고난을 선용하셔서 복음을 증진시키고 주님을 높이신다. 우리는 고난의 날에 모범적인 삶을 살아야 한다. 고난은 실제로 복음을 증진시킨다. 예수님을 위해 고난받는 은혜가 주어질 때, 우리의 라이프 스타일을 복음에 합당하게 만들어야 한다. 주님은 최고수이시며 상수이시다."

다시 말씀드립니다. 고난은 "내 영혼의 망원경"임을 꼭 기억하십시오.

세상적인 관점을 지닌 이들은 오직 위안, 안전, 행복만 쫓아다닙니다. 그리되면 하나님의 소망은 이룰 수 없습니다. 바울의 핵심은 '관점 바꾸기'에 있습니다. 자신의 힘든 상황을 하나님의 관점에서 재평가하면서 빌립보교회에도 자기와 똑같은 태도를 요구하고 있습니다.

이 단락에서 바울은 '교회의 소명'을 강조합니다. 굳게 서서, 동역하고 노력하며, 그리스도를 위한 고난을 기쁘게 받아야 한다는 것입니다. 단 한 사람도 이 여러 환난 중에 흔들리지 않기를 그는 바라고 있습니다.

살전 3:3 우리가 이것(복음을 위해 고난받음)을 위하여 세움 받은 줄을 너희가 친히 알리라.

그리스도인들은 그리스도를 위한 고난을 받을 뿐 아니라, 그것을 기꺼이 적극적으로 수용해야만 합니다. 기독교의 기본 공식은 '죽음을 거쳐 부활에 이른다'는 것이기 때문입니다.

"예수 믿으면 이 땅에서 만사형통한다"는 영광의 신학(캘리포니아 신학)은 십자가 신학과 전혀 다른 것입니다. 영광의 신학은 명백한 사기극입니다. 복음 사기꾼들이 목사 행세하며 수만 명씩 사람을 모으는 무서운 세상입니다. 그런 곳에 사람들이 많이 몰려드는 중요한 이유는 요령껏 '인간의 욕망'에 불을 지피기 때문입니다. 뻔히 안 되는 줄 알면서도 우선은 '듣고 싶은 소리'가 있고, 그런 갈증을 귀신같이 아는 사기꾼들이 교묘하게 성경말씀을 빙자하여 귀를 즐겁게 해 주기 때문입니다. 기복주의자들이 노루 친 막대기처럼 잘 써먹는 '인큐베이션(incubation) 교리'라는 것이 있습니다. 인큐베이션은 '알을 품어 부화시키는 것'을 말합니다. 이 사기성 교리(?)의 핵심은 이렇습니다. 마음속에 생각의 알을 품고 열심히 기도하면, 알이 부화하듯이 언젠가는 그것이 내 손 안에 들어오게 된다는 것입니다. 가령, 길을 가다가 마음에 드는 어떤 건물을 보면서 '아 저거 내가 가져다가 선교센터로 쓰고 싶다' 이런 생각이 들면, 그 생각을 알처럼 마음에 품고 간절히 기도하라는 것입니다. 그러면 언젠가는 그 건물이 내 손에 들어온다는 것입니다. 이처럼 황당한 생각의 윤리성 여부를 떠나서, 죄로 썩은 인간의 간덩이를 한없이 붓게 만드는 약장수들의 외침에 속아 금식 기도한다며 날뛰는 이들도 꽤 많습니다. "홍수에 마실 물 없다"는 속담은 결코 틀린 말이 아닙니다. 신앙을 빙자하여 "잘되는 나"를 목표로 달리는 이들도 많습니다. 그렇게 잘되어서 뭐하시겠습니까? 도대체 무얼 하시려고 그렇게 내가 잘되어야 한다고 생각하십니까?

본문을 정리하기 위해 몇 가지 질문을 드리겠습니다.

⑴ 지금 어떤 역경을 겪고 있습니까? 그것에 어떻게 반응하고 있습니까? 언제쯤 그 역경에 대한 하나님의 관점을 알 수 있을 것 같습니까?

⑵ 역경 속에서 기쁨을 경험한 적 있습니까? 있다면 그 은혜를 함께 나눠 보십시오. 기쁘다는 느낌을 어떻게 서술할 수 있습니까?

⑶ 역경의 날에 어떤 기도를 주로 합니까? 무엇을 구했습니까? 무얼 받기를 기대했습니까? 역경의 날에 하나님의 관점을 구했습니까? 그것이 어떤 상황의 변화를 가져왔습니까?

⑷ 역경 속에서 그리스도가 높아졌습니까? 어떻게 높아졌습니까?

⑸ 육체의 죽음을 어떻게 생각하십니까? 다가오는 죽음의 현실에 어떻게 반응할 것 같습니까? 당신의 죽음에 대한 하나님의 반응을 어떻게 생각하고 계십니까?

빌립보서 1장에서 바울은 '고난에 동참하는 기쁨'을 이렇게 노래하고 있습니다.

19–21절, 죽을 위기를 만났지만 기뻐하겠다.

22–26절, 육체의 한계가 있지만 기뻐하겠다.

27–30절, 고난이 많지만 기뻐하겠다.

"아무튼 기뻐하겠다!"

사랑하는 동역자 여러분,

그리스도 안에서 삶과 죽음은 모두 다 윈-윈이라는 것을 잊지 마십시오. 오늘 이 자리에서 바울의 이 고백을 받아들이고 싶지 않으십니까?

"죽을 준비가 되어 있을 때, 살아갈 준비가 가장 잘되어 있는 것이다."

이 말처럼 고통을, 그리스도를 더 잘 알아 가는 기회로 여기도록 합시다. 왜냐하면 역경의 날에 하나님이 함께하심을 실감할 수 있기 때문입니다. 부디 이것을 명심하십시오!

하나님의 관점으로 보는 안목을 열어 달라고 기도합시다.

어려운 문제를 만나면, 하나님을 신뢰함으로 중심을 잡으십시오.

그리스도 중심의 영원한 안목이 기쁨을 준다는 사실에 하나님께 늘 감사하십시오.

함께 기도합시다

하나님 아버지, 역경의 날에 더욱더 기도하며 기뻐하게 해 주십시오. 고난이 올 때, 우리 주님의 고난에 동참하는 기쁨이 오히려 넘치게 해 주십시오. 모든 일에 합력하여 선을 이루실 하나님께서 내 삶 속에서 시작하신 하나님의 착한 일을 반드시 이루실 것을 굳게 믿게 해 주십시오. 고난을 하나님의 눈으로 볼 수 있도록 내 영혼의 눈을 뜨게 해 주십시오. 주 예수님의 이름으로 기도합니다. 아멘.

나의 간절한 기대와 소망을 따라

아무 일에든지

부끄러워하지 아니하고

지금도 전과 같이 온전히 담대하여

살든지 죽든지

내 몸에서 그리스도가

존귀하게 되게 하려 하나니

이는 내게 사는 것이 그리스도니

죽는 것도 유익함이라.

_빌 1:20-21

[1]그러므로 그리스도 안에 무슨 권면이나 사랑의 무슨 위로나 성령의 무슨 교제
나 긍휼이나 자비가 있거든 [2]마음을 같이하여 같은 사랑을 가지고 뜻을 합하
며 한마음을 품어 [3]아무 일에든지 다툼이나 허영으로 하지 말고 오직 겸손한
마음으로 각각 자기보다 남을 낫게 여기고 [4]각각 자기 일을 돌볼뿐더러 또한
각각 다른 사람들의 일을 돌보아 나의 기쁨을 충만하게 하라. [5]너희 안에 이
마음을 품으라. 곧 그리스도 예수의 마음이니 [6]그는 근본 하나님의 본체시나
하나님과 동등됨을 취할 것으로 여기지 아니하시고 [7]오히려 자기를 비워 종의
형체를 가지사 사람들과 같이 되셨고 [8]사람의 모양으로 나타나사 자기를 낮추
시고 죽기까지 복종하셨으니 곧 십자가에 죽으심이라. [9]이러므로 하나님이 그
를 지극히 높여 모든 이름 위에 뛰어난 이름을 주사 [10]하늘에 있는 자들과 땅
에 있는 자들과 땅 아래에 있는 자들로 모든 무릎을 예수의 이름에 꿇게 하시
고 [11]모든 입으로 예수 그리스도를 주라 시인하여 하나님 아버지께 영광을 돌
리게 하셨느니라. [12]그러므로 나의 사랑하는 자들아 너희가 나 있을 때뿐 아니
라 더욱 지금 나 없을 때에도 항상 복종하여 두렵고 떨림으로 너희 구원을 이
루라. [13]너희 안에서 행하시는 이는 하나님이시니 자기의 기쁘신 뜻을 위하여
너희에게 소원을 두고 행하게 하시나니 [14]모든 일을 원망과 시비가 없이 하라.
[15]이는 너희가 흠이 없고 순전하여 어그러지고 거스르는 세대 가운데서 하나
님의 흠 없는 자녀로 세상에서 그들 가운데 빛들로 나타내며 [16]생명의 말씀을
밝혀 나의 달음질이 헛되지 아니하고 수고도 헛되지 아니함으로 그리스도의
날에 내가 자랑할 것이 있게 하려 함이라. [17]만일 너희 믿음의 제물과 섬김 위
에 내가 나를 전제로 드릴지라도 나는 기뻐하고 너희 무리와 함께 기뻐하리니
[18]이와 같이 너희도 기뻐하고 나와 함께 기뻐하라.

빌립보서 2장 1-18절

주 안에서 한 마음을 품어

빌립보서 2장 1-18절

예수님 안에 있습니까? 그래서 기쁘십니까? 그 이유가 무엇입니까?

2장에서 바울은 '섬김의 기쁨'을 가르칩니다. 관계 속에서 누리는 기쁨, 사랑과 겸손의 힘이 무엇인지 설명합니다. 다른 이의 유익을 겸손히 추구해야만 단결할 수 있다는 것도 가르칩니다. 바울의 가르침을 따라가다 보면, 관계를 죽이는 무서운 암세포가 교만임을 쉽게 알 수 있습니다.

"교만은, 모든 죄악의 병아리들이 부화하는 어미닭의 품이다."
– C.S.루이스

'겸손'의 반대말은 '교만'입니다. 네모난 동그라미가 없듯이, 겸손하면서도 교만한 사람은 없습니다. 겸손하면 교만하지 않은 것이고, 교만하면 겸손하지 않은 것입니다. 교만의 아비는 이기심입니다. 이기심의 아들인 교만은, 모든 증오, 갈등, 폭력, 전쟁의 원인입니다. 이 교만 때문에 이 세상에 고통, 아픔, 슬픔이 많아지고, 결혼, 가정, 교회, 삶이 무자비하게 파괴됩니다. 교만 때문에 사람들은 소중한 동역자들을 틈만 나면 하나씩 식탁에 올려놓고 마음껏 "씹고 뜯고 맛보고 즐깁니다." 사도 요한은 마음속에 있는 미움도 살인이나 마찬가지라고 하였습니다(요일 3:15). 교만한 태도, 교만한 말 한 마디, 교만에서 비롯된 이기적인 행동 등이 모든 갈등과 불화의 원인이 됩니다. 이기심을 지닌 사람은 늘 "내가 먼저!" 라는 패러다임을 붙들고 살아갑니다. 그러므로 공동체가 하나 되려면 신앙공동체 안에서 '관계의 패러다임 전환'이 먼저 이루어져야 합니다. "내가 먼저"라는 패러다임을 "네가 먼저"라는 패러다임으로 바꿔야 합니다. 그래야 깨진 관계를 회복시키고, 기쁨, 단합, 평화를 증진시킬 수 있습니다. 교회 분열과 복음의 순수성 상실은 교회의 머리되신 그리스도를 무척 슬프게 하는 일입니다. 분열된 교회는 병약(病弱)하게 되고, 그리되면 마귀에게 교회를 공격하여 무너뜨릴 기회를 주는 것입니다. 건전한 교리, 도덕적 순결, 열정적 헌신만으로는 교회 분열을 막지 못합니다. 4장에서 자세히 보겠지만 빌립보교회는 소수의 몇 사람 때문에 분열의 위기에 빠져 있었습니다. 마음이 하나 되지 못하면, 열심을 내면 낼수록 분열의 위기는 오히려 더 커집니다. 독불장군은 공동체의 암입니다. '스타 교인', '스타 목사'라는 말은 그리스도의 몸인 교회에 들러붙은 치욕스런 주홍글씨입니다. 1만 명 모이는 교회 하나보다 500명 모이는 교회 20개가 세워지는 것이 훨씬 더 낫습니다. 연합은 내적인 것이지 외적인 것이 결코 아닙니다. 그것은 내적인 지향성이지 외적인 강요사항이 아닙니다. 진심에 달린 것이지 교리적인 것이 아닙니다. 분열을 막기 위해서는 모든 성도들이 다 하나님의 뜻에 절대 순종해야만 합니다.

[2:1–4, 이웃을 향한 겸손: 밖으로 드러나는 속마음]

이 단락에서 바울은 영적인 단합의 방법을 제시하며, 하나님을 기쁘시게 하고 싶다면 서로서로 이타적(利他的)인 자세를 가지라고 권면합니다. 대접받고자 하는 대로 먼저 이웃을 대접해야(마 7:12) 한다고 말합니다. 그리스도의 종에게는 이웃을 향한 겸손이 반드시 있어야 하기 때문입니다.

빌 2:1 그러므로 그리스도 안에 무슨 권면이나 사랑의 무슨 위로나 성령의 무슨 교제나 긍휼이나 자비가 있거든

2장 1절은 1장 6절의 '착한 일'에 대한 주석에 해당합니다. 영적 연합의 바른 동기가 성삼위 하나님임을 밝힙니다. 1절에 삼위 하나님('사랑'=성부 하나님)이 모두 다 등장하는 이유입니다. "그리스도 안에"라는 말은 그리스도와 연합한 결과를 말합니다. 만일 그리스도 안에 있는 격려, 사

랑의 위로, 성령의 교제, 긍휼과 자비(1:6, "착한 일")가 나타나고 있다면, 그렇다면 선택의 여지없이 무조건 2–4절 말씀을 받아들이라는 것입니다. 이것을 절대 놓치지 말라는 것입니다.

빌 2:2 마음을 같이하여 같은 사랑을 가지고 뜻을 합하며 한마음을 품어

영적 연합의 바른 표지는 '같은 마음'에 있습니다. 이것은 사람들 사이에 견해차가 아예 없어야 한다는 뜻이 아닙니다. '같은 마음'은 '신앙의 원칙'을 가리킵니다. '본질의 일치'를 말합니다. 우리 하나님은 '다양성'을 기뻐하시는 분입니다. 다양한 지체가 한 공동체를 이룬 것이 교회입니다. 그러므로 다양한 지체들 상호간에 '본질(빌 1:6)'이 일치해야, 그리스도께 복종하고 이웃을 섬기는 사역을 할 수 있습니다. 같은 마음을 품는 것, 예수 그리스도 안에 당연히 이루어져야 하는 일이지만, 그러나 정말 잘 안 되는 것이 이것입니다. '같은 마음'을 가진 뒤에야 비로소 복음에 합당한 권면인지, 사랑으로 위로하는지, 성령 안에서 교제하는지, 긍휼과 자비가 있는지를 따질 수 있습니다. "같은 사랑"은 '사랑의 연합'을 말합니다. 연합하는 마음은 공동체 안팎에 기쁨을 퍼뜨립니다. 같은 사랑으로 뜻을 합하되, 이기적이고 기만적인 자세로는 아무것도 해서는 안 됩니다. 이웃을 더 중요하게 여기고, 자신의 유익과 함께 이웃의 유익도

추구할 것을 촉구합니다. 2절의 “한 마음”은 부부간의 혼인 서약을 가리킵니다. 곧, “죽을 때까지 함께 가자”는 숭고한 언약을 가리킵니다. 여러분, 뒷골목 조폭들도 뜻을 합한다는 것을 알아야 합니다.

[교회와 조폭의 다섯 가지 공통점(?)]

보스를 위해 목숨을 바친다.

피를 나눈 형제라 한다.

배신은 곧 죽음이다.

들어오기는 쉬워도 나가기는 어렵다.

구역이 있다.

그러므로 선한 일일수록 뜻을 합해야 합니다. 깍두기 조폭들도 자기 ‘패밀리’와 ‘브라더’를 위해 뜻을 합하는데, 그리스도의 거룩한 몸인 교회는 더더욱 그래야 하지 않겠습니까? 적어도 교회가 조폭보다는 나아야 하지 않겠습니까? 교회와 조폭의 결정적인 차이 가운데 하나는 ‘성경’입니다. 교회가 갖고 있는 ‘말씀’이 조폭에게는 없습니다. 이 말은, 교회가 성경을 등한시하는 순간 단번에 조폭처럼 변할 수 있다는 뜻입니다.

[3–4절, 영적 연합의 바른 수단]

빌 2:3 아무 일에든지 다툼이나 허영으로 하지 말고 오직 겸손한 마음으로 각각 자기보다 남을 낫게 여기고

'하지 말 것(not to do)'을 먼저 말한 다음 '해야 할 것(to do / should do)'을 말하고 있습니다. "다툼"은 이기심과 경쟁심을 가리킵니다. "허영"이라는 말은 헬라어로 '케노독시아'인데, 이 말은 '케노스(빈)'라는 말과 '독사(영광)'라는 말의 합성어입니다. 그러므로 이 말은 헛된 영광, 과대망상, 허풍, 타인의 갈채를 갈망하는 욕구, 연예인 병, 왕자병, 공주병이라고 할 수 있습니다. 이 왕자병 공주병에 걸리면 오만과 자기기만 속에 몹시 추한 삶을 살게 됩니다. 그러니 항시 헛된 교만을 조심해야 합니다. "서로의 필요를 살펴 열심히 일하라. 다른 사람의 이익을 추구하라"고 단순하게 말하지 않고, 부정적인 권면을 거쳐 긍정적인 권면을 주는 방식으로 수사학적인 설득을 꾀하고 있습니다. 3절 앞부분에서 "나 먼저!"의 문제점을 먼저 지적한 다음, 3절 뒷부분–4절에서 "너 먼저!"의 해법을 제시하고 있는 것입니다. 앞서 말씀드렸듯이 관계의 패러다임이 바뀌어야만 한다는 것입니다.

[관계의 패러다임 전환]

~~“내가 먼저!”~~

“네가 먼저!”

빌 2:4 각각 자기 일을 돌볼뿐더러 또한 각각 다른 사람들의 일을 돌보아 나의 기쁨을 충만하게 하라.

4절은 3절 말씀의 열쇠입니다. 본문의 “자기 일”은 ‘자기 이익’, 곧 ‘자기 밥그릇’을 뜻합니다. “사람들의 일”은 ‘이웃의 이익’입니다. 이웃의 아픔을 자세히 살피는 것, 동고동락(同苦同樂)하는 것이 신앙인에게 매우 중요한 덕목입니다. 본문에서 “또한”이 강조되어 있습니다. 이 말이 4절에서 가장 중요한 말입니다. NIV 영어성경에서는 이 대목을 ‘not only~but also~’ 구문으로 번역하고 있는데, 잘 아시는 것처럼 이 구문은 ‘take both’, ‘둘 다 택하라’는 뜻입니다. 그러니까 이웃의 이익을 위해 내 이익을 포기하라는 말이 아니라, 내 이익을 추구하더라도 이웃의 이익도 똑같이 중요하게 여기라는 것입니다(마 4:4 참조). 4절의 권면보다 3절이 권면이 더 중요한 이유가 거기에 있습니다. 왜냐하면 사람의 본성은 아주 이기적이어서 이웃의 이익은 배제하고 자신의 유익만 추구하기 쉽기 때문입니다. “나보다 남을 낫게 여기라”는 권면은 그런 뜻입니다.

3절 말씀, 맞춤법 검사 좀 해 봅시다.

나보다 남을 〈낫게〉 여겨?

~~나보다 남을 〈낮게〉 여겨~~?

좀 정직하게 생각해 봅시다. '불치하문(不恥下問)'이라는 말이 있습니다. '손아랫사람한테 물어보기(배우기)를 부끄러워하지 말라'는 뜻입니다. 내 옆에 있는 사람들은 그게 누구든, 적어도 한두 가지는 나보다 잘하는 것이 있습니다. 바로 그 점을 보고 존중하라는 것입니다. 그것을 곁에서 보고 배울 수 있는 것은 정말 큰 복이며 기쁨입니다. 인간의 부패한 본성은 남의 장점보다 약점을 훨씬 더 빨리 봅니다. 그런 자세가 교만, 자만, 부질없는 우월감이나 열등감으로 나타나는 것입니다. 그래서 이웃을 함부로 무시하지 않는 자세를 갖기가 몹시 어렵습니다. 사람이 교만해지면 시도 때도 없이 '갑질'하게 되어 있습니다. 거침없이 갑질을 일삼으며 이웃의 이익을 무시하는 것은 성경의 가르침에 정면으로 도전하는 것입니다. 그러기에 여기서 말하는 "같은 마음"은 단순히 이해관계만을 말하는 것이 아님을 알아야 합니다.

"내 이익만 추구하는 것은 너무 이기적이고,

이웃의 이익만 추구하는 일은 지속하기 어렵다."

그러므로 이 두 가지를 다 하는 것이 중요합니다. '같은 마음'의 공동체 안에서 살아가는 것이야말로 정말 큰 복입니다. 바울은 지금 우리가 말로 고백하는 것과 행동이 일치하도록 권면하고 있습니다. 그래서 바울은 먼저 연합의 길을 제시합니다. 그리스도 안에서 발견되는 위로, 애정, 친교, 연민의 위대한 복은 '한마음 공동체'의 아름다운 부산물입니다. 바울의 권면에 유념하며 열심히 살아가다 보면 이런 복, 이런 기쁨을 넉넉히 경험할 수 있습니다. 하나님은 이웃을 겸손히 사랑하고 섬기는 삶을 살라고 우리를 부르셨습니다. 우리는 그리스도의 종입니다. 그러므로 어떤 상황에서도 예수님이 죄인인 우리를 품어 주셨듯이 남도 인정해 주고 품어 주어야 합니다. 바울이 이런 말을 하는 이유는 빌립보교회 안에 자기중심적인 자세로 활동하는 이들이 있었기 때문입니다. 다른 사람에게 '관심'을 갖는 것이 연합의 지름길입니다. 성도들의 단합과 서로 섬김, 그 아름다운 모습을 지켜보는 것이야말로 복음 사역자에게 무엇보다도 큰 기쁨(4절)입니다. 모쪼록 목자에게 이런 기쁨을 많이 주는 성도가 되십시오.

5-11절에서는 4절의 예로서 예수 그리스도의 모범을 제시합니다. 그리스도와 같은 자세로 낮아지는 삶을 살아가라고 합니다. 그리하면 하나님이 높여 주실 것이라는 것입니다.

[5–8절, 정복하려고 낮추신 왕: 영적 연합의 모델(예수 그리스도의 겸손)]

5–11절 말씀은 '찬양 시(讚揚 詩)' 형태입니다. 이것이 바울의 순수 창작인지, 아니면 당시 널리 알려진 찬송시를 바울이 인용하면서 빌립보서의 문맥에 맞게 활용하고 있는 것인지에 대해서는 신학자들 사이에 여전히 논쟁이 계속되고 있습니다. 그러나 유대교 최고 랍비였던 가말리엘의 제자이자 석학인 바울이 예수님의 생애를 요약하는 찬양 시 한 편을 쓰지 못하리라고 단정할 이유는 없습니다. 아울러, 바울과 동시대에 만들어진 많은 문서 유산 속에 빌립보서 2장의 이 찬양 시와 엇비슷한 내용을 담고 있는 자료가 거의 눈에 띄지 않는다는 점에서, 나는 이 찬양 시를 바울이 친히 쓴 것으로 생각합니다.

빌 2:5 너희 안에 이 마음을 품으라 곧 그리스도 예수의 마음이니

앞 단락에서 '같은 마음'을 가지라고 했습니다. 그리고 같은 마음을 갖기 위해 '절대로' '절대로' 잊지 말아야 할 것(6–8절)이 있다고 말합니다. 왜냐하면 그리스도가 교회의 머리이므로 머리의 겸손을 주님의 손발인 성도들이 따르는 것이 당연하기 때문입니다.

예수님께서 십자가를 지려고 예루살렘을 향해 올라가실 때, 뒤따르던 제자들은 틈만 나면 서로서로 서열을 다투었습니다. 그 과정에서, 각자

자기가 유리한 것을 내세우며 다른 제자들의 기를 죽이고 자신의 우월함을 드러내려 했을 것입니다. 짐작컨대 이 과정에서 베드로는 아마 이런 말로 다른 제자들을 주눅 들게 했을 것입니다.

"늬들이 물 위를 걷는 느낌을 알아?"

예수님은 이렇게 한심한 열두 제자들의 발을 손수 씻어 주시며, 너희들도 서로 발을 씻어 주라고 당부하셨습니다. 인간은 하나님의 형상입니다. 그러기에 인간의 마음속에는 오직 '하나님'만 채울 수 있는 영적인 보좌가 있습니다. 나름대로 잘 먹고 잘 살고, 몸도 건강하고 자식들도 다 잘되고, 누가 봐도 남부러울 것 없이 잘 사는 사람도 인생 40-50대에 접어들면, 어느 날부터인지 불면증에 시달리면서 잠을 잘 못 이룹니다. 어둠 속에 혼자 누워 살아온 길을 곰곰이 되짚어 보면, 한없이 권태롭고 공허해집니다.

'내가 겨우 이러려고 그토록 아등바등 살았나?'

까닭모를 회한(悔恨)의 쓰나미가 나도 모르게 밀물져 옵니다. 마음속에 하나님이 계시지 않으면, 그 누구라도 그런 회한에 사로잡히게 됩니다. 5절에서 말하는 "그리스도 예수의 마음"은 그래서 '하나님'이라고 말할 수 있습니다. 개인이나 공동체나 하나님께서 주시는 영적인 만족 없이, 육체적, 정신적인 만족만으로는 어느 날 갑자기 몰아쳐 오는 공허감을 도무지 극복할 방법이 없습니다. 이 세상에는 하나님을 대신할 것이 전혀 없습니다. 돈도 명예도 눈부신 면허증도 다 가짜 그리스도일 뿐입니다. 마음에 하나님을 왕으로 모신 사람, 그래서 남을 나보다 낫게 여기는 겸손한 삶을 사는 사람만 그런 권태와 공허를 이길 수 있습니다. 이집트의 안토니가 이런 말을 한 적 있습니다.

나는 마귀가 지상에 설치해 놓은 수많은 덫을 보았다.

괴로움에 지쳐 내가 말했다.

"과연 누가 그 수많은 덫을 헤치고 무사히 이 땅을 통과할 수 있습니까?"

그러자 이런 대답이 들려왔다.

"겸손한 사람!"

누가? 겸손한 사람! 그리스도 예수의 마음을 품은 사람!

본문에서 바울이 강조하는 것은 이것입니다. 다른 사람을 고려하는 것이 나 자신을 고려하는 것만큼 중요하다는 것입니다. '금수저'가 제멋대로 '갑질'하는 세상에서 성도가 지녀야 할 마음은 오직 '예수님의 마음'

입니다. 2장 2절에서 "같은 마음"을 가지라 한 바울은 5절에서는 "그리스도 예수의 마음"을 가지라고 권면합니다. 이어지는 말씀에서 바울은 예수님의 마음, 그 본질은 '낮아지는 마음'임을 밝힙니다. 너나없이 갑질을 즐겨 하는 세상에서 '낮아지는 마음'은 참으로 귀한 보석과 같습니다. '낮아지는 마음'을 지닌 사람은 예수님처럼 생각하고, 예수님처럼 말하고, 예수님처럼 행동하기 위해 노력합니다.

5-6절/ "그리스도 예수의 마음"은 하나님의 마음

빌 2:6 그는 근본 하나님의 본체(헬, 모르페)시나 하나님과 동등됨을 취할 것으로 여기지 아니하시고

"동등됨"은 그리스도의 위엄과 특권을 뜻합니다. 그분은 자신이 마땅히 누릴 수 있는 특권을 스스로 포기하셨습니다. 좀 더 정확히 말하면, 예수님이 스스로 포기한 것은 그분의 영광에 뒤따르는 '능력'이었습니다. '영광'은 예수님의 본체(모르페)입니다. 여기서 헬라어 '모르페'와 '스케마'의 차이를 살펴보는 것이 본문을 이해하는 데 도움이 될 듯합니다.

모르페 (변하지 않음)

스케마 (상황에 따라 변함)

사람 (모르페)

어린이, 청년, 장년, 노년, 남자, 여자 (스케마)

'어린이'와 '노인'은 겉모양(스케마)은 다르지만, 모두 다 '사람'이라는 모르페(본체)를 갖고 있습니다. 어린이도 사람이고 노인도 사람입니다. 예수님이 인간의 모습으로 이 땅에 오셨지만, 하나님의 영광스런 본질(모르페)은 그대로 유지하고 계셨다는 뜻입니다. 예수님이 '참 사람'이자 '참 하나님'이신 이유입니다. 좀 조심스럽기는 하지만 예수 그리스도는 드라마나 영화 속의 영웅과 약간 비슷한 면이 있습니다. 하나님이신 예수님을 한낱 인간의 피조물인 영웅에 비유하는 것이 몹시 조심스럽지만, 이해를 돕기 위해 잠시 예로 든 것뿐이니 오해 없으시기 바랍니다. 이야기 속 영웅들은 대개 사람의 모습을 지니고 있고, 초능력을 갖고 있습니다. 여러분이 잘 아시는 원더우먼, 슈퍼맨, 배트맨, 스파이더맨 등이 바로 그런 영웅입니다. 슈퍼맨은 늘 타이즈 위에 팬티를 덧입은 희한한 패션으로 나타나서 엄청난 능력을 발휘합니다. 물론 이런 영웅들과 맞서는 악당도 있습니다. 영웅과 악당을 구별하는 기준은 간단합니다. '가진 힘으로 무엇을 하느냐'입니다. 가진 힘으로 진리와 정의를 위해 일하면 영웅이고, 그 힘으로 세상을 파괴하고 인간을 죽이면 악당입니다. 그러므로 틈만 나면 '갑질'하는 사람들은 분명히 악당 유형입니다.

하나님의 본체(모르페)이신 예수 그리스도가 그 힘으로 무엇을 하셨습니까? 그분은 자신이 쓸 수 있는 힘을 자신의 유익을 위해 결코 사용하지 않으셨습니다.

마 4:3-4 시험하는 자가 예수께 나아와서 이르되 네가 만일 하나님의 아들이어든 명하여 이 돌들로 떡덩이가 되게 하라. 예수께서 대답하여 이르시되 기록되었으되 사람이 떡으로만 살 것이 아니요 하나님의 입으로부터 나오는 모든 말씀으로 살 것이라 하였느니라.

죄 없으신 예수님이, 요단강에서 세례 요한이 베푸는 '회개의 세례'를 받으신 뒤 광야로 가서 40일간 금식하셨습니다. 그때 굶주린 예수님 앞에 마귀가 나타나서 유혹합니다. 마태복음 4장 3-4절의 "네가 만일 하나님의 아들이어든"이라는 말은 영어의 단순한 'if 구문'이 아닙니다. 'if' 보다는 '이유'를 밝히는 'since'로 보는 것이 더 낫습니다. "네가 하나님의 아들이기 때문에"라는 뜻입니다. "너는 하나님의 아들이다. 그러므로 여기 있는 돌들로 떡을 만들어 먹을 수 있는 능력이 있다. 그 능력으로 어서 떡을 만들어 먹고 굶주림을 해결하지 왜 쫄쫄 굶고 있는가? 원 세상에, 우주의 주인이신 하나님, 그 하나님의 아들이 이렇게 쫄쫄 굶는다는 게 어디 말이나 되는가? 쯧쯧쯧……."

사랑하는 여러분, 마귀의 이 음성이 오늘날 교회당 안에서도 계속 들려오고 있다는 것을 아십니까? 목에서 쇳소리 나는 어떤 목사가 입에 거품을 물고 스피커가 깨질 듯한 고음으로 고함을 지릅니다.

"여러분, 하나님은 온 우주의 왕이십니다. 우리 하나님은 온 우주의 주인이십니다. 우리는 하나님의 자녀입니다. (여기까지는 나도 대충 동의함) 그런데 우주의 최고 갑부이신 하나님의 자녀된 자들이 셋방살이나 하며 꾀죄죄하고 가난하게 살면 되겠습니까아아? 하나님의 자녀가 몸이나 아프고, 하는 사업마다 실패하고, 그래서야 어디 우리 하나님 아버지의 체면이 서겠습니까? 안 그렇습니까아아? 하나님이 최고 갑부이시고, 우리들이 하나님의 자녀이므로, 예수 믿는 사람들은 하는 일마다 잘되고 축복이 넘치는 줄 미씀니다아아아! 예수 믿으면 자식이 잘되고, 병이 낫고, 실패한 사업이 다시 일어서고, 만사가 형통할 줄로 믿으시면 아멘하시기 바랍니다아아아아!"

그러자 떼거리로 모여 있는 수천 명의 입에서 하늘이 무너질 듯한 큰 함성으로 "아멘!" 소리가 추임새로 뒤따라 나옵니다. 미안합니다만, 내 귀에는 그 아멘 소리가 번번이 마귀의 추악한 합창으로 들립니다. 마태복음 4장에서 마귀가 하는 말과 조금 전 인용한 어느 목사의 말은 표현만 약간 다를 뿐 핵심은 똑같습니다. 그러므로 그 목사의 말은 마귀가 부르는 노래의 변주곡일 뿐, 하나님의 말씀이 전혀 아닙니다.

마태복음 4장, 예수님이 마귀에게 시험받으시는 기사에서 우리가 꼭 배워야 할 것이 있습니다. 권리와 특권은 쟁취(爭取)할 것도 아니고 사수(死守)할 것도 아니라는 것입니다. 마귀의 시험을 받으시는 예수 그리스도께서 그 힘으로 무엇을 하셨습니까? 빌립보서 2장에 있는 바울의 표현을 빌면, 첫째 하나님의 본체(모르페)임에도 하나님과 동등 됨을 취하지 않았고, 둘째 자기를 비웠고, 다시 말해서 기득권을 포기하셨고, 셋째 스스로 비천한 자리로 내려오셨다는 것입니다. 곧 온전한 하나님이신 그분이 온전한 사람으로서 죄인의 구원을 위해 지극히 이타적(利他的)인 삶을 사셨다는 것입니다. ("아멘"은 이런 곳에 붙이는 것입니다.)

빌 2:6 그는 근본 하나님의 본체시나 하나님과 동등됨을 취할 것으로 여기지 아니하시고

빌 2:7 오히려 자기를 비워 종의 형체를 가지사 사람들과 같이 되셨고

6절에서는 부정적 표현을, 7절에서는 긍정적 표현을 써서 수사학적인 묘미를 살리면서 설득력을 높이고 있습니다. 겸손이 무엇입니까? 참된 겸손은 하나님 앞에서 나의 추함을 인식함과 동시에 그리스도 안에서 거룩한 자존감을 확신하는 것입니다.

빌 2:8 사람의 모양으로 나타나사 자기를 낮추시고 죽기까지 복종하셨

으니 곧 십자가에 죽으심이라.

종의 형체를 취하시고

사람들과 같이 되시고

사람의 모양으로 나타나사

죽기까지 복종하시고

심지어 십자가에서 죽으셨다.

주 예수 그리스도의 종인 바울은 주 예수님의 삶과 사역을 이렇게 요약했습니다. 바울의 이 설명을 제대로 이해하려면 십자가형이 무엇인지를 좀 더 구체적으로 알아야 합니다.

재판이 끝나 십자가형을 선고 받은 죄수는 예루살렘 시내에서 골고다 언덕까지 '죽음의 행진'을 합니다. 언덕에 도착하면 죄수를 십자가 버팀목에 눕히고 손목과 발목에 대못을 박아 몸을 고정시킵니다. 손가락 끝에 아주 작은 가시만 하나 박혀도 고통스러운 것이 우리 몸입니다. 통증에도 서열이 있다 합니다. 1위는 사지절단통, 2위는 작열통(灼熱痛, 몸이 불타는 고통), 3위는 출산통……. 십자가형의 고통은 통증이 가장 심하다는 '사지절단통'에 속합니다. 망치질을 할 때마다 대못이 손목과 발목뼈를 으스러뜨리고 들어오는 고통을 상상할 수 있겠습니까? 살이 찢어지고 뼈가 으스러지는 고통, 십자가에 매달려 고통 속에 몸을 움찍거릴 때마다 온몸에 전해지는 극한 고통, 찢어진 혈관에서 쏟아지는 피, 망가진 힘줄의 고통, 심장의 박동을 따라 전해지는 끝없는 고통, 과다 출혈, 현기증, 이런 육체적인 고통 말고도 무의식의 세계에까지 미치는 정신적인 고통, 갈증, 굶주림, 불면, 오래 지속되는 고통, 공개적인 망신, 극단의 수치심, 영적으로는 가늠하기도 힘든 죽음의 공포, 마침내 외상(外傷)성 고열로 인한 심장 파열(요 19:34, '물과 피'는 심장이 파열되어 핏덩이와 혈장이 분리되었다는 증거. 예수님이 기절한 것이 아니고 실제로 죽으셨다는 확실한 증거임)……. 육체적으로, 정신적으로, 영적으로 극한의 고통을 가하는 무시무시한 형벌, 그래서 십자가형을 '인류 역사상 최악의 형벌'이라고 합니다. 이런 이유로 로마의 웅변가이자 수사학자였던 키케로는 "로마 시민의 입에서 십자가라는 혐오스런 말조차도 사라지게 하라"고 외쳤습니다. 십자가를 앞에 두고 예수님이 겟세마네 동산에서 피눈물로 기도할 때, 방금 말씀드린 그 육체의 고통이 두려워서 그러셨겠습니까? 만일 그렇게 생각한다면 예수님을 너무 우습게 여기는 것입니다. 왜냐하면 이 무서운 형벌을 당하면서도 인간의 독한 의지로 비명 한 마디 지르지 않고 죽어 간 사람도 있었기 때문입니다. 솔직히 예수님에게는 십자가형의 육체적인 고통은 별 문제가 되지 않았습니다. 오히려 예수님이 겪어 내야 했던 십자가형의 극단적인 고통은 '성부 하나님과의 단절(시 22:1; 마 27:46)'이었습니다.

시 22:1 내 하나님이여 내 하나님이여 어찌 나를 버리셨나이까 어찌 나를 멀리하여 돕지 아니하시오며 내 신음 소리를 듣지 아니하시나이까.
마 27:46 제구시쯤에 예수께서 크게 소리 질러 이르시되 엘리 엘리 라마 사박다니 하시니 이는 곧 나의 하나님, 나의 하나님, 어찌하여 나를 버리셨나이까 하는 뜻이라.

전혀 겪어 보지 않은 어떤 일을 경험할 때, 단 한 번도 가 보지 않았던 길을 가려할 때, 사람들은 본능적으로 두려움을 느낍니다. 성부 하나님과 성자 예수님의 분리, 비록 단 3일이라는 짧은 시간이라 할지라도, 그것은 성자 예수님으로서는 감히 상상할 수도 없는 몹시 두려운 일이었습니다. 그것이 겟세마네 동산에서 기도하시면서, 십자가라는 고난의 잔을 할 수만 있으면 피해 가고 싶어 하신 유일한 이유였습니다. 오늘 우리는 예수님의 십자가에서의 죽으심, 그로 인한 신령한 유익을 넘치도록 누리고 있습니다. 당장 십자가에 못 박혀 죽어도 할 말이 없을 우리 죄인들이, 예수님을 믿어 하늘 백성이 되었습니다. 또한 하나님의 자녀가 되어 하나님을 "아빠"라고 부르며, 하나님의 식탁에 앉는 천국의 황족(皇族)이 되었습니다. 하늘의 황족인 우리는 지금 예수님의 종이 되어 예수님 안에서 살아가고 있습니다.

바울은 지금 예수님의 이 십자가 사역, '완벽한 자기 포기'에 대해 말하고 있습니다. 예수님은 자기를 위해 갖고 있는 힘을 쓰지 않으셨습니다. 그분은 신성의 본체(모르페)가 아니라 본체에 뒤따르는 '능력'을 비웠습니다. 더 정확히 말하면, 그 능력을 자신을 위해 전혀 쓰지 않았습니다. 그러기에 복음서 곳곳에서 성부 하나님 아버지의 뜻에 따라 성령의 능력으로 이적을 행하시는 예수님의 모습을 확인할 수 있습니다. 성자 예수님이 끊임없이 성부 하나님께 기도하면서 사역하신 이유가 바로 거기에 있습니다.

요 5:30 내가 아무것도 스스로 할 수 없노라.

예수님이 이러셨다면 피조물인 우리는 더더욱 그래야 하지 않겠습니까? 광야의 시험(마 4장)을 통과하신 예수님은 이 땅에 머무시는 동안 늘 우리와 똑같이 굶주림, 졸림, 피곤, 슬픔, 분노를 경험하셨습니다. '참 사람'이셨기 때문입니다. "여우도 굴이 있지만 나는 머리 둘 곳도 없다"고 말씀하신 그대로 정말 가난한 삶을 사셨습니다. 누구를 위해서? 바로 우리들 한 사람 한 사람을 구원하기 위해서였습니다. 그러므로 우리가 어떤 형편에서 살든, 어떤 경우에도 머리 둘 곳도 없이 사셨던 예수님보다는 훨씬 잘 산다는 것을 잊지 말아야 합니다. 예수님의 십자가, 그 무한한 은혜로 구원받은 사람들의 삶이 어떠해야 하는가를 깊이 생각해 보라고 지금 바울이 도전하고 있습니다.

바울은 7-8절에서 같은 이야기를 반복합니다. 이야기 속도를 일부러 늦춰서 다음에 나오는 이야기를 강조하기 위해서입니다. 반복은 무언가를 강조하는 수사학 기법입니다. 반복 기법을 사용하여 바울은 그 다음 이야기에 주목하게 만듭니다. 8절에서 그리스도의 온전한 헌신을 이야기했습니다. 우리가 하나님 아버지의 더 높은 목적에 복종하려면 같은 마음을 가져야 하고 다른 사람을 더 낫게(중요하게) 여겨야 합니다. 이것이 바로 예수 그리스도의 복종, 그 수준을 깊이 묵상해야만 하는 이유입니다. 예수님의 복종은 그저 말로만 한 것이 아니고 정말 실제적인 것이었습니다. 다시 말씀드리지만 십자가형의 잔혹한 죽음은 수치, 조롱의 극한점을 훌쩍 넘어서는 것입니다. 예수님은 복종과 수난의 극한점 너머에까지 하나님 아버지의 뜻을 오롯이 받들었습니다. 로마시대의 십자가형은 오직 제국의 반역자와 노예에게만 적용되었습니다. '내 대신' 주님께서 나무에 달려(신 21:23; 사 53:5-6; 마 27:22-23) 최악의 수치를 당하신 것입니다.

예수 그리스도께서 자신의 권세와 특권을 가지고 하신 일은 자기 포기, 자기희생이었습니다. 자기주장, 자기 밥그릇 챙기기와는 애당초 방향이 다른 길이었습니다. 정신의학자인 프로이트는 인간의 역사를 이끄는 원초적인 힘이 '성(性) 충동'에 있다고 보았습니다. 이른 바 '섹스(sex) 사관(史觀)'입니다. 마르크스는 인간의 '정신'은 별 의미가 없고, 오직 '물질'이 중요하다고 여겨 '유물사관(唯物史觀)'을 제시했습니다. 이 유물사관을 바탕으로 공산주의가 나왔지만 공산주의자들이 '인간의 소유욕'을 미처 제대로 직시(直視)하지 못했던 까닭에 공산주의는 인류 역사 속에서 이미 그 수명을 거의 다했습니다. 공산주의의 대립개념인 자본주의 역시 '빈부격차', '승자독식(勝者獨食)', '사회 안전망 붕괴'로 서서히 그 수명이 다해 가고 있습니다. 그동안 목양하면서 내가 정말 너무 늦게 깨달은 사실이 하나 있습니다. 내가 열심히 말씀을 가르치고 정직하게 사역하면 신자들의 삶이 얼마든지 거룩하게 변할 것이라고 굳게 믿었던 적이 있습니다. 그런데 어느 순간 정말 안타깝게도 '사람들이 제 밥그릇을 따라 움직인다'는 것을 깨달았습니다. 프로이트나 마르크스와 달리 내가 요즈음에 '밥그릇 사관(史觀)'을 자꾸 내놓는 이유입니다. 정말 결정적인 순간마다 '진리의 말씀'이 기준이 되는 것이 아니라, '내 밥그릇'이 나침반이 되고 등불(시 119:105 참조)이 되는 서글프고 낯 뜨거운 현실이 신자의 한 사람으로서 하나님 앞에 너무 송구스러울 뿐입니다.

십자가 사랑: "하나님은 당신을 더 이상 사랑할 수도, 덜 사랑할 수도 없다."

십자가를 지신 예수님의 삶은 낙폭(落幅)이 정말 큰 삶이었습니다. 수력 발전소는 높은 곳에서 아래로 떨어지는 물의 힘으로 전기를 만듭니다. 물의 낙폭이 클수록 더 많은 전기를 생산할 수 있습니다. 예수님은 가장 높은 곳(하늘 영광)에서 가장 낮은 곳(말구유를 거쳐 십자가까지)으로 내려오셨기에, 그 무한한 낙폭으로 인류 전체를 구원하는 사랑의 능력을 무한대로 베푸실 수 있었습니다. 인간의 타락한 본성 탓에 인류 사회에서는 힘과 권력도 완전히 부패하고 퇴색했습니다. 그래서 쥐꼬리만 한 힘과 권력만 주어져도 갑질을 서슴지 않습니다. 약한 이를 돌보고 섬기라고 하나님께서 주신 힘이 오히려 약자를 짓밟고 착취하는 흉기가 되어 버렸습니다. 내로라하는 수재들도 들어가기 힘든 최고의 대학, 커트라인이 가장 높은 학과를 나오면 뭐합니까? 썩을 대로 썩은 지성의 힘으로 악착같이 제 밥그릇이나 챙기고 약자를 거침없이 짓밟는 더러운 삶을 마음껏 살다가 어느 날 수갑 차고 교도소나 들락거리는 지저분한 삶이 무슨 의미가 있습니까? 힘이 힘을 쓰는 이 악한 세상으로 예수님이 모든 것을 포기하고 내려오지 않으셨다면, 오늘 우리가 어떻게 되었을 것 같습니까? 죄로 오염된 인간에게 이 '힘'은 정말 포기하기 어려운 것입니다. 하지만 "그리스도의 이타적인 삶은 그리스도인이 이타적인 연합의 삶을 살도록 강력하게 도전한다"는 것을 꼭 기억해야 합니다. 바울의 가르침이 그렇습니다.

포스트모던(postmodern)의 현대 사회는 자만심을 한없이 부추기면서 사람들로 하여금 자기애(自己愛), 자기계발에 몰두하게 만듭니다. 이런 세상에서 '그리스도의 겸손'은 해묵은 골동품 취급당하기 일쑤입니다. 하지만 그리스도의 이 겸손이 없으면, 교회 연합(요 17:21-22)은 한낱 신기루에 지나지 않는다는 것을 알아야 합니다.

요 17:21-22 아버지여, 아버지께서 내 안에, 내가 아버지 안에 있는 것 같이 그들도 다 하나가 되어 우리 안에 있게 하사 세상으로 아버지께서 나를 보내신 것을 믿게 하옵소서. 내게 주신 영광을 내가 그들에게 주었사오니 이는 우리가 하나가 된 것 같이 그들도 하나가 되게 하려 함이니이다.

얼마 전 세상을 떠난 넬슨 만델라가 자서전에서 이런 말을 했습니다.

"인간은 약하다.
그 힘과 권력이 나를 해칠까 두려워서,
약한 위치에 처질까 봐 두려워서,
권력[갑질 능력]을 갖고 싶어 한다."

남아공 대통령이 된 뒤, 지난날 그를 고문하고 박해했던 이들이 밉지 않느냐는 기자의 질문에 만델라가 이렇게 대답한 것입니다. 자기를 욕보인 그 사람들도 실은 약한 인간이라, 두려운 나머지 자기들의 그 힘으로 자기를 짓밟은 것이므로 그 약한 인간들에게 굳이 복수해 본들 그게 무슨 의미가 있겠느냐는 대답이었습니다. 노벨평화상 수상자다운 대답이라 여겨집니다. 그렇다면 하나님이신 예수 그리스도는 십자가에서 그렇게 극한 고난을 당한 보람이 있었습니까? 네! 있었습니다! 그렇다면 예수님을 따라 고난의 광야 길을 뚜벅뚜벅 걸어가는 우리는 또 어떨 것 같습니까?

"우리의 인생 이야기는 예수님의 이야기를 닮아야 한다." – 브루스 바톤

[9–11절, 아버지의 영광을 위해, 아들을 높이시다]

이 단락에서는 그리스도의 부활과 높아지심에 대해 설명합니다. 핵심은 '높아짐'의 원천이 바로 '낮아짐'이라는 것입니다. 기독교의 영원한 공식은 '낮아짐으로 높아지는 것, 고난을 거쳐 영광에 이르는 것'임을 명심하십시오. 사람이 걸을 수 있는 두 종류의 길이 있습니다. 하나는 첫 아담의 길, 다른 하나는 마지막 아담이신 예수님의 길입니다.

창 3:5 너희가 그것을 먹는 날에는 너희 눈이 밝아져 하나님과 같이 되어 선악을 알 줄 하나님이 아심이니라.

창세기 3장 5절은 '첫 아담'의 길이 어떤 것인지를 분명하게 보여 줍니다. 마귀가 첫 아담(하와)에게 소개한 죄악(반역과 불순종)의 유익은 "하나님 같이 되는 것"이었습니다. 이 세상에 죄악의 열매가 무수히 많지만, 이 죄의 본질은 딱 한 가지로 요약됩니다. 마귀의 말대로 '하나님 노

릇하기'입니다. 요즘 말로 바꾸면 '갑질하기'입니다. 뭐니뭐니해도 '갑질'이 가장 근원적인 죄입니다. 인간의 모든 악한 행위와 감정의 뿌리를 파 들어가 보면, 어김없이 거기에는 이 무서운 '갑질 본능'이 똬리를 틀고 있습니다. 마음껏 갑질하고 싶어서 정치꾼들이, 사람들이, 권력을 욕심냅니다. 반면에 '마지막 아담'이신 예수님은 모든 것을 비우고 낮아지셨습니다. 9절은 예수 그리스도께서 '낮아지신 결과'를 말하고 있습니다. 6–8절은 성자 예수님이 하신 일(비우고 낮아지심)을, 9–11절은 성부 하나님이 하신 일(성자 예수님을 지극히 높여 주심)을 이야기합니다. 높아지신 예수 그리스도의 직함은 '우주의 지존자'입니다. 성부 하나님께서 그렇게 하신 것입니다. 참으로 높아지는 길이 무엇인지를 생각해 보게 하는 귀한 말씀입니다.

빌 2:9 이러므로 하나님이 그를 지극히 높여 모든 이름 위에 뛰어난 이름을 주사
빌 2:10 하늘에 있는 자들과 땅에 있는 자들과 땅 아래 있는 자들로 모든 무릎을 예수의 이름에 꿇게 하시고

높임 받으신 예수님에 대한 우주 만물의 반응이 10절에 기록되어 있습니다. 예수님 앞에 누가 무릎을 꿇는다 했습니까? "모든" 사람이 무릎을 꿇는다 했습니다. 예수 믿는 사람이나, 안 믿는 사람이나, 한 사람도

예외 없이 모두 다 예수님 앞에 무릎을 꿇게 될 것입니다. 10절 말씀은 고대 세계의 '3층 우주관'을 바탕으로 기록되었습니다. 이는 천상(天上), 지상(地上), 지하(地下) 세계를 아우르는 우주 전체가 다 예수님 앞에 무릎을 꿇게 된다는 이야기입니다. 그러므로 어차피 꿇을 무릎, 하루라도 일찍 젊을 때 꿇는 것이 좋을 것이고, 어차피 꿇을 무릎, 지옥(영원한 불못)의 고통 속에서 꿇는 것보다는 예수 믿어 새 하늘 새 땅에서 즐겁게 꿇는 것이 훨씬 좋지 않겠습니까?

[6-11절, 복종의 사례 연구]

[성자 예수님께서 하신 일]	**[성부 하나님께서 하신 일]**
자기를 비움(성육신)	지극히 높임
낮아지심	영광스런 이름 주심
죽기까지 복종(십자가)	모든 무릎을 예수님께 꿇게

그러므로 예수 그리스도는 사람을 포함한 모든 피조물의 왕이시며, 우주의 지존이십니다. 10-11절에 두 번 쓰인 "모든"이라는 말은, 예수님 앞에 무릎을 꿇는 일에 '예외는 없다'는 뜻입니다. 이 말씀은 구약성경 이사야 45장 23절 말씀을 바탕으로 하고 있습니다. 곧 이사야 45장 23절 말씀이 예수님의 십자가와 부활을 통해 온전히 성취되었다는 뜻입

니다.

사 45:23 내가 나를 두고 맹세하기를 내 입에서 공의로운 말이 나갔은즉 돌아오지 아니하나니 내게 모든 무릎이 꿇겠고 모든 혀가 맹세하리라 하였노라.

성자 예수님이 하실 일이 있었고 성부 하나님이 하실 일이 있었듯이, 오늘 이곳에서 성도인 우리가 할 일이 있고, 장차 하나님이 하실 일이 있습니다. 하나님께서 우주를 경영하시는 큰 원칙은, '이웃을 위해 희생하는 사람을 하나님께서 높여 주신다는 것'입니다. 부패한 세상에서 오직 제 밥그릇 키우기에만 골몰하는 사람들은 결국 영원한 죽음의 길을 걷게 될 것입니다. 지금 예수 안 믿는 사람들, 지금 하나님을 대적하는 사람들이 끝끝내 예수님 앞에 무릎을 안 꿇고 버틸 수 있는 것이 아닙니다. 그들도 결국은 예수님 앞에 무릎을 꿇게 됩니다. 다만, 예수를 믿어 천국에서 기쁘게 꿇을 것이냐, 유황불 못(계 21:8) 속에서 고통 중에 무릎을 꿇을 것이냐의 차이가 있을 뿐입니다. 선택은 자유이지만 그 선택에는 자신의 생명을 좌우하는 영원하고도 무시무시한 책임이 뒤따른다는 것도 알고 있어야 합니다.

빌 2:11 모든 입으로 예수 그리스도를 주라 시인하여 하나님 아버지께 영광을 돌리게 하셨느니라.

예수님을 높이신 목적을 밝히고 있습니다. 예수 그리스도는 주님(빌 1:1)이십니다. 예수님의 이 존귀한 이름이 마음속에 있습니까? 성도들은 늘 생각, 말, 행동으로 예수 그리스도를 높여야만 합니다.

요 1:12 영접하는 자 곧 그 이름을 믿는 자들에게는 하나님의 자녀가 되는 권세를 주셨으니

그리스도를 통해 우리는 하나님 아버지께 경배합니다. 동시에 하나님이신 그리스도께 경배하며 살아갑니다. 그게 신앙인입니다. 그러므로 예수 그리스도의 낮아지심과 높아지심의 과정을 눈여겨보십시오. 2절에서 말하는 '같은 마음'은 '예수님의 마음'이고, '예수님의 마음'은 곧 '낮아지는 마음'입니다. 예수님처럼 이웃을 먼저 생각하고 희생하는 것이 영원히 높아지는 유일한 길임을 명심하십시오. '같은 마음'을 품으라 했는데, '같은 마음'을 품으려고 너나없이 애쓰고 노력한다고 '같은 마음'이 되는 것이 아닙니다. 서로서로 예수님처럼 '낮아지는 마음' 갖기를 힘써야 아주 자연스럽게 '같은 마음'을 갖게 된다는 것입니다. 그런 점에서 '같은 마음'은 '낮아지는 마음'으로 정의할 수 있습니다. '낮아지는 마음'을 '섬길 권리'라고 생각해도 좋습니다. 성숙한 신자들은 예수님처럼 이웃을

섬기기 위해 자기의 권리를 포기할 줄 알기 때문입니다.

빌 2:1 그러므로 그리스도 안에 무슨 권면이나 사랑의 무슨 위로나 성령의 무슨 교제나 긍휼이나 자비가 있거든

2장 1절의 "무슨(any)"이라는 표현에는 위로, 교제, 긍휼, 자비 등의 덕목이 우리의 죄 된 본성 때문에 삶 속에서 구현되기 몹시 어렵다는 전제가 깔려 있습니다. 우리의 죄 된 본성으로는 이웃을 위해 살기가 정말 어렵습니다. 그런 삶을 살기 위해서는 겸손하게 하나님께 복종하고 헌신한 삶의 결과가 무엇인지를 분명히 알아야만 합니다. 이런 점에서 예수 그리스도께서는 우리에게 최고의 모델이 됩니다.

약 4:10 주 앞에서 낮추라. 그리하면 주께서 너희를 높이시리라.

벧전 5:6 그러므로 하나님의 능하신 손 아래에서 겸손하라. 때가 되면 너희를 높이시리라.

겸손이야말로 높아지는 길로 가는 유일한 문이라는 말씀입니다. 겸손해야만 이웃을 섬길 수 있습니다. 두 종류의 삶의 방식이 있다고 말씀드렸습니다. 우리는 첫 아담의 방식과 마지막 아담(예수님)의 방식 가운데 하나를 택해야 합니다. 스스로 높아지려다가 곤두박질할 것이냐, 스스로

낮춤으로 하나님의 손에 의해 영원히 높아질 것이냐를 선택해야 합니다. 정말로 영원히 높아지는 길은 오직 예수님이 걸으신 길 뿐이라는 것을 명심하십시오. 바울은 바로 이 사실을 분명히 알고 빌립보교회에 예수님의 모델을 제시하고 있는 것입니다. 예수님을 모델로 삼아 따라 살라고 빌립보교회에 강하게 도전하고 있습니다. 핵심은 "같은 마음"은 '예수님의 마음'이고, '예수님의 마음'은 '낮아지기를 힘쓰는 마음'이라는 것입니다.

[12-28절, 바울의 겸손: 복종을 위한 부르심: 어둠 속에 빛나는 별들]

바울은 빌립보교회가 자신의 명령에 복종해 주기를 바라고 있습니다. 그래서 '같은 마음'과 거기에 걸맞는 삶(12절)의 길을 제시합니다. 구원받은 자의 삶을 위해 날마다 힘써야 한다는 것입니다.

빌 2:12 그러므로 나의 사랑하는 자들아 (중략) 두렵고 떨림으로 너희 구원을 이루라.

성화(聖化) 과정(거룩하게 변화되어가는 과정)에서 하나님의 역할과 그리스도인의 역할이 따로 있습니다. 하나님이 거룩하게 살 힘을 주시면, 성도는 그 힘으로 열심히 노력함으로 성화되어 갑니다. 이른 바 '신(神)-인

(人) 시너지 사역'을 통해 성도가 점차로 거룩하게 변화되어 가는 것입니다. 12절의 "그러므로"는 앞 단락에서 이야기한 바, 그리스도의 낮아짐과 높아지심의 본을 따라야 한다는 말씀과 연결됩니다. 이는 "그리스도의 복음에 합당하게 생활하라(빌 1:27)"고 했던 말씀과도 맥을 같이합니다. '복종'의 반대말은 '오만(자만)'입니다. 오만한 사람은 자기 힘을 지나치게 믿습니다. 자신의 힘으로 모든 것을 할 수 있다고 생각합니다. 그러므로 오만한 자세를 항시 경계해야 합니다. 반대로 지나친 자기 비하(卑下) 또한 별 도움이 안 됩니다. 이 양 극단을 피하면서 하나님의 사랑과 나를 향한 하나님의 목적을 또렷하게 인식하는 것이 바로 '두려움과 떨림'으로 사는 것입니다. "구원을 이루라"는 말은 "하나님께서 성령으로 너희 안에서 행하신 바를 너희 매일의 삶에서 실천하라"는 말씀입니다. 구원은 늘 영적으로 육적으로 건강하고 행복한 상태를 가리키기 때문입니다. 그러므로 이 말씀은 '공동체의 건강을 계속 회복하고 유지시키라'는 당부이기도 합니다.

신학적으로 '구원'에는 과거형(구원받았다), 현재형(구원받고 있다), 미래형(구원받을 것이다)의 세 가지 시제가 있습니다. 예수님을 구주와 주로 영접하는 순간 우리는 구원받았습니다(과거). 죄를 용서받고 구원받은 사람들은 계속해서 예수님 안에서 두렵고 떨림으로 구원을 이루어 갑니다(현재: 성화 과정). 그러다가 마침내 새 하늘 새 땅에서 영광스런 모습으로 변화되어 완성된 구원을 누리게 될 것(미래: 영화)입니다. 구원파와 같은 열광주의자들은 구원을 오직 과거형 시제로만 이해하기 때문에 현재형 구원과 미래형 구원을 전혀 생각하지 않습니다. 그래서 예수 믿었으면 더 이상 죄인이 아니므로 회개할 필요가 없다고 그토록 뻔뻔하게 떠들어 댑니다. "복종"은 내 한계를 인식함과 동시에, 하나님의 사랑과 나를 향한 하나님의 목적을 인식하면서 하나님의 법대로 하나님께 의존하며 살아가는 자세를 말합니다(요 15:5; 빌 4:13).

요 15:5 나는 포도나무요 너희는 가지라. 그가 내 안에, 내가 그 안에 거하면 사람이 열매를 많이 맺나니 나를 떠나서는 너희가 아무것도 할 수 없음이라.

빌 4:13 내게 능력 주시는 자(예수 그리스도) 안에서 내가 모든 것을 할 수 있느니라.

예수님 안에 있느냐, 밖에 있느냐가 얼마나 중요한지를 알 수 있는 말씀입니다. "두렵고 떨림으로 너희 구원을 이루라"는 말은 복음에 합당한 삶(1:27)을 살되, 같은 마음(2:2)으로, 남을 더 중요하게 여기라(2:3)는 것입니다. 이 모든 것을 두려움과 떨림으로 하라는 것입니다. "너희 구원을 이루라"는 말은 '소명에 따라 살라'는 말씀이기도 합니다. 성도들은 다른 사람의 소명에 너무 신경 쓰지 말고, 하나님이 자기에게 주신 소명을 따라 그 소명을 이루는 삶을 열심히 살아야 합니다.

바울이 있을 때도 복종해야 하지만, 바울이 옥에 갇혀 있어서 곁에 없을 때 더욱 복종할 것을 요구합니다. 사람 눈치 보지 말고 '하나님 앞에서' 한결같이 행동하라는 말입니다. "구원을 이루라(현재형 구원)"는 말은, "구원을 계속 이루어 가고 있으라"라는 말입니다. 그리스도를 따르면서 나를 통해 그리스도가 일하시도록 해야 합니다. 구원은 단순한 '안보'가 아닙니다. 구원은 매일의 삶에서 복음의 원리를 실천해야만 하는 실제적인 문제입니다. 내 능력에 대한 오만한 확신에서가 아니라 경건한 겸손으로 그렇게 살아야 합니다. 왜냐하면 하나님이 우리 안에 사시기 때문입니다. "두려움과 떨림"은 무엇입니까? '진짜 두려워서 벌벌 떠는 것', 또는 '명목상의 형식적인 존경'을 말하는 것입니까? 아닙니다. 내 한계를 정확히 인식함과 동시에 하나님의 경고를 무시했을 때의 그 치명적인 결과를 깊이 인식하며 순종하는 것이 바로 두렵고 떨림으로 사는 것입니다. 그러므로 성도들은 항시 하나님의 경고를 달게 받아 온전히 순종해야만 합니다. '두렵고 떨림'은 '믿음의 선택'을 뜻합니다. 현실이 불안하고, 미래가 불확실할지라도 하나님 나라와 그 의로움을 위해 믿음으로 용기 있게 선택하며 나가는 용기, 그것이 바로 두렵고 떨림으로 구원을 이루어 가는 삶입니다.

빌 2:13 너희 안에서 행하시는 이는 하나님이시니 자기의 기쁘신 뜻을 위하여 너희에게 소원을 두고 행하게 하시나니

12절에 대한 보충 설명임과 동시에 내주(內住)하시는 성령 하나님에 관한 말씀입니다. 두려움과 떨림을 가져야 할 이유를 밝힌 말씀이기도 합니다.

> **엡 2:10** 우리는 그가 만드신 바라. 그리스도 예수 안에서 선한 일을 위하여 지으심을 받은 자니 이 일은 하나님이 전에 예비하사 우리로 그 가운데서 행하게 하려 하심이니라.

내 안에서 내가 일하는 것이 아니라, 내가 성령 하나님 안에서 일해야 합니다. 하나님을 기쁘시게 하는 것이 우리 모두의 소원입니다. 하나님에 대한 바른 관점을 유지해야 나에 대한 바른 관점을 지닐 수 있습니다. 비전이 성취되는 과정에는 늘 고난이 있습니다. 이 고난을 거쳐 영광에 이르게 됩니다. 고난과 영광은 동전의 양면입니다. 요셉을 보십시오. 열일곱 살 어린 나이에 외국에 노예로 팔려가 고통스럽게 종살이했습니다. 그 힘든 세월을 사는 중에 성폭행 미수범으로 몰려 치욕스런 옥살이를 하기도 했습니다. 하지만 그 고단한 13년 세월을 지나 마침내 애굽의 총리가 되지 않았습니까? 고난과 영광은 동전의 양면입니다. 하나가 없으면 나머지 하나도 없습니다. 고난 없이는 영광도 없습니다(No pain, No gain). 앞서 살폈던 예수님의 생애가 그렇지 않습니까? 하나님은 우리 안에서 하나님의 뜻과 목적을 성취시키려고 우리를 통해서 일하십니다. 그런 점에서 그리스도인은 하나님의 손과 발입니다. 하나님의 뜻은 우리를 죄에서 구원하여, 하나님의 자녀로 입양(入養)시켜 그리스도를 닮아 가게 하는 것입니다. 여기서 '양자' 된다는 것이 정확히 무슨 뜻인지 성경적인 개념을 정리하는 것이 좋겠습니다.

> **갈 4:4–5** 때가 차매 하나님이 그 아들을 보내사 여자에게서 나게 하시고 율법 아래에 나게 하신 것은 율법 아래에 있는 자들을 속량하시고 우리로 '아들의 명분'을 얻게 하려 하심이라.

'아들의 명분'이라는 말의 헬라어는 '휘오떼시아'인데 '휘오스'는 '아들', '떼시스'는 '지위'라는 뜻이므로 '휘오떼시아'는 '아들의 지위를 차지하는 것'을 가리킵니다. 우리의 모든 죄 값을 지불하시기 위해 하나님의 아들이 갈보리 언덕 위 십자가에서 죄인인 우리 자리에 '대신 서 계셨습니다.' 그 덕에 우리가 '하나님의 자녀라는 지위'를 누리게 되었습니다. 양자가 된다는 것, 그것은 하나님의 가문에 들어가는 수단이 결코 아니라는 것을 분명히 알아야 합니다. 요한복음 3장에서 예수님이 니고데모에게 말씀하셨듯이 오직 '거듭나야만' 하나님의 가문에 들어갈 수 있습니다. 따라서 양자 됨은 하나님의 자녀된 특권과 하나님의 가문에서의 지위를 가리킵니다. 우리가 거듭나는 순간 우리는 하나님의 자녀 곧 '상속자'로서의 지위를 누리게 됩니다.

‘양자 됨’의 교리를, 마치 어린 아이를 입양하는 것처럼 생각하는 이들이 많습니다. 그러나 그것은 성경적인 입양 개념이 아닙니다. 성경적인 입양은 ‘다 큰 어른을 받아들이는 것’입니다. 그것은 마치 자녀가 없었던 자동차 왕 헨리 포드가 포드자동차 회사에서 은퇴하기 전에 24살의 하버드대 학생을 찾아가서 이렇게 말하는 것과 같은 것입니다.

“나의 양자가 되어 주겠소? 만일 승낙하면, 최고경영자 자리에서 250만 달러의 연봉을 받게 될 것이오. 또한 하와이에 있는 여름 별장과 타히티에 있는 겨울 별장, 자가용 비행기와 전용 요트가 주어질 것이오.”

이와 마찬가지로, 예수님을 구주와 주로 영접하여 거듭나는 바로 그 순간 우리는 양자의 지위를 누리게 되어 아버지의 부요함을 상속하게 됩니다. 이런 말을 하는 이들이 가끔 눈에 띕니다.

“나는 믿은 지 이제 겨우 5년밖에 안돼서 하나님이 쓰실 수 없을 거예요.”
“나는 이제 막 믿기 시작해서 다른 사람을 위해 기도할 수 없습니다.”

천만의 말씀, 다 틀렸습니다. 성도들은 하나님 나라의 특권과 책임에 관한 한 하나님이 주시는 복을 누릴 수 있는 충분한 권리를 지닌 성숙한 자녀로 이미 입양된 것이므로 '당신'도 탁월한 복음전도자들처럼 얼마든지 쓰임 받을 수 있다는 것을 분명히 알아야만 합니다.

이런 점에서 우리는 영적 자존감을 갖고, 건전한 자아상을 확립해야만 합니다. 우리가 겸손해야 할 이유는 우리 안에 하나님이 계시기 때문입니다. 내 뜻이 아니라 하나님의 뜻을 행하는 삶, 그런 삶을 힘쓰는 자세가 바로 '두려움과 떨림'입니다. 하나님 앞에서의 이런 두려움과 떨림이야말로 우리 영혼의 결정적인 안전 장비입니다. 그렇게 될 때 우리는 어떤 상황에서도 주 안에서 기뻐할 수 있습니다.

자신의 힘을 의지하면 그만큼 하나님께 덜 의존하게 되고, 우리 안에서 일하시는 하나님께 덜 맡기게 됩니다. 하나님은 우리가 맡기는 만큼 책임져 주십니다. 그분께 다 맡기면 다 책임져 주실 것입니다. 요한복음 15장 1-6절에 기록된 '포도나무와 가지의 비유'는 바로 그런 뜻을 담고 있습니다. 오해하지 마십시오. 하나님이 무슨 발전소(에너자이저)라거나, 무슨 영감의 수단이라고 말하는 것이 아닙니다. 다만, 하나님은 늘 우리 안에서 일하고 싶어 하신다는 것을 명심하셔야 합니다. 일을 그르쳤을 때마다 우리는 말씀에서 그 원인을 찾아야 합니다. 성경을 읽음으로써 하나님이 누구신지, 내가 누구인지, 내가 무엇을 어떻게 해야 하는지 확인할 수 있습니다.

벧전 2:9 그러나 너희는 택하신 족속이요 왕 같은 제사장들이요 거룩한 나라요 그의 소유가 된 백성이니 이는 너희를 어두운 데서 불러내어 그의 기이한 빛에 들어가게 하신 이의 아름다운 덕을 선포하게 하려 하심이라.

하나님이 원수였던 우리들을 그리스도의 보배로운 피로 씻어 하나님의 빛 가운데로 인도하셨습니다. 그러므로 성도들은 예수 그리스도의 삶에 비추어 하나님과 자신에 대한 바른 관점을 회복해야만 합니다. "우리 안에서 행하시는 하나님을 떠나서는 영원한 가치를 지닌 그 어떤 것도 할 수 없음"을 알아야 합니다. 혹시 우리 안에 희생적인 사랑이 나타난다면, 그것은 하나님이 우리 안에서 일하신 결과(1:11, "의의 열매")라는 것도 알아야 합니다. 그렇게 살아가는 과정에서 성령을 따라 걷는 일이 무엇보다 중요하다는 것을 알고 있어야만 합니다.

갈 5:25 만일 우리가 성령으로 살면 또한 성령으로 행할지니

성도들의 마음속에 사시는 성령님의 인도를 따라 사는 것이 신앙생활입니다. 성령 하나님은 엄격한 헬스 트레이너와 비슷합니다. 어쩌다 신앙 훈련을 요령껏 피하고 싶을 때도 어김없이 우리 안에서 우리를 다시 일으켜 세우시기 때문입니다. 성령 하나님은 우리 신앙의 알파이자 오메가입니다. 하나님을 경배하는 삶, 그렇게 살고 싶다고 살 수 있는 것이

아니기 때문입니다. 하나님께 순종하려면 힘이 있어야 합니다. 그 힘을 성령 하나님이 공급해 주십니다. 학생은 부모님이 주시는 학비로 공부해야 합니다. 하지만 학비를 대주시는 부모님이 학생이 해야 할 공부까지 해 주는 것은 아닙니다. 마찬가지로 우리는 성령 하나님이 주시는 영적인 힘으로, 부모님이 주시는 돈으로 학생이 열심히 공부하듯이 두렵고 떨림으로 우리의 구원을 계속 이루어 가는 삶을 열심히 살아야 합니다. 결국 구원은 하나님의 은혜로운 선물입니다.

빌 2:14 대부분의 일을 원망과 시비가 없이 하라.

잘 읽어 보면 뭔가 좀 이상하지 않습니까? 제가 일부러 좀 비틀어 놓은 것인데 원래는 아래와 같은 말씀입니다.

빌 2:14 '모든' 일을 원망과 시비가 없이 하라.

'일부'가 아닌 '모든' 일을 공명정대하게(즐겁게) 하라는 말씀입니다. '원망'은 정서적인 반감(反感)을, '시비'는 이성적인 반감을 가리킵니다. 모두 다 '자기중심성'의 결과물입니다. 1장 29-30절에서 바울은 장차 빌립보교회에게도 자기가 당한 것과 같은 고난이 닥칠 것을 예고했습니다. 모든 고난과 역경, 원수의 대적과 매일의 장애물 앞에서도 눈앞의 모든 일을 공명정대하게 해야 한다고 말합니다. "원망과 시비"는 구약에서 하나님을 한없이 대적했던 이스라엘의 태도를 가리키는 대표적인 표현입니다. 하나님은 성도가 걷는 길이 가볍고 쉬울 것이라고 약속하지 않으십니다. 그러나 어떤 역경 속에서도 하나님의 목적을 이루기 위해 하나님이 함께 행하시겠다고 약속하십니다. 그러므로 고난을 하나님이 허락하신 것으로 보지 않으면, 상황을 심각하게 오해할 수 있습니다. "모든" 일을, "그리스도처럼 겸손한 태도로 하라. 그리스도를 닮아, 이웃을 먼저 생각하라"고 말씀하십니다. 왜냐하면 원망과 시비는 기쁨을 빼앗아 가는 가장 악랄한 강도이기 때문입니다. 출애굽한 이스라엘 백성이 원망하고 불평하다가 어떻게 하나님의 징계를 받았는지를 알아야 합니다. 원망과 시비가 사라지면 기쁨이 옵니다. 주님 안에 있는 기쁨을 누리며, 하나님의 섭리에 감사하는 삶을 살면 원망과 시비가 자연히 사라집니다. "모든 일"이라는 말은, 이런 삶을 추구하는 길에 다른 선택의 여지가 없다는 뜻입니다. 불평과 원망에 사로잡힌 사람들은 예수님을 볼 수 없다는 것을 반드시 기억하십시오(15-16절).

[15-16절, 불평을 그쳐야 할 이유]

① 빌립보교회 교인들 자신을 위해(15절 전반부), ② 교회당 밖 믿지 않는 자들을 위해(15절 후반부-16절 전반부), ③ 그들을 인도하는 목자를 위

해(16절 후반부) 불평을 그쳐야 한다고 말합니다. 아울러 하나님의 자녀는 흠없고 순결해야 한다는 것을 강조합니다.

빌 2:15 이는 너희가 흠이 없고 순전하여 어그러지고 거스르는 세대 가운데서 하나님의 흠 없는 자녀로 세상에서 그들 가운데 빛들로 나타내며

어둡고 냄새나는 세상에서 하나님의 빛을 드러내려면 하나님의 뜻에 복종해야 합니다. '복종'함으로써 우리는 하나님께 가까이 갈 수 있고, 하나님의 복을 경험할 수 있습니다. 복종해야만 우리를 향한 하나님의 원대한 목적이 성취됩니다. "흠이 없고 순전하여"라는 말은 하나님의 뜻을 행하는 데 초점이 맞춰진 온전한 헌신이 필요하다는 뜻입니다. 원망과 시비가 사라지면 감사와 기쁨이 나타납니다. 복종하는 그리스도인의 정결한 삶은 복음을 진전시킵니다. "빛들로 나타내며"라는 말은, 이 어두운 세상에 우리의 의로움을 과시하는 것이 아니라, 우리의 헌신으로 '복음'을 진전시키는 것(빌립보서의 주제 가운데 하나)을 말합니다. 유대교에서는 부정한 것들에 접촉하면 부정 탄다고 가르칩니다. 그래서 각종 정결 규례를 만들어 지키면서 시간, 장소, 사람, 동물을 거룩한 것과 그렇지 않은 것으로 구별합니다. 그러나 기독교는 예수님이 그러셨듯이, 접촉하여 거룩하게 만든다고 생각합니다. 이것이 바로 선교(전도) 지향적인

자세입니다. 연약한 이들 곁에 다가가서 그들의 필요를 채워 주려 할 때, 내가 별처럼 빛난다는 것을 알아야 합니다. 옛날 어린이들은 꿈이 대통령, 박사, 교수였는데, 요즘 아이들은 주로 연예인이나 스포츠 스타를 꿈꿉니다. 그런데 스타 되기가 얼마나 어렵습니까? 하지만 신앙인들에게는 이 땅에서뿐만 아니라 하늘나라에서도 영원한 스타가 될 수 있는 길이 열려 있습니다. 그 길은 바로 하나님이 주신 것으로 우리 곁의 작은 이들을 열심히 돕고 섬기며 그들의 필요를 채워 주는 것입니다. 그런 삶을 사는 이가 바로 영적인 스타입니다. 빛을 발하는 삶입니까? 어떤 면에서 그렇습니까? 아무리 밝은 전구도 촉이 나가 버리면 아무 쓸모없다는 것을 잊지 마십시오. 몇 촉광짜리 전구냐가 중요한 것이 아니라 촉수에 상관없이 지금 여기에서 빛을 발하고 있느냐가 훨씬 더 중요하다는 이야기입니다. 신자에게는 어둠 속을 헤매는 사람들에게 예수 그리스도의 빛을 보여 줄 책임이 있다는 것을 잊지 마십시오. 그 빛의 원천은 바로 '생명의 말씀(빌 2:16)'입니다.

빌 2:16 생명의 말씀을 밝혀 나의 달음질이 헛되지 아니하고 수고도 헛되지 아니함으로 그리스도의 날에 내가 자랑할 것이 있게 하려 함이라.

바울의 사역이 헛수고가 될 위험이 있었습니다. 바울의 투옥으로 모든 것이 물거품이 될 수도 있었습니다. 16절에서, 빌립보교회 교인들이 "두렵고 떨림으로 구원을 이루라"는 그의 가르침을 오해하여, 자칫 '자력 구원론'에 빠지지나 않을까 조심스러워하는 바울의 마음을 읽을 수 있습니다. "자랑"은 복음 사역자인 바울 개인의 업적이 아니라, 하나님이 주신 '사명을 완수한 데서 오는 영적인 자부심'을 말합니다. 하나님의 부르심에 온전히 응답하는 삶을 살았다는 자부심이 바로 성도의 유일한 '자랑'임을 알아야 합니다. 훗날 심판의 기준이, 사명을 제대로 감당했는지의 여부가 될 것임을 복음서의 달란트 비유(마 25:14-30)를 통해서도 분명히 알 수 있습니다. 이어지는 17-30절에서는 예수님을 본받아 살았던 신실하고 충성스러운 종들(바울, 디모데, 에바브로디도)을 소개합니다.

빌 2:17 만일 너희 믿음의 제물과 섬김 위에 내가 나를 전제로 드릴지라도 나는 기뻐하고 너희 무리와 함께 기뻐하리니

바울 자신을 본받아야 할 모델로 제시합니다. 주님을 위해 희생하는 종의 기뻐하는 모습을 본받으라는 것입니다. 하나님을 위한 지속적인 희생이 기쁨입니다. 희생은 기쁨에 정비례합니다. "만일"은 "심지어"로 읽는 것이 문맥상 더 낫겠습니다. 바울은 지금 빌립보인을 제사장으로, 빌립보 교인의 삶을 제사로 파악하며 글을 쓰고 있습니다. '전제'는 구약시대 희생제사의 맨 마지막 순서를 가리킵니다. 희생제사의 맨 마지막

에 제사장은 포도주를 제물 위에 뿌립니다. 붉은 포도주를 제물 위에 뿌려 제사를 마무리하는 이 절차를 '전제'라고 합니다. 바울은 앞으로 열릴 최종 재판에서 자신이 사형선고를 받을 수도 있다는 생각을 하고 있습니다. 그래서 그가 참수형을 당할 때 잘린 목에서 솟구치는 순교의 붉은 피를 전제의 붉은 포도주에 비유하고 있습니다. 만일 참수형을 당해 피를 쏟으며 죽는다 할지라도, 그 순교의 피는 단순한 피가 아니라, 빌립보교회의 모든 헌신에 '화룡점정(畵龍點睛)'하는 아름다운 제사가 될 것이라는 것입니다. 설령 그렇게 순교의 피를 쏟게 된다 하더라도, 자신은 빌립보교회와 함께 온전히 기뻐하겠다는 것입니다. 움켜쥐기를 좋아하는 세상에서, 기꺼이 순교의 제물이 될 각오로 삶 전체를 주님께 온전히 다 드리려는 바울의 이 자세, 얼마나 위대한 신앙인의 모습입니까?

빌 2:18 이와 같이 너희도 기뻐하고 나와 함께 기뻐하라.

바울은 빌립보교회에게 자신의 이런 기쁨에 동참할 것을 강력하게 요구하고 있습니다. 바울이 누군가의 위로를 받는 것이나, 계속 생존하여 연명하는 것이 성공을 뜻하지는 않습니다. 빌립보교회가 누군가의 위로를 받고, 고통과 고난을 면제 받는 것이 성공이 아닙니다. 무엇이 성공입니까? 바울이 말하는 성공은 우리의 삶을 통해 하나님의 목적이 성취되도록 나를 하나님께 내어 드리는 것입니다. 예수님처럼 낮아지는 삶, 예수님처럼 내어 주는 삶, 그것이 바로 성공이고, 그것이 최고의 기쁨(17-18절에 '기뻐한다'는 말이 4회)입니다.

17절, 나는 여러분과 함께 기뻐하고 또 기뻐하겠다.
18절, 여러분도 나와 함께 기뻐하고 또 기뻐하시라.

오늘날 많은 그리스도인들이 세상과 똑같은 방법으로 기쁨을 추구합니다. 그러다가 상황이 좀 나빠지면 분노하고 슬퍼합니다. 이익이 생기면 기뻐하고 손해 보면 분노합니다. 그리스도인들은 하나님을 위해 기쁨으로 희생하는 삶을 살아야 합니다. 희생을 모르면 바울이 누리는 것 같은 기쁨을 누릴 수 없습니다. 바울과 빌립보교회는 서로 희생하고 서로 섬김으로써 함께 기뻐하는 진정한 친구(동역자)였습니다.

본문에서 바울은 성도들이 그리스도처럼 이타적으로 살 것을 권면합니다. 위로 올라가는 삶을 포기하고 이웃을 돕기 위해 낮아지는 삶, 낙폭이 큰 삶을 추구하라고 합니다. 낮아지기를 힘쓰라고 합니다. 그런 식으로 사신 예수님을 하나님이 지극히 높여 주신 사실을 주목하라고 합니다. 예수님처럼 사는 우리에게도 하나님이 그리해 주실 것을 굳게 믿으라고 합니다. 겸손은 정말 어려운 것입니다. 겸손하다고 생각하는 바로 그 순간, 그것을 잃어버리기 쉽습니다. 겸손은 성공적인 인간관계의 필수 요소이기에 정말 필요한 것이고 정말 귀한 것입니다. 서로 부딪혀 그

르렁거리는 인간관계의 기어에 붓는 윤활유가 바로 겸손이기 때문입니다. 사랑과 겸손은 동전의 양면입니다. 그러기에 겸손 없이는 사랑도 없습니다.

"사랑은, 이 세상에서, 원수를 친구로 만들 수 있는 유일한 힘이다"

– 마틴 루터 킹

"우리는 사랑을 위해 태어났다. 사랑은 존재의 이유이며 목적이다."

– 벤자민 디스렐리

그리스도의 겸손한 모범을 보여 주신 하나님께 감사합시다.

오늘 누군가에게 하나님의 사랑을 전함으로써 기쁨을 전파하도록 합시다.

겸손한 자세와 사랑의 행위로, 깨어진 관계를 회복할 길을 열심히 찾읍시다.

성도의 영적 연합은 신앙생활의 엔진입니다.

선한 일일수록 "같은 마음"으로 해야 하며

나보다 남을 낫게 여겨야 합니다.

예수님의 마음이 내 안에 있는지 정직하게 생각해 봅시다.

낙폭이 큰 삶인지, 공동체를 위해 고난당하는 기쁨이 있는지 생각해 봅시다.

그 대답이 바로 내가 얼마나 성숙한 그리스도인인지를 말해 줄 것입니다.

함께 기도합시다

하나님 아버지, 예수님의 십자가 고난으로 죄에서 건져 하나님의 자녀 삼아 주셔서 정말 고맙습니다. 주님의 자녀로서 낮아지는 마음을 지녀 동역자들과 늘 같은 마음을 갖게 해 주십시오. 주님의 겸손을 삶 속에서 몸으로 배우게 해 주십시오. 낙폭이 큰 삶을 살 수 있게 힘을 주십시오. 늘 겸손한 모범을 보이게 해 주십시오. 하나님이 내게 주신 것으로 하나님과 이웃을 마음껏 섬기는 삶을 살게 해 주십시오. 고난당하는 기쁨이 충만하게 해 주십시오. 사랑의 사람, 평화의 사람이 되어 하나님의 자녀인 것을 삶으로 증거하게 해 주십시오. 예수님의 이름으로 기도합니다. 아멘.

19내가 디모데를 속히 너희에게 보내기를 주 안에서 바람은 너희의 사정을 앎
으로 안위를 받으려 함이니 20이는 뜻을 같이하여 너희 사정을 진실히 생각할
자가 이밖에 내게 없음이라. 21그들이 다 자기 일을 구하고 그리스도 예수의 일
을 구하지 아니하되 22디모데의 연단을 너희가 아나니 자식이 아버지에게 함
같이 나와 함께 복음을 위하여 수고하였느니라. 23그러므로 내가 내 일이 어떻
게 될지를 보아서 곧 이 사람을 보내기를 바라고 24나도 속히 가게 될 것을 주
안에서 확신하노라. 25그러나 에바브로디도를 너희에게 보내는 것이 필요한
줄로 생각하노니 그는 나의 형제요 함께 수고하고 함께 군사 된 자요 너희 사
자로 내가 쓸 것을 돕는 자라. 26그가 너희 무리를 간절히 사모하고 자기가 병
든 것을 너희가 들은 줄을 알고 심히 근심한지라. 27그가 병들어 죽게 되었으
나 하나님이 그를 긍휼히 여기셨고 그뿐 아니라 또 나를 긍휼히 여기사 내 근
심 위에 근심을 면하게 하셨느니라. 28그러므로 내가 더욱 급히 그를 보낸 것
은 너희로 그를 다시 보고 기뻐하게 하며 내 근심도 덜려 함이니라. 29이러므
로 너희가 주 안에서 모든 기쁨으로 그를 영접하고 또 이와 같은 자들을 존귀
히 여기라. 30그가 그리스도의 일을 위하여 죽기에 이르러도 자기 목숨을 돌보
지 아니한 것은 나를 섬기는 너희의 일에 부족함을 채우려 함이니라.

빌립보서 2장 19-30절

그리스도의 일을 위하여

빌립보서 2장 19–30절

예수님 안에 있습니까? 그래서 기쁘십니까? 그 이유가 무엇입니까?

지금까지 개인적인 문제를 이야기하던 바울은 2장 19–30절에서 디모데와 에바브로디도의 인사 문제로 화제를 전환하여, 빌립보교회에 자신의 새로운 계획을 전달하려 하고 있습니다. 2장 17–18절에서, 빌립보교회 앞에 바울 자신을 모델로 제시한 바울은, 19절에서부터는 디모데와 에바브로디도를 빌립보교회가 본받아야 할 모범으로 제시하며 그들을 추천합니다. 신실한 종들의 겸손을 따라 배우라는 것입니다.

[19–24절, 디모데: 한결같이 성실한 동역자]

디모데는 갈라디아 지방 루스드라(터키) 출신입니다. 헬라인 아버지와 유대인 어머니(유니게) 사이에서 태어났습니다. 잘 아시다시피 외할머니는 로이스입니다. 바울의 1차 전도여행 때, 루스드라에서 바울의 전도로 그리스도인이 되었습니다. 헬라식 교육을 받은 유대인과 헬라인의 혼혈이어서 태생적으로 이방인 선교사역에 적합한 인물이었습니다. 바울이 빌립보서를 쓸 때, 디모데는 이미 10년 넘게 바울과 동역하고 있었습니다. 그는 바울의 오른팔이자 그림자나 다름없었습니다. 빌립보교회 개척 당시부터 바울 곁에 있었고, 로마에서는 옥에 갇힌 바울 곁에서 옥바라지하며 중요한 도우미 역할을 했습니다. 그런데 본문에서 바울은 그토록 소중한 디모데를 빌립보교회로 속히 보내고 싶다고 합니다. 디모데를 통해 빌립보교회의 소식을 좀 더 자세히 알고 싶었기 때문입니다. 이 또한 바울의 겸손과 이타적 자세를 엿볼 수 있는 대목입니다. 2장 24절에서 바울 자신이 빌립보에 직접 가고 싶은 마음을 밝히고 있습니다만, 그러나 그가 석방되어 직접 빌립보에 가게 될 때까지는 시간이 좀 더 걸릴 것이기에 19절에서 이렇게 말하고 있습니다.

빌 2:19 내가 디모데를 속히 너희에게 보내기를 주 안에서 바람은 너희의 사정을 앎으로 안위를 받으려 함이니

우선 "주 안에서 바람"이라는 말은 주님께서 허락하신다면 그리하겠다는 복종하는 종의 자세를 드러낸 것입니다. "나보다 디모데가 먼저 갈 것이다!" 그러면서 디모데가 바울 팀의 소중한 동역자가 된 이유를 말하

며 그를 칭찬합니다. 디모데가 다른 그리스도인들의 모범이 된다는 것입니다. 많은 사람들로부터 존경을 받는 경건한 리더가, 바울이 디모데를 소개하듯이 당신을 칭찬한다면 어떤 느낌일 것 같습니까? 아마, 어떤 역경도 이겨 낼 수 있는 힘과 용기를 얻을 수 있을 것입니다. 바울이 어떤 사람입니까? 사도행전 15장 36-41절을 보면, 그의 대쪽 같은 성품을 확인할 수 있습니다. 바울의 선교 동역자였던 바나바의 조카 요한 마가가 선교여행 도중에 그만 팀에서 이탈하여 집으로 돌아가 버린 일이 있었습니다. 다음 선교여행을 계획하면서 바나바는 자신의 생질인 마가를 데리고 가자고 했지만, 바울은 그에 반대했습니다. 소명감도 없고 책임감도 없는 사람과 함께 일할 수 없다는 것이 그 이유였습니다. 이 일로 바울과 바나바는 심히 다투게 되었고, 두 사람은 결국 헤어지게 됩니다. 이 때부터 바울은 실라를 선교 팀에 합류시켜 선교여행을 떠납니다. 이렇게 해서 바울과 실라가 함께 빌립보에 가서 빌립보교회를 개척(행 16장)하게 되었던 것입니다. 이렇듯 바울은 복음 사역자가 허튼짓하는 것을 용납하지 못하는 단호한 성격이었습니다. 누군가를 쉽게 칭찬하지 않는 원칙주의자였습니다. 그렇기에 심지어 사도로서는 자기보다 선임인 베드로의 위선까지도 여지없이 엄하게 책망하기도 했습니다.

갈 2:12-14 야고보에게서 온 어떤 이들이 이르기 전에 게바(베드로)가 이방인과 함께 먹다가 그들이 오매 그가 할례자들을 두려워하여 떠나

물러가매 남은 유대인들도 그와 같이 외식하므로 바나바도 그들의 외식에 유혹되었느니라. 그러므로 나는 그들이 복음의 진리를 따라 바르게 행하지 아니함을 보고 모든 자 앞에서 게바(베드로)에게 이르되 네가 유대인으로서 이방인을 따르고 유대인답게 살지 아니하면서 어찌하여 억지로 이방인을 유대인답게 살게 하려느냐 하였노라.

이런 점을 감안하면, 디모데에 대한 바울의 극찬은 정말 대단한 것임을 알 수 있습니다. 바울의 이 추천사는 빌립보교회에 깊은 감동을 주었을 것입니다. 이미 살펴보았듯이, 1장 1절에서 바울은 디모데를 아예 자신의 동역자로 소개했습니다. 지도자인 바울의 이런 칭찬은 디모데에게만 유익한 것이 아니라, 지도자 자신의 품격도 한없이 드높이는 참으로 아름다운 일입니다. 바울은 동역자를 칭찬하고, 동역자인 디모데를 빌립보교회가 따를 만한 본보기로 추천하기를 주저하지 않았습니다. 교회 안에서 젊은 목사나 전도사에게 함부로 대하는 이들이 얼마나 많습니까? 갑질 잘하는 세속의 인간들 같았으면, 디모데를 그저 자기의 심부름꾼 정도로 무시하고 짓밟아 버릴 수도 있었을 것입니다. 그런데 바울은 그러지 않았습니다. 이토록 겸손한 바울의 자세를 본받고 싶지 않습니까? 솔직히 갑질은 스스로 내공이 부족함을 많은 사람들 앞에 드러내는 참으로 어리석은 몸짓입니다. 3장 17절에서 바울은 자기를 본보기로 제시하기도 합니다. 예수님의 종으로 충성하는 모습을 본받으라는 것입니다.

빌 3:17 형제들아 너희는 함께 나를 본받으라. 그리고 너희가 우리를 본받은 것처럼 그와 같이 행하는 자들을 눈여겨보라.

빌 2:20 이는 뜻을 같이하여 너희 사정을 진실히 생각할 자가 이밖에 내게 없음이라.

20절에서 디모데를 먼저 보내는 이유를 밝히고 있습니다. "이밖에 내게 없음이라"라는 말은 '단 한 사람', '단 하나뿐인 사람'이라는 뜻입니다. 흔히 지도자의 스타일을 '일 중심 형'과 '사람 중심 형'으로 나눕니다. 일 중심 형의 지도자는 사람 중심형 지도자와는 달리 자신이 부리는 사람을 그저 도구로 생각하는 경향이 있습니다. 디모데와 에바브로디도를 칭찬하며 빌립보교회에 추천하는 바울은, 이런 점에서 사람 중심 형의 지도자였음을 알 수 있습니다. 바울의 추천사를 잘 들여다보면, 디모데가 여러모로 바울의 영적인 특징을 많이 닮았다는 것을 알 수 있습니다. 디모데는 바울과 마찬가지로 교회의 안정을 최우선 순위에 두는 참 목자였습니다.

살전 5:11 그러므로 피차 권면하고 서로 덕을 세우기를 너희가 하는 것 같이 하라.

그러면, 무조건 칭찬하고 띄워 주라는 말입니까? 아닙니다!

딤전 3:6, 직분자 자격 새로 입교한 자도 말지니 교만하여 마귀를 정죄하는 그 정죄에 빠질까 함이요.

신앙 안에서 정말 성숙한 사람을 직분자로 세울 것을 주문합니다. 왜냐하면 교회 직분자는 그만큼 무거운 책임을 져야 하기 때문입니다. 그러기에 이제 막 기독교에 입문한 사람에게 직분을 함부로 주지 말라는 것입니다. 이 원칙을 무시하여 설익은 직분자 때문에 몸살을 앓는 교회가 얼마나 많습니까? 어느 정도까지 칭찬하면 되는 것인지, 칭찬의 정도에 뚜렷한 정답은 없습니다. 다만, 필요와 상황에 따라 적절한 균형 감각이 필요합니다. 시계추식 칭찬은 안 됩니다. 어느 날은 하늘 높이 띄워 칭찬하다가 또 어느 날은 극한 비난으로 누군가를 땅에 파묻어 버리는 식의 태도는 옳지 않습니다. 다만 어떤 경우에나 긍정적인 방향으로 격려하고 적절히 도전하는 지혜가 필요합니다. 디모데는 바울과 "같은 마음"을 지닌 사람(soul mate)이었습니다. 이것은 바울과 디모데 둘 사이에 견해차가 전혀 없었다는 뜻이 아니라, 적어도 핵심가치와 삶의 우선순위가 같았다(1:10, 본질의 일치)는 것입니다. 디모데는 바울의 확실한 대리인이었고, 투옥 중인 바울이 믿고 기댈 수 있는 거의 유일한 사람이었습니다. 그는 바울처럼 빌립보교회에 진지한 관심을 가진 사람이었기에, 바울은 디모데가 빌립보에 가서 하는 모든 일을 바울 자신의 결정으로 인정해 줄 것을 빌립보교회 앞에 간곡히 당부합니다. 한 마디로 디모데는 바울의 분신이나 다름없는 사람이었던 것입니다.

빌 2:21 그들이 다 자기 일을 구하고 그리스도 예수의 일을 구하지 아니하되

오직 제 밥그릇만을 위해 돈과 시간을 쓰는 사람들이 많습니다. 그러나 성도는 돈과 시간을 오직 하나님과 이웃을 위해서 써야 합니다. 그런 삶의 모델로 디모데를 적극 추천합니다. 자신의 일, 제 밥그릇보다 오직 그리스도의 일(유익)을 먼저 추구하는 사람이 디모데라는 것입니다. 성도가 이웃의 이익을 추구할 때, 그것이 곧 그리스도의 유익을 추구하는 것임을 알아야 합니다(마 25:40). 먼저 하나님의 나라와 하나님의 의를 구하는 것이 성도의 바른 자세입니다. 나는 동역자에게 어떤 사람인지, 또한 그런 동역자가 있는지 잘 생각해 보십시오. 신실한 '평생 동역자'를 찾으십시오. 평생 함께 갈 수 있는 동역자를 만나게 해 달라고 하나님께 기도하십시오. 평생 동역자가 꼭 동기생일 필요는 없습니다. 선배일 수도 있고 후배일 수도 있습니다. 평생 동역자를 적어도 세 명은 만나도록 하십시오. 바울의 고백처럼 "이밖에 내게 없다"고 자랑할 만한 신실하고 충성스러운 동역자가 있는 사람은 정말 복됩니다.

빌립보교회의 문제는 이기심과 자기중심성 때문에 몇몇 사람들이 하나님의 일을 전혀 생각지 않는 데 있었습니다. 이 문제에 대한 바울의 해

결방안은 짐작하시다시피, 예수 그리스도, 바울, 디모데, 에바브로디도의 모범을 제시하는 것이었습니다. 그들을 열심히 본받으며 따라가라는 것입니다. 21절에서 많은 사람들이 오직 자기 일, 제 밥그릇만을 위해 일할 때 디모데는 그리스도 예수의 일에 최우선 가치를 두고 사는 사람이었다고 칭찬합니다. 변함없이 성실한 사람이며, 이중성이 없고, 쑈하지 못하는 성격임을 밝히고, 22절에서는 디모데야말로 검증된 품격을 지니고 있으며, 충분히 연단되었고, 주 예수님께 철저하게 복종할 줄 아는 사람이며, 무슨 일에든지 자발적으로 희생할 줄 아는 훌륭한 목자라고 칭찬합니다.

빌 2:22 디모데의 연단을 너희가 아나니 자식이 아버지에게 함같이 나와 함께 복음을 위하여 수고하였느니라.

종의 본질은 섬김 받기보다 섬기는 데 있습니다. 이타적인 삶의 자세가 예수 그리스도의 복음을 맡은 일꾼의 본질입니다. 디모데는 그런 품성을 지니고 있었습니다.

[23-24절, 디모데를 보내는 목적]

빌 2:23 그러므로 내가 내 일이 어떻게 될지를 보아서 곧 이 사람을 보

내기를 바라고

디모데는 정말 유능하고 쓸모 있는 사람이었습니다. 23절에서 디모데를 빌립보교회로 파송하는 일이 약간 지체된 이유를 먼저 밝히고 있습니다. "이곳 옥중에서 디모데가 우선 더 필요했기 때문에 디모데를 바로 파송하지 못했다"는 것입니다. 바울은 '자신의 필요'를 무조건 무시하며 일하지 않았습니다. 복음 사역자로서 자신의 필요가 곧 하나님 나라와 깊은 연관을 지니고 있다고 확신(공생애적인 인식)했기 때문입니다. 공생애적인 인식이 뚜렷해야만 당당하게 '자신의 필요'에 따라 상황을 판단하고 결단할 수 있습니다. 디모데의 도움이 꼭 필요한 상황이기 때문에 그를 당장 보낼 수는 없다는 것입니다. 그러나 상황을 봐 가면서 디모데를 최대한 빨리 보낼 생각임을 밝힙니다. 바울과 비교해 볼 때 디모데는 나이도 어리고, 건강상태도 썩 좋지 않았습니다. 사역 경험 또한 그리 많지 않았음에도, 그는 여러 면에서 바울을 닮았고(20절 전반부), 양무리의 안전을 최우선으로 여기는 참 목자였으며(20절 후반부), 변함없이 성실했고(21절), 충분히 연단된 일꾼임과 동시에(22절 전반부), 예수님과 복음에 철저히 복종하고(22절 가운데), 자발적으로 희생할 줄 아는(22절 후반부), 유능한 인재(23절)였습니다. 한 마디로 디모데는 '바울의 분신'이었습니다. 바울이 디모데를 양육했듯이, 힘껏 복음을 전하여 누군가의 영적인 아비가 되십시오. 내가 양육한 그가 훗날 또 누군가의 영적인 아비가 될 수 있도록 기도하며 격려하십시오. 여러분들이 복음으로 일으켜 세운 그 사람들이 훗날 주님 앞에 섰을 때 여러분의 면류관(빌 4:1; 시 127:4-5)이 될 것이기 때문입니다.

빌 2:24 나도 속히 가게 될 것을 주 안에서 확신하노라.

디모데의 뒤를 따라 "나도 갈 것"이라고 말합니다. 옥에 갇혀 있는 바울의 예상은 디모데만 가는 것 아니라 어쩌면 자기도 곧 그를 뒤 따라 빌립보에 갈 수 있으리라는 것이었습니다. 빌립보교회가 이 소식을 듣고 어땠을 것 같습니까? 바울 자신이 빌립보교회를 직접 방문하고 싶어 하는 이유는 앞서 살펴본 바와 같이 오직 복음의 진보를 위해서였습니다. 바울과 디모데는 같은 마음을 지녔고(20절 전반부), 서로 믿고 의지할 수 있는 단 한 사람의 대리인이었으며(20절 후반부), 자기보다 그리스도를 먼저 생각하는 사람들임과 동시에, 검증된 품격을 지닌 사람들이었습니다(22절). 한 마디로 이 두 분은 정말 멋진 신앙의 본보기였습니다.

[일꾼 모집!]

신앙공동체 안에서
동역자들과 같은 마음으로 일할 사람
교회공동체에 진지한 관심을 가진 사람
자기 이익보다 그리스도의 이익을 먼저 추구하는 사람
검증된 성품을 지닌 사람

[연락처/ 하나님(000-3927-0691, 새하늘1길 82번지)

[25-30절, 또 하나의 모델, 에바브로디도]

에팝흐로티토스(에바브로디도)라는 이름은 "아프로디테의 사랑을 받는 사람"이라는 뜻입니다. 그리스신화에 등장하는 '아프로디테'는 로마신화에서는 '비너스'로 불립니다. 그러니까 에바브로디도의 이름을 요즘 우리 식으로 풀면 "훈남/몸짱"쯤 되겠습니다. 줄여서 '에바브라'라고 부릅니다. 아프로디테(비너스)는 '미(美)의 여신, 도박의 여신'으로 알려져 있습니다. 에바브로디도는 디모데처럼 헬라 문화권에서 성장했습니다. 본문에서 바울은 에바브로디도를 서둘러 돌려보내는 이유를 밝히고 있는데, 이는 바울과 디모데가 아직 활동이 자유롭지 못한 상태였기 때문입니다.

신약성경을 통틀어서 에바브로디도 관련 기사는 오직 이곳밖에 없습니다. 에바브로디도에 대한 정보는 우리가 지금 읽고 있는 내용이 전부라는 이야기입니다. 어떤 이는 에바브로디도의 이름에 담긴 뜻을 적용하여 그를 "복음의 도박사"로 부르기도 합니다. 아프로디테(비너스)가 '도박의 여신'이기 때문입니다. 본문에 기록된 내용을 자세히 살펴보면, 에바브로디도는 빌립보교회에서 무슨 중요한 직책을 맡지 않은 매우 평범한 교인이었음을 짐작할 수 있습니다. 그러나 그는 바울 사도와 디모데 목사가 도무지 흉내낼 수 없는 매우 탁월한 어떤 면을 지니고 있었던 것으로 짐작됩니다. 유명인도 아니고, 빛나는 직책을 받은 사람도 아니고, 대중의 인기가 있는 사람도 아니고, 빼어난 재능과 은사도 별로 없는 사람으로 보입니다. 그럼에도 빌립보교회는 그를 신뢰하였고, 그가 사도 바울에게 어울리는 훌륭한 도우미라 판단하였습니다. 로마 황제의 시위대 감옥에 투옥된 바울을 도우려면 상당한 용기가 필요한 상황이었습니다. 왜냐하면 바울은 잠정적인 사형수였으며, 시위대 감옥에 갇힌 일종의 국가 보안사범이었기 때문입니다. 이런 바울을 면회하는 일은 위험 부담이 매우 큰일이었습니다.

딤후 1:16-17 원하건대 주께서 오네시보로의 집에 긍휼을 베푸시옵소서. 그가 나를 자주 격려해 주고 내가 사슬에 매인 것을 부끄러워하지 아니하고 로마에 있을 때에 나를 부지런히 찾아와 만났음이라.

디모데후서 1장 16-17절을 보면, 당시 죄수인 바울을 면회하는 일이 얼마나 어렵고 부담스런 일이었는지를 짐작할 수 있습니다. “그 어렵고 부담스러운 일을 자꾸 해낸” 오네시보로에 대해 정말 고맙고 또 고마운 사람이라고, 영적 아들인 디모데 목사에게 바울이 자랑하는 것을 보십시오. 오네시보로처럼 에바브로디도도 ‘잠정적인 사형수’인 바울을 면회해야 하는 매우 어려운 책임을 맡았던 사람입니다. 아무튼 에바브로디도야말로 바울을 면회하고 도울 적임자라고 믿었기에, 빌립보교회는 바울을 도울 후원금을 주어서 에바브로디도를 교회 대표로 로마에 파송했던 것입니다. 그런데 그 고단한 여정에서 에바브로디도는 그만 심하게 앓아누워 거의 죽을 뻔했습니다. 고대 사회는 오늘날처럼 인터넷이나 SNS망이 없었기에 소식 전달이 한없이 더딘 시대여서, 오직 사람들이 직접 오며가며 소식을 주고받아야 했습니다. 에바브로디도의 병환 소식과 그를 통해 듣고자 했던 소식이 상당히 지연될 만큼 에바브로디도가 꽤 오랫동안 아팠던 것 같습니다. 이런 상황에서 바울에게는 두 가지 근심이 있었습니다. 에바브로디도의 병환과 그로 인해 예상되는 빌립보교회의 걱정이 그것입니다. 혹시 바울에게 보내는 선교 후원금을 갖고 간 에바브로디도를 ‘먹튀(먹고 튄 사람)’로 의심하는 이가 빌립보교회 안에 생기지나 않을까 바울이 염려했을 수도 있습니다. 바울은 그를 서둘러 귀환시키는 이유를 분명히 밝히고 있습니다. 그가 신실하지 못한 것도 아니고, 그의 사역이 실패한 것도 아니라는 점을 분명히 해 줍니다. 오직 그의 갑작스런 질병 때문에 일이 복잡하게 되고 말았다는 것입니다. 빌립보교회가 행여 걱정할까봐 그 걱정을 덜어 줌과 동시에 자기 마음 속에 있는 부담도 덜기 위함임을 본문에서 솔직하게 밝히고 있습니다. 바울은 정말 가슴이 따뜻한 사람이었습니다. 신앙인으로서, 내가 바울 사도를 정말 많이 좋아하는 이유이기도 합니다.

빌 2:25 그러나 에바브로디도를 너희에게 보내는 것이 필요한 줄로 생각하노니 그는 나의 형제요 함께 수고하고 함께 군사 된 자요 너희 사자로 내가 쓸 것을 돕는 자라.

이 단락의 결론이라고 할 수 있는 대목입니다. "함께"라는 말을 두 번이나 쓰면서 에바브로디도가 자신의 동역자임을 강조하고 있습니다. 바울은 사도로서 에바브로디도의 명예를 살려줄 수도, 짓밟을 수도 있었습니다. 로마에 와서 바울을 돕기는커녕, 심하게 앓아누워서 오히려 짐만 된 사람을 "나의 형제, 함께 수고하고, 함께 군사된 사람"이라고 말하며, 그가 바울에게 꼭 필요한 사람임을 강조합니다. 한마디로 "나의 소중한 동역자(1:1 참조)"라는 것입니다. "나"는 물론 사도적 권위를 지닌 바울 자신입니다. 바울이 이렇게 말하는 것은 빌립보교회 교인들이 혹시 가졌을지도 모를 의심의 안개를 깨끗이 걷어내고자 함입니다. 에바브로디도가 그리스도인 사역자의 본이 되는 사람이라는 것, 그래서 정말 돌려보내기 싫은 사람이라는 것을 말해 줍니다. 빌립보서 전반에 걸쳐서, 심부름 온 에바브로디도나 빌립보교회 둘 다 바울로부터 아름다운 칭찬을 받습니다. 심지어 위대한 사도가 무명의 성도에게 “그는 나의 형제요 동역자”라고 말하고 있습니다. 26-30절에서 바울은 에바브로디도를 돌려보내는 이유를 좀 더 자세히 밝히고 있습니다.

빌 2:26 그가 너희 무리를 간절히 사모하고 자기가 병든 것을 너희가 들은 줄을 알고 심히 근심한지라.

에바브로디도가 바울을 섬기다 지친 것도 아니고, 향수병에 걸린 것도 아니며, 그가 로마에 계속 머물 경우 그에게 쏟아질 비난을 두려워한 것도 아니라고 합니다. 26절에서 바울은 뜻밖의 돌발 상황이 생겼음을 빌립보교회에 자세히 설명합니다. 에바브로디도가 심각한 병을 앓게 되어 거의 죽을 뻔했다는 것과 그가 빌립보교회 성도들을 간절히 보고 싶어 한다는 것 그리고 빌립보교회가 행여 걱정할까봐 그것 때문에 그가 걱정하고 있다는 것입니다. 이 대목에서 질병 치유와 관련해서 자연스럽게 한 가지 의심이 듭니다. 바울에게 분명히 신유 은사가 있었는데 왜 에바브로디도가 거의 죽을 지경에까지 이르게 되었는가 하는 것입니다.

행 19:12 심지어 사람들이 바울의 몸에서 손수건이나 앞치마를 가져다가 병든 사람에게 얹으면 그 병이 떠나고 악귀도 나가더라.

사도 바울에게 허락된 신유 은사가 얼마나 강력했는지를 짐작케 하는 말씀입니다. 그런데 로마에 온 에바브로디도가 아파서 거의 죽을 지경에 이르렀는데도, 바울이 그 병을 고쳐 주지 못하고 있다는 것이 좀 이상하지 않습니까? 그러므로 신유 은사에 대해 자연스럽게 이런 결론을 내릴 수 있습니다. 바울이 로마 감옥에 갇혀 있는 이 무렵에 예전 초대교회에 부여되었던 강력한 신유 은사가 거의 끝나가는 상황이었다는 것입니다. 신유 은사의 지속 여부를 따지기 전에, 치유는 전적으로 생명의 주인이신 하나님의 주권에 달려 있음을 '믿는' 것이 중요합니다. 즉시 낫든, 죽을 때까지 낫지 않든, 모든 것은 하나님의 손에 달려 있음을 믿고 하나님의 자비를 기다려야만 합니다. 그러므로 의사의 힘으로 고칠 수 있는 것은 의사의 도움을 받고, 의사가 고칠 수 없는 것은 하나님의 자비와 은혜에 온전히 맡겨야 합니다. 에바브로디도는 병든 자기 몸을 걱정하기보다는 오히려 빌립보교회를 더 걱정했습니다. 솔직히 말해서, 에바브로디도가 바울을 섬긴 것이 아니라, 오히려 로마에 있는 누군가가 에바브로디도에게 매달려서 그를 간병해 주어야만 했습니다. 뜻밖에도 '일꾼'이 그만 '일감'이 되어 버렸던 것입니다. 그런데도 그는 불편한 기색이 전혀 없이 빌립보교회 앞에 오히려 에바브로디도를 극찬하며 추천하고 있습니다.

빌 2:27 그가 병들어 죽게 되었으나 하나님이 그를 긍휼히 여기셨고 그

뿐 아니라 또 나를 긍휼히 여기사 내 근심 위에 근심을 면하게 하셨느니라.

심각한 병 때문에 죽을 위험에 빠졌으나 하나님의 자비로 에바브로디도가 극적으로 회복되었다는 것입니다. 어찌 보면 몹시 짜증날 수 있는 상황에서 바울은 자신과 에바브로디도에게 베푸신 하나님의 은혜로운 행동을 간증하고 있습니다. 불평하고 원망할 수 있는 상황에서도, 오직 하나님의 은혜에 주목하는 바울의 자세를 배워야 합니다. 바울은 에바브로디도를 구석으로 몰지 않고, 오히려 긍정적인 분위기로 유도하고 있습니다. 그는 에바브로디도에게 부담을 주지 않고 오히려 축복하고 있습니다. 그의 실패가 결코 그의 잘못이 아니고 단지 그의 질병 때문이었다고 변호해 줍니다. 질병에도 불구하고 그가 성공적으로 임무를 완수했다는 것을 증언해 줍니다. 그가 실패한 것도 아니고, 바울에게 퇴짜를 맞은 것도 아니라고 말해 줍니다. 바울의 이 따스하고 섬세한 인품, 정말 아름답지 않습니까? 정말 성숙한 신자는, 예수님처럼 바울처럼 함께 마주 앉아 커피 한 잔 마시고 싶은 생각이 들게 하는 가슴 따뜻한 사람입니다. 27절을 잘 읽어 보면, 바울이 에바브로디도의 질병에 대한 부담 때문에 그 자신도 심적인 부담을 정말 많이 느끼고 있었다는 것을 알 수 있습니다. 그래서 하나님이 동역자인 에바브로디도를 불쌍히 여기시는 만큼 자기 자신도 불쌍히 여겨 주시기를 간절히 바랐는데 마침내 하나님께서 자신의 그런 소망에 선하게 응답해 주셨다고 고백합니다. 이것이 바로 참된 겸손입니다. 그러나 정말 신실한 신앙인처럼 행동하는데, 바늘로 이마를 찔러도 피 한 방울 나올 것 같지 않게 싸늘한 태도를 지닌 이들도 더러 있습니다. 그런 이들이 얼마나 성숙한 신앙인인지는 잘 모르겠습니다. 예수 믿는 사람은 가슴이 정말 따뜻해야 한다는 것을 잊지 마시기 바랍니다.

빌 2:28 그러므로 내가 더욱 급히 그를 보낸 것은 너희로 그를 다시 보고 기뻐하게 하며 내 근심도 덜려 함이니라.

25절에 이어 "보낸다"는 말을 거듭 강조합니다. 빌립보교회가 보내라고 한 것이 아닙니다. 소중한 동역자인 에바브로디도를 서둘러 보내기로 바울이 결단한 이유는 바울 자신의 근심을 덜고, 빌립보교회에게 기쁨을 주기 위함이라고 합니다. 바울은 정말 솔직한 사람이었습니다. 마음속에 근심이 있음을 숨기지 않습니다. '영적인 허세'는 진실한 기도와 진심어린 교제를 가로막는다는 것을 알아야 합니다. '정말 곁에 두고 싶은 사람'을 선뜻 보내 주는 바울, 그는 그의 손실이 빌립보교회에게는 이득이라는 생각을 하고 있습니다. 빌립보교회와 에바브로디도가 따뜻한 재회의 기쁨을 나눌 때, 비로소 바울이 안심할 수 있을 것 같다는 이야기입니다. 곁에 두고 싶은 에바브로디도를 빌립보로 서둘러 돌려보내는 바울의 모습에서, 예수님을 본받아 어떻게든 이타적인 자세로 살아가려는 바울의 성숙한 신앙을 엿볼 수 있습니다. 그러므로 바울과 에바브로디도와 빌립보교회는 모두 다 똑같은 마음, 한 성령, 한 마음으로 연합하고 있었음을 알 수 있습니다.

빌 2:2-4 마음을 같이하여 같은 사랑을 가지고 뜻을 합하며 한마음을 품어 아무 일에든지 다툼이나 허영으로 하지 말고 오직 겸손한 마음으로 각각 자기보다 남을 낫게 여기고 각각 자기 일을 돌볼뿐더러 또한 각각 다른 사람들의 일을 돌보아 나의 기쁨을 충만하게 하라.

"각각"이라는 말이 세 번이나 쓰였습니다. "이타적인 사랑"이야말로 신앙인이 갖춰야 할 매우 중요한 덕목임을 가르쳐 주는 말씀입니다. 그리스로마 시대에는 '명예'가 매우 중요한 덕목이었습니다. 에바브로디도가 실패자로 보일 가능성이 많은 상황에서 바울은 그의 명예를 지켜 주기 위해 최선을 다하고 있습니다.

예를 들어 봅시다. 우리 아버지가 골동품 도자기를 수집하는 취미가 있다고 합시다. 그런 아버지가 정말 소중히 여기는 진귀한 골동품이 있었고, 아버지는 그것을 안방에 모셔(?) 두고 날마다 그것을 매만지며 감격스러워하셨습니다. 그 귀한 도자기를 자랑하고 싶었던 아버지가 어느 날 잔치를 열고 집으로 많은 사람들을 초청했습니다. 물론 초청된 사람들 중에는 도자기 전문가들도 몇 사람 포함되어 있었습니다. 잔치 분위기가 한참 무르익었을 때, 아버지가 나에게 안방에 가서 그 도자기를 좀 가져오라고 심부름을 시킵니다. 그런데 아뿔싸, 그 귀한 도자기를 들고 나오던 내가 그만 문턱에 걸려 넘어지면서 도자기가 박살나 버렸습니다. 아버지가 그토록 소중히 여기던 도자기, 사람들에게 그토록 자랑하고 싶던 골동품 도자기가 그만 허망하게 사라져 버린 것입니다. 한없이 민망한 것은 말할 것도 없고, 호기심에 잔뜩 들떠 있던 하객들은 한없이 실망하는 분위기입니다. 이 황당한 상황에서 아버지를 포함해서 모든 이들이 당황합니다. 적당히 얼버무리고 지나갈 분위기도 못됩니다. 깨진 도자기 조각을 주섬주섬 치우며 난감한 분위기를 모면해 보려 해도 그럴수록 분위기는 더 요상하게 꼬여 갑니다. 적당히 무슨 농담으로 얼버무릴 상황도 아닙니다. 어쩌면 아버지 친구들이 모일 때마다 오늘의 이 창피한 상황이 계속 이야깃거리가 될 것이고, 어쩌면 오늘의 실수가 나에게는 계속 주홍글씨가 되어 두고두고 따라다닐 수도 있습니다.

"그 덜렁이 자네 아들은 요즘도 그렇게 덜렁대는가?"

이런 상황에서, 유일하고도 근본적인 해법은 아버지에게 있습니다. 아버지가 호쾌하게 껄껄 웃으시며 하객들이 다 들을 수 있게 큰소리로 "괜찮다. 별 것 아니다"라고 하시면 됩니다.

"괜찮아. 그보다 더 좋은 도자기 얼마든지 또 구할 수 있어. 여러분! 우리 아들도 여러분들에게 그 멋진 도자기를 어서 자랑하고 싶어서 좀 서둘렀던 모양입니다. 아, 참, 그런데, 우리 아들, 넘어지면서 어디 다친 데는 없냐?"

바울은 바로 이 아버지와 같은 자세로 에바브로디도를 따뜻하게 감싸 안으면서 혹시 그가 받게 될지도 모를 의심의 눈초리를 근원적으로 미리 걷어내 주고 있습니다.

빌 2:29 이러므로 너희가 주 안에서 모든 기쁨으로 그를 영접하고 또 이와 같은 자들을 존귀히 여기라.

바울은 에바브로디도의 명예회복에 최선을 다하고 있습니다. 그를 비난하지 않을 뿐만 아니라 오히려 더 적극적으로 그를 따뜻하게 맞이하고, 존귀히 여기라고 당부합니다. "그를 실패자로 낙인찍지 마라, 그에게 욕하지 마라, 그를 수치스럽게 만들지 말라"고 신신당부합니다. 그 이유가 30절에 나와 있습니다. 때로 우리가 잘못해서 일을 그르칠 수도 있으나, 어쩔 수 없이 생기는 나쁜 상황은 인간의 힘으로 통제할 수 없다는 것을 바울도 잘 알고 있었기 때문입니다. 갑질 잘하는 사람들의 특징이 있습니다. 그들은 강자에 약하고 약자에 강합니다. 하지만 신앙인은 약한 이들을 늘 따뜻하게 섬겨야 함을 잊지 마십시오. 대인배는 늘 약한 사람 곁에서 최선을 다해 그들을 돕습니다. 예수님처럼, 바울처럼……. 사랑하는 동역자 여러분, 한동안 헤어져 지내던 누군가와 다시 만날 때 우리에게 '재회의 기쁨'이 있겠습니까? 훗날 우리 주 예수 그리스도와의 재회의 감격은 또 어떨 것 같습니까? 우리 모두가 그날에 두려움이 아닌 큰 기쁨으로 주님을 맞이할 수 있기를……. 그러기 위해서는 하나님께서 곁에 보내 주신 충성스러운 목자들을 존귀히 여기며 최선을 다해 그들을 도와야만 합니다. 이것은 사도의 엄한 명령입니다.

빌 2:30 그가 그리스도의 일을 위하여 죽기에 이르러도 자기 목숨을 돌보지 아니한 것은 나를 섬기는 너희의 일에 부족함을 채우려 함이니라.

2장 앞부분에서 바울은 그리스도의 길을 제시했습니다. 에바브로디도가 그 길을 걷기 위해 그의 목숨을 걸었다는 것을 증언해 줍니다. (자기 목숨을) "돌보지 아니했다"는 말의 헬라어는 '파라불류오마이'입니다. 이 말은 "가볍게 여긴다"는 뜻입니다. 목숨을 걸고 검투장에 나가는 검투사들의 용기를 묘사할 때 주로 쓰이는 말입니다. 이 말에서 파생된 또 다른 헬라어로 '파라볼라니'가 있는데 이 말은 '도박사'라는 뜻입니다.

주후 252년, 카르타고에 흑사병이 돌았습니다. 수많은 사람들이 죽어

갔습니다. 이 병을 고칠 수 있는 약이 전혀 없던 상황에서 사람들은 행여 나 병에 걸릴까 봐 전전긍긍하고 있었습니다. 이처럼 흉흉한 분위기에서 사람들이 사체에 손을 대기조차 두려워하는 바람에 죽은 이의 장례식도 치러 주지 못했습니다. 이때 키프리안 주교가 목숨을 걸고 나서서 교인들을 이끌고, 병자들을 위로하고, 심방하며, 전도했습니다. 길바닥에 버려진 수천 명의 주검을 수습하여 묻어 주었습니다. 이로 인해 기독교에 적대적이던 많은 사람들이 깊은 감동을 받아 정말 많은 전도의 열매가 맺히게 되었습니다. 이렇듯 교회는 언제나 그리스도의 파라볼라니(복음 전파에 목숨을 거는 영적인 도박사)를 필요로 합니다. 에바브로디도는 빌립보교회의 대타 요원이 아니었습니다. 에바브로디도야말로 복음 사역의 진정한 파라볼라니였습니다. 자기 목숨을 돌보지 않고 오직 예수 그리스도의 사역만 생각한 사람이었습니다. "목숨 건" 헌신, 그리스도를 위해 수고를 아끼지 않은 사람이었습니다. 예수 그리스도의 복음을 위해 신체 일부를 내놓은 것이 아니라, 목숨을 다 건 도박을 믿음으로 감행했던 용기 있는 사람이었다는 것입니다. 우리 조국 방방곡곡에, 구한말에 목숨을 걸고 이 땅을 찾아오셨던 선교사님들의 숨결이 곳곳에 깃들어 있습니다. 어느 선교사 묘지에 가 보면 비석에 "1905년 생, 1906년 졸"이라고 묘비명이 새겨진 비석도 세워져 있습니다. 이곳에 온 선교사님들이 사역을 하면서 눈에 넣어도 아깝지 않을 자식을 그만 잃은 것입니다. 그 선교사님들 역시 복음의 파라볼라니(도박사)입니다. 그러므로 사랑하는 동역자 여러분, 앞으로 영향력 있는 어떤 자리에 서게 될 때, 아랫사람의 실수가 평생의 주홍글씨가 되지 않도록 따뜻하게 감싸 안아 주도록 하십시오. 바울처럼 우리 모두 그렇게 살아야 합니다. 리더가 어떻게 하느냐에 따라 그가 살 수도, 죽을 수도 있기 때문입니다. 이런 점에서 바울은 정말 위대한 지도자이고 참으로 성숙한 신앙인이었습니다.

한 번 더 부탁합니다. 예수님을 위해, 주님의 교회를 헌신적으로 섬기는 종들을 존중하십시오. 여러분들을 생명 길로 인도하는 목자들을 열심히 도우십시오. 그분들의 겸손한 모습은 그리스도인들이 이타적인 연합의 삶을 살도록 여러분에게 늘 선하게 도전하기 때문입니다. 2장에서 바울은 희생적인 사랑과 섬김의 기쁨을 가르치고 있습니다. 앞서 말씀드렸듯이, 하나님은 우리를 공동체적으로 창조하셨습니다. 사람이 혼자 사는 것이 좋지 않다 하셨습니다(창 2:18). 인간은 사이버 공간에서 '접속'하는 존재가 아니라, 서로 관계 맺고, 소통하고, 접촉하는 존재입니다. 인터넷 '접속'은 사람이 살아가는 방법이 아닙니다. 왜냐하면 우리는 관계 맺는 존재, 곧 하나님의 형상으로 지음 받았기 때문입니다. 남을 나보다 낫게 여기지 못하면 좋은 관계를 맺을 수 없습니다. 서로 선대하면 사랑과 연합의 삶이 가능하지만, 서로 하대하면, 각자 고립될 수밖에 없고 서로 불행해집니다. "남을 나보다 낫게 여기라"는 가르침은 이웃과의 깊고 만족스러운 관계를 나에게 선물하시고자 하는 하나님의 뜻임을 명심하십시오. 그러므로 만족스럽고 지속적인 관계의 열쇠는 희생적인 사랑임을 잊지 말아야 합니다. 겸손히 이타적으로 이웃을 사랑하는 사람들은 기쁨을 전파하고 단합을 증진시킬 수 있습니다.

바울은 예수님처럼 이타적인 지도자였고, 정말 따뜻한 가슴을 지니고 있었습니다.

디모데는 과묵하고 헌신적인, 바울의 동역자였습니다.

에바브로디도는 부지런한 막후 일꾼이고, 복음의 도박사였습니다.

세 분 모두 다 참으로 경건한 신앙의 모범입니다. 이분들은 우리가 평생 본받아야 할 귀한 덕목을 갖추고 있었습니다. 이런 선배님들을 본받아, 두렵고 떨림으로 구원을 계속 이루어 가야 합니다. 설령 순교의 길을 갈지라도 우리는 기뻐하고, 기뻐하는 삶을 살아야 합니다.

아울러, 헌신적인 사역자를 존중하여야 합니다.

오직

"우리 주 예수 그리스도를 위하여!"

빌립보서 2장에서는 '섬김의 기쁨'을 배웠습니다. 본문을 정리하면서 한 번 더 생각해 봅시다.

(1) 예수 그리스도와 어떻게 연합하고 있습니까? 그리스도와 연합함

으로써 삶과 태도에 무엇이 달라졌습니까?

(2) 예수 그리스도의 삶을 어떻게 요약할 수 있습니까? 당신의 태도는 어떤 점에서 예수님과 닮아 있습니까? 또 어떤 점이 다릅니까?

(3) 예수 그리스도의 본성에 대해 새로 배운 것은 무엇입니까? 예수님이 육체로 오신 하나님이라는 사실이 당신에게 어떤 뜻으로 다가오고 있습니까?

(4) 두렵고 떨림으로 구원을 이루어 가라는 말이 어떻게 다가옵니까? 그렇게 살고 있습니까?

(5) 어떤 식으로 이 세상에 빛을 비추고 있습니까? 그런 삶이 당신에게 기쁨을 줍니까, 아니면 슬픔을 줍니까? 그 이유가 무엇입니까?

함께 기도합시다

하나님, 하나님의 형상으로 나를 빚어 주셔서 고맙습니다. 겸손한 자세와 사랑의 행동으로 모든 상황에서 기쁨을 증진시키게 도와주십시오. 때때로 자기중심적인 자세로 나의 이익만을 구했던 죄를 용서해 주십시오. 이웃의 이익을 먼저 생각할 수 있게 해 주시고 그들에게 하나님의 사랑을 보일 수 있게 해 주십시오. 사랑이신 주 예수님의 이름으로 기도합니다. 아멘.

너희가

주 안에서 모든 기쁨으로

그를 영접하고

또 이와 같은 자들을 존귀히 여기라

그가 그리스도의 일을 위하여 죽기에

이르러도 자기 목숨을 돌보지 아니한 것은

나를 섬기는 너희의 일에

부족함을 채우려 함이니라.

_빌 2:29-30

[1]끝으로 나의 형제들아 주 안에서 기뻐하라 너희에게 같은 말을 쓰는 것이 내
게는 수고로움이 없고 너희에게는 안전하니라. [2]개들을 삼가고 행악하는 자들
을 삼가고 몸을 상해하는 일을 삼가라. [3]하나님의 성령으로 봉사하며 그리스도
예수로 자랑하고 육체를 신뢰하지 아니하는 우리가 곧 할례파라. [4]그러나 나도
육체를 신뢰할 만하며 만일 누구든지 다른 이가 육체를 신뢰할 것이 있는 줄로
생각하면 나는 더욱 그러하리니 [5]나는 팔일 만에 할례를 받고 이스라엘 족속
이요 베냐민 지파요 히브리인 중의 히브리인이요 율법으로는 바리새인이요 [6]
열심으로는 교회를 박해하고 율법의 의로는 흠이 없는 자라. [7]그러나 무엇이든
지 내게 유익하던 것을 내가 그리스도를 위하여 다 해로 여길뿐더러 [8]또한 모
든 것을 해로 여김은 내 주 그리스도 예수를 아는 지식이 가장 고상하기 때문
이라. 내가 그를 위하여 모든 것을 잃어버리고 배설물로 여김은 그리스도를 얻
고 [9]그 안에서 발견되려 함이니 내가 가진 의는 율법에서 난 것이 아니요 오직
그리스도를 믿음으로 말미암은 것이니 곧 믿음으로 하나님께로부터 난 의라.
[10]내가 그리스도와 그 부활의 권능과 그 고난에 참여함을 알고자 하여 그의 죽
으심을 본받아 [11]어떻게 해서든지 죽은 자 가운데서 부활에 이르려 하노니 [12]
내가 이미 얻었다 함도 아니요 온전히 이루었다 함도 아니라 오직 내가 그리스
도 예수께 잡힌 바 된 그것을 잡으려고 달려가노라.

빌립보서 3장 1-12절

모든 것을 배설물로 여김은

빌립보서 3장 1-12절

예수님 안에 있습니까? 그래서 기쁘십니까? 그 이유가 무엇입니까?

빌립보서 3장으로 들어가기 전에 '가짜 구원'의 실체를 잠시 살펴보는 것이 여러모로 좋을 것 같습니다. 신약성경의 핵심은 '죄 용서와 영생의 복음'입니다. 복음은 그리스도인에게 늘 실천적 거룩을 요구합니다. 요한계시록 기자는 인류 역사 전반에 걸쳐서 예수 그리스도의 복음이 궁극적으로 승리할 것을 분명히 내다보고 있습니다. 그러므로 구원에 관한 '자기기만'은 결코 용납될 수 없습니다. 자기기만에 빠져 구원받은 것으로 착각하다가는, 뜻밖에도 영원히 멸망하는 길로 들어설 수 있기 때문입니다. 그리되면 돌이킬 수 있는 기회가 전혀 없습니다. 그러므로 성도들은 자신의 믿음이 구원받는 진짜 믿음인지 스스로 계속 점검해야만 합니다. 예수님은 당시 최고의 종교 엘리트였던 바리새인들을 저주하셨습니다. 그들이 '가짜 구원'에 매달리면서 사람들을 '가짜 구원'의 길로 이끌고 있었기 때문입니다. 산상수훈 결론에서도 말씀을 듣고 행하는 것이 얼마나 중요한지를 강조하셨습니다. 씨 뿌리는 비유에서도 열매 맺지 못하는 빈껍데기 믿음에 대해 경고하고 있습니다. 알곡과 가라지 비유도 마찬가지입니다. 사도행전 8장 9-13절에 등장하는 마술사 시몬은 잠시 신자 행세를 하였으나 결국 가짜로 판명되었습니다. 가룟 유다의 종말을 보십시오. 바울 서신에서도 사도 바울은 자기 구원에 대한 진지한 성찰을 거듭거듭 촉구하고 있습니다(고후 13:5; 고전 11:28; 계 3:16 등등).

고후 13:5 너희가 믿음 안에 있는가 너희 자신을 시험하고 너희 자신을 확증하라. 예수 그리스도께서 너희 안에 계신 줄을 너희가 스스로 알지 못하느냐? 그렇지 않으면 너희는 버림받은 자니라.

고전 11:28-29 사람이 자기를 살피고 그 후에야 이 떡을 먹고 이 잔을 마실지니 주의 몸을 분별하지 못하고 먹고 마시는 자는 자기의 죄를 먹고 마시는 것이니라.

계 3:16 네가 이같이 미지근하여 뜨겁지도 아니하고 차지도 아니하니 내 입에서 너를 토하여 버리리라.

요한계시록 3장 16절에서 예수님은 소아시아 일곱 교회 중에 가장 부자였던 라오디게아교회를 호되게 책망하셨습니다. 라오디게아는 히에라폴리스 남쪽 10km, 골로새 서쪽 16km 지점에 있었습니다. 히에라폴리스는 온천으로, 골로새는 차가운 물로 유명했습니다. 고대 세계에서 온천수와 차가운 물은 치료 효과가 있다고 알려져 있었습니다. 라오디게아는 약효가 있다는 물을 히에라폴리스와 골로새에서 끌어왔습니다. 상당히 먼 거리에서 물을 끌어오기 때문에, 이 물이 라오디게아 근처에 오면 모두 다 미지근해졌습니다. 그 미지근한 온도 때문에 세균이 증식하기 아주 좋아서 라오디게아 지역의 미지근한 물을 마시면 배탈이 잘 나고 그 때문에 구토를 유발하는 경우가 많았습니다. 주님은 이런 문화적인 배경을 바탕으로 라오디게아교회를 책망하고 있습니다. 예수를 믿는지 안 믿는지 도대체 분간이 잘 안 되는 '뜨뜻미지근한 신앙생활'을 하지 말라는 것입니다. 오늘날도 많은 이들이 라오디게아 교인들처럼 미지근한 신앙생활을 하면서 자기는 신앙생활을 아주 잘하고 있다고 착각합니다. 그 허망한 신기루 같은 사례들을 몇 가지 정리해 보는 것이 바른 신앙생활에 도움이 되리라 생각합니다.

① 근거 없는 자신감(구원받은 것으로 착각)

구원파처럼 과거형 구원에 안주하는 이들이 있습니다. 한 번 예수님을 영접했으면 그것으로 완성된 신앙인이 된다고 착각합니다. 정말 예수님을 영접하고 하나님의 자녀가 되었다면, 그래서 구원받았다면, 반드시 변화된 삶이 뒤따르게 되어 있습니다. 결혼한 남녀가 구청에 혼인신고서를 제출하는 것이 다는 아닙니다. 혼인신고를 했으면 그 뒤로 실제적인 부부

생활이 뒤따라야만 합니다. 구원받은 확신이 있다면 신랑 되신 예수님과 평생을 동행하는, 즉 주님과 사실혼 관계에 있어야 한다는 말입니다.

② 아주 피상적이고 도덕적인 삶

안 믿는 사람 중에도 높은 수준의 도덕적인 삶을 사는 이는 많습니다. 도덕적인 삶이 칭찬받을 일이기는 하나, 그것은 그 사람의 영적인 상태와는 아무 상관이 없습니다. 사람의 눈은 속일 수 있어도 하나님의 눈은 속이지 못합니다. 천국에 들어가는 사람은 남보다 착한 사람이 아니라 하나님과 똑같이 온전한 삶을 사는 사람입니다. 그러나 그렇게 살 수 있는 사람은 단 한 명도 없습니다(롬 3:10). 우리가 예수님을 구주와 주로 믿어서 하나님의 의(천국 비자)를 은혜로 받아야 하는 이유입니다.

③ 많은 성경지식

야고보서 2장 19절 말씀에서 마귀도 하나님을 안다고 합니다.

약 2:19 네가 하나님은 한 분이신 줄을 믿느냐 잘하는도다 귀신들도 믿고 떠느니라.

복음에 '대해' 지식으로 아는 것과 죄를 회개하여 용서받고 구원받는 것은 전혀 다른 문제입니다. 교회에서 성경 퀴즈를 잘 맞힌다고 해서 그것이 구원을 보장하지는 않습니다. 바리새인들은 예수님의 숱한 이적을 보고도 예수를 미쳤다고 하며 공격하고, 신성모독죄와 반역죄로 몰아 마침내 십자가에 못 박아 죽였습니다. 심지어 신학대학원에서 학생들을 가르치는 신학박사들 가운데도 예수 안 믿는 사람이 있다는 것을 알아야 합니다.

④ 종교 행위

교회에 출석하고, 세례 받고, 성찬식과 각종 교회 행사에 참여한다고 해서 구원받는 것은 아닙니다. 이런 것들은 구원받은 결과이지 구원의 조건은 아닙니다. 다시 말해서 예수 믿고 구원받은 사람이라면 당연히 예배와 각종 교회 행사에 열심히 참여해야 하지만, 반대로 교회 행사에 참여하는 것 자체가 구원을 보증하는 것은 아니라는 것을 알아야 합니다.

딤후 3:5 경건의 모양은 있으나 경건의 능력은 부인하니 이같은 자들에게서 네가 돌아서라.

경건의 모양과 경건의 능력은 본질이 다릅니다. 다양한 종교 활동이 구원의 표지라고 착각하면 안 됩니다.

사 29:13 주께서 이르시되 이 백성이 입으로는 나를 가까이하며 입술로는 나를 공경하나 그들의 마음은 내게서 멀리 떠났나니 그들이 나를 경외함은 사람의 계명으로 가르침을 받았을 뿐이라.

"마음은 내게서 멀도다." 종교 행위로 다 되었다고 생각하는 이들을 향한 하나님의 탄식입니다. 어리석은 처녀 비유나, 사도행전 5장 1-11절에 기록된 아나니아와 삽비라를 보십시오. 탐욕과 위선으로 사람을 속일 수는 있으나 하나님까지 속일 수는 없습니다.

계 3:1 사데 교회의 사자에게 편지하라. 하나님의 일곱 영과 일곱 별을 가지신 이가 이르시되 내가 네 행위를 아노니 네가 살았다 하는 이름은 가졌으나 죽은 자로다.

사데교회를 향한 주님의 경고입니다. 살아 있는 것 같으나 사실은 죽은 교회라고 하십니다. 사람이 차고에 드나든다고 자동차로 변하는 것이 아니듯이, 교회당에 왔다 갔다 하는 사람들이 다 그리스도인이 되는 것은 아닙니다.

⑤ 그리스도의 이름으로 봉사? 직분?

마 7:22-23 그날에 많은 사람이 나더러 이르되 주여 주여 우리가 주의 이름으로 선지자 노릇하며 주의 이름으로 귀신을 쫓아 내며 주의 이름으로 많은 권능을 행하지 아니하였나이까 하리니 그때에 내가 저희에게 밝히 말하되 내가 너희를 도무지 알지 못하니 불법을 행하는 자들아 내게서 떠나가라 하리라.

가룟 유다를 보십시오. 한때 영광스런 사도의 자리에 있던 사람이 어떻게 멸망의 길로 가 버렸는지를 잘 보십시오. 가라지 비유에서 알 수 있듯이, 참으로 구원받는 신앙은 그 끝이 어떤가를 보아야 비로소 정확하게 알 수 있습니다.

그러므로,
늦기 전에, 더 늦기 전에
참 믿음과 거짓 믿음을 스스로 분별하는 것이 정말 정말 중요합니다. 오직 회개하고 예수님을 믿음으로 하나님께 지은 죄를 용서받고, 하나님과의 바른 관계를 회복해야 하늘의 영원한 생명을 얻을 수 있습니다.

다시 묻습니다. 예수님 안에 있습니까? 그래서 기쁘십니까? 그 이유가 무엇입니까?

빌립보서 3장에서는 그리스도를 알아 가는 기쁨, 신앙생활의 기쁨을 가르칩니다. 3장으로 넘어오면서 편지의 분위기가 완전히 바뀝니다. 1-2장에서 바울은 자신의 투옥과 로마교회 안에 있는 '바른 말 잘하는 나쁜 분들, 개똥같은 자들'의 은밀한 악행에 대한 자신의 선택을 설명하면서, 빌립보교회 교인들도 자기와 똑같이 기뻐하고 또 기뻐하기를 권유했습니다. 3장에서는 좀 더 분명하게 바울 자신의 이야기로 화제를 바꿉니다. 바울은 그리스도를 알아 가고, 살면서 예수님의 뜻을 추구하는 것이 자신의 기쁨, 행복, 평화의 근원이라고 고백합니다. 바울처럼 그렇게 살아가는 과정에서 빌립보교회도 똑같은 기쁨을 체험해 보라고 권합니다. 그리고 이렇게 살아가는 삶의 가장 무서운 적은 종교성(광적인 계율주의)과 세속성(야망과 욕정)임을 분명하게 지적합니다. 참고로 '계율주의'는 하나님의 말씀과는 아무 상관없는 신앙생활의 규율을 제멋대로 만들어 놓고, 그것을 기준으로 스스로를 옭아매고, 그것을 기준으로 남을 판단하고 정죄하는 흐름을 가리킵니다. 예수님으로부터 저주를 받았던 바리새인들이 바로 계율주의에 사로잡힌 사람들이었습니다.

예수님 안에 있습니까? 그래서 기쁘십니까? 그 이유가 무엇입니까?

[1–11절, 주님의 예복을 입으려고 누더기를 팔아 버리다]

3장 1–3절에 참 신자의 특질을 식별하는 기준이 나와 있습니다.

[참 신자: 주 안에서 기뻐함] 빌 3:1 끝으로 나의 형제들아 주 안에서 기뻐하라 너희에게 같은 말을 쓰는 것이 내게는 수고로움이 없고 너희에게는 안전하니라.

"끝으로"라는 말은 이야기의 주제를 전환하는 말이지 말 그대로 편지를 끝내겠다는 뜻이 아닙니다. 이 단락에서는 바울이 마치 "끝으로"라고 말씀하고서는 다시 무슨 말씀을 실컷 더 하신 뒤에 "간단하나마 이상으로 마치겠습니다." 이런 식으로 말씀하시는 시골 초등학교 교장선생님 같다는 생각이 듭니다. "같은 말"은 지금 하려는 이야기가 언젠가 바울이 한두 번 했던 말을 다시 하게 되었음을 말하는 것입니다. 바울의 '영적 잔소리'가 빌립보교회에는 매우 유익할 것임을 강조합니다. 바울의 입장에서는 하고 싶지 않은 잔소리이지만, 빌립보교회의 영적인 안정을 위해서는 도움이 많이 될 것이라는 말입니다. 성도들의 문제를 지적하고 그것을 바로잡기 위해서 성도들에게 듣기 싫은 소리를 해야만 하는 목자의 마음은 그다지 편하지 않습니다. 더더군다나 그 듣기 싫은 소리를 두 번 세 번 되풀이해야만 할 때 목자의 마음은 더더욱 불편할 수밖에 없습니다. 하지만 그 영적인 잔소리가 주님의 몸 된 교회를 건강하게 만드는 것이라면, 그 불편을 어떻게든 감내해야 하는 것이 또한 목자의 소명이기도 합니다. 본문에서 바울은 "그리스도를 알면 기쁨이 넘친다"며 '기쁨의 찬양'을 계속합니다. '기뻐하기'가 바울에게 왜 중요합니까? 그저 실실 웃고 마냥 행복하게 살면 그게 '기뻐하기'입니까? 바울은 약함, 고통, 고난, 죽음에도 불구하고 "기뻐하고, 기뻐하겠다"고 이미 여러 번 이야기했습니다.

"기쁨은 천국에서 매우 중요한 일이다." – C.S.루이스

기쁨이 천국에서 매우 중요한 일이라면, 그래서 천국에 간 뒤에도 우리가 하나님 앞에서 영원히 계속해야만 할 일이라면, 이 땅에 머무는 동안 더 열심히 '기뻐하는' 연습을 해야 하지 않겠습니까? 하나님의 목적에 대한 깊은 신뢰가 있어야만 성경적인 기쁨을 누리며 살 수 있습니다. 우주의 지존이신 예수님과 흔들림 없이 지속적인 관계를 맺고 살아가면서 그 관계를 확신할 때 두려움을 이길 수 있습니다. 기쁨은 인간적으로 형성된 정서가 아닙니다. 하나님께 복종하기로 스스로 선택하면 기쁨이 옵니다. 성령 안에서 걸으면 거룩한 기쁨의 열매가 맺힙니다. 기쁨은 성숙한 신자의 표지입니다. 그러므로 빌립보교회도 바울처럼 마땅히 그래야 한다고 말하고 있습니다. 잘 아시다시피 지금 바울이 '행복한 상황'에 있

는 것은 결코 아닙니다. 이것은 참으로 견디기 힘든 역경 중에 나온 귀한 고백입니다.

'기뻐하기'는, 우리가 그럴려고 선택하는 행위

기뻐하기는 감정이나 정서가 아닙니다. 성령 하나님으로부터 밀려오는 거룩한 확신입니다. 그것은 의지적인 선택입니다. '기뻐하기'를 선택하면, 그러지 못할 것은 선택할 수 없습니다. '기뻐하기'를 선택하면 냉소, 싫증, 의기소침, 절망을 효율적으로 막아 낼 수 있습니다. 바울은 본문에서 우리가 놓쳐서는 안 될 인생의 깊은 통찰을 제시합니다. 하나님의 섭리를 기뻐하고 거기에 감사한다면 불평과 분노는 없을 것이라는 것입니다.

마 15:18 입에서 나오는 것들은 마음에서 나오나니 이것이야말로 사람을 더럽게 하느니라.

눅 6:43-45 못된 열매 맺는 좋은 나무가 없고 또 좋은 열매 맺는 못된 나무가 없느니라. 나무는 각각 그 열매로 아나니 가시나무에서 무화과를, 또는 찔레에서 포도를 따지 못하느니라. 선한 사람은 마음의 쌓은 선에서 선을 내고 악한 자는 그 쌓은 악에서 악을 내나니 이는 마음에 가득한 것을 입으로 말함이니라.

우리 입술의 말은, 늘 우리의 마음가짐과 관심의 초점을 반영합니다. 하나님 안에서 기뻐하고 하나님의 섭리를 기뻐하면, 기쁨을 강탈하는 것들로부터 우리를 방어할 수 있습니다. 그러므로 '기뻐하기'는 우리 마음의 중요한 안전 장비입니다. 나는 공수특전단 장교로 군대생활을 했습니다. 당연히 낙하산도 여러 번 탔습니다. 한 3천 피트 높이에서 낙하하다가, 낙하산 기능 고장으로 추락 사고가 나면 사람의 형체를 알아볼 수 없게 온 몸의 뼈가 다 으스러져 버립니다. 그런데 만일 날아가는 비행기에서 낙하산도 없이 그냥 뛰어내리라고 한다면, 과연 그 누가 비행기를 타려하겠습니까? 낙하산이 있기에 그래도 안심하고 비행기를 타는 것입니다. 신앙생활에서 '기뻐하기'는 특전용사의 낙하산과 같습니다. 하나님이 우리를 무장시키는 중요한 방법이 바로 우리로 하여금 '기뻐하기'를 선택하게 하시는 것입니다. "최선의 수비는 공격"입니다. 역경 속에서 '기뻐하기' 전술로 공격하면 그것이야말로 가장 강력한 방어책이 됩니다. 우리를 하나님으로부터 등 돌리게 하는 마귀의 공격으로부터 우리 자신을 방어하는 결정적인 무기가 바로 '기뻐하기'임을 명심하십시오. 낙심의 융단 폭격을 막아 내는 유일한 방패가 '기뻐하기'이므로, 사도 바울은 빌립보교회 성도들을 향해 기뻐하라고 '명령'하고 있습니다. '기뻐하기'는 그저 좋은 생각이나 하며 스스로를 위로하는 것이 아닙니다. 그것은 하나님이 특별히 고안한 방어책입니다. 다시 말씀드리거니와 내 상황과 처지를 초월해서 '기뻐하기'를 선택하면 원망과 시비는 불가능합니다. 우리는 둘 중 하나를 선택해야 합니다. 기뻐하기를 선택할 것인지, 원망과 불평을 선택할 것인지……. 주 안에서 참으로 기뻐하는 일의 자연스런 결과는 불평할 수 없다는 것입니다. 같은 일에 대해, 같은 시간에, 기뻐하면서 동시에 불평하기는 불가능합니다. 둘 중 하나밖에 하지 못합니다. 기뻐하면 원망이 사라질 것이고, 원망하면 기쁨이 없어질 것입니다. 이것은 영혼의 시소게임입니다. 하나가 올라가면 다른 하나는 반드시 내려갑니다. 그러므로 "기뻐하라"는 바울의 명령은 '선택을 잘하라'는 말과 같습니다(빌 1:18, 2:17-18, 3:1).

빌 1:18 그러면 무엇이냐 겉치레로 하나 참으로 하나 무슨 방도로 하든지 전파되는 것은 그리스도니 이로써 나는 기뻐하고 또한 기뻐하리라.
빌 2:17-18 만일 너희 믿음의 제물과 섬김 위에 내가 나를 전제로 드릴지라도 나는 기뻐하고 너희 무리와 함께 기뻐하리니 이와 같이 너희도 기뻐하고 나와 함께 기뻐하라.
빌 3:1 끝으로 나의 형제들아 주 안에서 기뻐하라.

원수 마귀가 퍼붓는 낙심, 두 마음, 의심, 두려움, 걱정, 염려, 반대 등으로 융단 폭격을 당할 때, 자칫 하나님을 등지고 가짜 그리스도를 찾게 될 위험이 있습니다. 참 신자는 어떤 역경에서도 오직 "주 안에서" 기뻐합니다. 아니, '기뻐하기'를 선택합니다.

[참 신자:분별력이 있음] 빌 3:2 개들을 삼가고 행악하는 자들을 삼가고 몸을 상해하는 일을 삼가라.

1장 10절에서 '지극히 선한 것'을 분별하라고 했습니다. 무엇이 몸통이고 무엇이 깃털인지, 무엇이 본질이고 무엇이 비본질인지 분별하라고 했습니다. 3장 2절에서는 이 분별력을 발휘할 범위를 교회 내부로 좁혀 좀 더 구체적으로 적용시키고 있습니다. 교회를 분열시키고 신자의 기쁨을 강탈하려는 자들(개들)을 조심하라고 합니다. '개들, 행악자들, 사지 절단자들(헬, 카타토메)'을 조심하라는 것입니다. 이들은 참 할례자(참 그리스도인)가 아니기 때문입니다. "개들"은 주인 없이 도시 주변을 어슬렁거리는 포악한 '개떼'입니다. 교회를 넘보며 신실한 성도들을 집적거리는 이단을 개에 비유한 것입니다. 계율주의자들은 육체의 모양을 신뢰합니다. 그래서 "몸을 상해하는 일"도 거침없이 합니다. 구약시대에는 '할례'가 언약 백성의 표지였습니다(창 17장). '몸을 상해하는 일'의 헬라어 '카타토메'는, '할례'라는 뜻의 헬라어 '페리토메'를 빗대어 계율주의자들을 냉소적으로 비꼬기 위해 바울이 일부러 새로 만든 말입니다. 바울의 이 의도를 살려서 번역하면 이 '카타토메'는 "사지 절단자" 정도로 바꿀 수 있습니다.

"몸의 살점을 뜯어내는 게 그리도 좋은가? 그렇다면 거세도 한 번 해 보시지?"

바울의 말에는 이런 비아냥거림이 함축되어 있었습니다.

ㅋㅋㅋ

퀴온(개) / 카쿠스(사악한) / 카타토메(몸을 상해하는 자)

오늘날 SNS에서 문자를 주고받을 때 자주 쓰는 'ㅋㅋㅋ'가 본문에 나타나 있습니다. 어쩌다 보니 바울 선생님이 우리보다 무려 2천 1백 년이나 앞서서 'ㅋㅋㅋ'를 쓴 사람이 되었습니다. 원래 유대인들이 이방인을 가리키던 험한 말을, 바울은 유대교인들에게 모조리 적용시키고 있습니다. 신약성경에서는 구약과는 반대로, 모든 거룩한 용어를 유대인으로부터 빼앗아 교회에 적용시키고, 모든 욕설을 이방인으로부터 회수하여 교회를 짓밟는 유대인에게로 돌려줍니다. 교회가 진정한 이스라엘이기 때문입니다. 현대 사회에서 많은 사람들이 '다양성'과 '똘레랑스(관용)'를 강조하지만, '복음의 본질에 관한 한' 바울의 가르침은 아주 단호합니다.

엡 4:15 오직 사랑 안에서 참된 것(진리)을 하여 범사에 그에게까지 자랄지라. 그는 머리니 곧 그리스도라.

진리와 사랑은 상호 배타적인 것이 아닙니다. 그것은 동전의 양면입니다. '사랑 없는 진리'는 너무 거칠고 '진리 없는 사랑'은 너무 맹목적입니다. 말하자면, 진짜 사랑은 진리에 바탕을 두어야만 합니다. 사랑과 진리를 겸해야 할 이유는 명백합니다.

마 10:16 보라! 내가 너희를 보냄이 양을 이리 가운데로 보냄과 같도다. 그러므로 너희는 뱀 같이 지혜롭고 비둘기 같이 순결하라.

그리스도인은 지혜와 순결을 겸비해야 합니다. 앞서 말했듯이, 사랑과 분별력도 마찬가지입니다. 지혜롭지만 순결하지 못하면 가룟 유다처럼 되고, 순결하지만 지혜롭지 못하면 봉 노릇하기 쉽습니다. 구원은 오직 믿음으로, 은혜로 주어집니다(엡 2:8-9). 인간의 노력으로는 구원에 이를 수 없습니다.

[참 신자:성령 안에서 예배] 빌 3:3 하나님의 성령으로 봉사하며 그리스도 예수로 자랑하고 육체를 신뢰하지 아니하는 우리가 곧 할례파(페리토메)라.

하나님의 성령으로 예배하는 이가 참 할례자(페리토메), 참 예배자입니다. 육체를 신뢰하지 않는 예배자가 예수님께 영광 돌리는 참 예배자입니다. 왜냐하면, 예수 그리스도 안에 있음을 자랑하기 때문에 육체를 신뢰할 이유를 느끼지 못하기 때문입니다. 대체로 외모에 집착하는 사람들은 내공이 부족합니다. 3절의 "우리"는 바울과 빌립보교회를 가리킵니다.

"진정한 믿음은 하나님이나 이웃에게 우리 자신을 입증하고 싶은 욕망에서 자유하게 합니다. 진정한 믿음은 온전히 주 예수 그리스도만을 신뢰합니다. 그리스도께서 제공하신 하나님의 은혜를 통한 믿음으로 말미암는 구원에 그 어떤 것도 덧붙여서는 안 됩니다."

우리는 이 말을 귀담아 들어야 합니다. R. T. 캔달이 그의 책 『한 번 구원은 영원하다』에 실었던 재미있는 이야기를 하나 더 소개합니다. 캔달이 비행기를 타고 여행을 떠날 때, 비행기가 힘차게 활주해서 기수를 들고 이륙하는 바로 그 순간 고개를 숙여서 비행기에 탑승한 승객들의 발을 유심히 관찰해 보았더니 너나없이 발을 살짝 들어 올리더라는 것입니다. 비행기가 이륙하는 데 다소라도 도움을 주고 싶은 승객들의 무의식이 작동하기 때문이라는 것입니다. 사람들이 발을 들어 올리는 몸짓이 비행기의 이륙과는 아무 상관없는데도 늘 그러더랍니다. 마찬가지로 예수님이 십자가에서 "다 이루었다"고 하셨음에도 틈만 나면 육체의 모양을 내서 구원을 확인하는 몸짓을 하는 사람들은 비행기가 이륙하는 순간 발을 들어 올리는 사람들이나 별 차이가 없습니다. 참 그리스도인은 유일한 구원주이신 예수님을 잘 압니다. 예수 그리스도를 알면, 거짓 교사들(이단)에게 쉽게 속지 않습니다. 하나님을 믿는 믿음을 통해서 오는 의로움과, 우리가 그리스도 안에서 발견되는 것보다 더 자랑할 가치가 있는 것은 없기 때문입니다. 구원은 인간 내면이 아닌 밖에서 하나님의 은혜로 내려옵니다. 참 신자의 표지는 '오직 믿음, 오직 은혜(sola fide, sola gratia)'입니다. 참 신자는 참 회개를 통해 구원의 은혜를 받은 사람입니다. 하나님은 외적인 표지보다 내적인 마음의 정결을 보십니다. '신앙적인 노력'보다 더 중요한 것은 '보이지 않는 마음의 태도'입니다. '육체를 신뢰하는 것'이야말로 죄로 부패하여 거듭나지 못한 인간의 악한 본성을 고스란히 드러내는 행위입니다.

[4–11절, 얻기 위해 포기함]

바울이 유대교의 반론을 예상하고 미리 답변하는 내용입니다. 한 마디로, 그리스도를 알면 교만이 사라진다는 것입니다. 바울은 그 누구보다도 극적이고 강렬한 구원의 증거와 함께 예수를 믿기 시작한 사람입니다.

행 9:1–8 사울(바울)이 주의 제자들에 대하여 여전히 위협과 살기가 등등하여 대제사장에게 가서 다메섹 여러 회당에 가져갈 공문을 청하니 이는 만일 그 도를 따르는 사람을 만나면 남녀를 막론하고 결박하여 예루살렘으로 잡아오려 함이라. 사울이 길을 가다가 다메섹에 가까이 이르더니 홀연히 하늘로부터 빛이 그를 둘러 비추는지라. 땅에 엎드러져 들으매 소리가 있어 이르시되 사울아 사울아 네가 어찌하여 나를 박해하느냐 하시거늘 대답하되 주여 누구시니이까 이르시되 나는 네가 박해하는 예수라. 너는 일어나 시내로 들어가라 네가 행할 것을 네게 이를 자가 있느니라 하시니 같이 가던 사람들은 소리만 듣고 아무도 보지 못하여 말을 못하고 서 있더라. 사울이 땅에서 일어나 눈은 떴으나 아무것도 보지 못하고 사람의 손에 끌려 다메섹으로 들어가서

사도행전은 의사 누가의 증언입니다. 지금 누가가 바울의 회심 과정을 생생히 증언하고 있습니다. 바울은 원래 예수 그리스도의 원수였습니다. 나사렛 예수가 메시아(구원자)라는 것도 믿지 않았고, 따라서 골고다 언덕에서 십자가형을 받은 예수가 죽음에서 부활했다는 것은 더더욱 믿지 않았습니다. 회심하기 전 바울의 눈에는 기독교인들이 그저 유대교에서 파생된 한낱 이단에 지나지 않았습니다. 예수가 부활했다는 제자들의 증언을 믿지 않았기에, 그는 기독교인들을 '시체 도둑놈들' 정도로 여겼습니다. 예수쟁이들이 죽은 교주의 시신을 훔쳐다 어딘가에 숨겨 놓고, 거짓말로 예수가 부활했다고 헛된 소문을 퍼뜨리고 있다고 생각했습니다. 유대교의 최고 엘리트인 바리새파 사람 가운데서도 열혈 행동가였던(빌 3:4-6) 그는, 이 유대교 이단을 무너뜨리는 것이 하나님의 영광을 드러내는 일이라는 확신에 차 있었습니다. 그래서 스데반 집사를 처단하는 과정에서부터 기독교 박멸 운동에 누구보다도 앞장서서 교회를 핍박했

습니다. 얼마나 많은 기독교인들을 죽였는지, 얼마나 많은 주님의 몸 된 교회를 문 닫게 했는지 모릅니다. 그는 정말 예수님 앞에 '죄인의 괴수'였습니다. '핍박자'이고 '포행자'였습니다. 유대 땅 구석구석을 뒤져 기독교인들을 처단하고도 분이 다 풀리지 않아서, 사전 구속영장을 발부받아 예수쟁이들을 잡으러 멀리 해외 원정길에까지 나섰습니다. 이렇게 위협과 살기가 등등하여 분노에 씩씩거리며, 다메섹이라는 나라의 국경선 근처에 도달한 어느 날 한낮에, 정오의 태양보다 훨씬 더 밝은 빛이 사울(바울)을 둘러쌌습니다. 순간 함께 가던 사람들이 다 땅바닥에 나뒹굴고, 그 밝은 빛 때문에 사울은 한 순간에 시력을 잃어버렸습니다. 앞을 보지 못하고 당황하는 사울에게 빛으로 오신 분이 말을 걸어옵니다.

"사울아, 사울아, 네가 어찌하여 나를 박해하느냐?"

(잔뜩 기가 죽은 소리로) "주여 누구시니이까?"

"나는 네가 핍박하는 예수다(행 9:4-5)."

누군가와 만났을 경우 상대방은 나를 환히 알고 있는데 나는 상대방을 전혀 알지 못한다면 누구나 심한 두려움을 느끼게 될 것입니다. 그의 이름을 정확히 두 번이나 불렀으니, 이름을 잘못 부른 것도 아니고, 잘못 들은 것도 아니었습니다. 나는 상대를 전혀 알지 못하는데 상대는 내 이름을 정확하게 알고 있습니다. 그뿐입니까? "나는 네가 지난여름에 한 일을 다~ 알고 있다"고 말하고 있지 않습니까? 사울은 예수를 만난 적이 없었습니다. 그저 십자가에서 죽었던 예수가 부활했다고, 예수를 믿어야 구원 얻는다고 하는 예수님의 제자들, 그들의 모임인 교회를 핍박했을 뿐입니다. 그런데 갑자기 빛 가운데 나타난 그가 "나는 네가 박해하는 예수"라고 하니 그야말로 혼비백산(魂飛魄散) 기절초풍할 일이 벌어진 겁니다. 더더군다나 지금 자신은 시력을 잃고, 누군가의 도움 없이는 단 한 걸음도 움직일 수 없는 참으로 가련하고 초라한 처지가 되어 있습니다. 이렇게 부활하신 예수님을 만나면서, 사울은 자신의 생각이 완전히 틀렸다는 생각을 하게 되었습니다. 나사렛 예수가 십자가형을 받아 죽고, 그것으로 끝난 것이 아니었습니다. 예수가 부활했다는 그 제자들의 주장은 사실이며, 따라서 예수의 제자들은 시체도둑이 아니라는 것을 단번에 깨닫게 된 것입니다. 여태껏 자기가 하나님의 영광을 위해 했던 모든 열정적인 일들이 아주 잘못된 방향으로 흐른 것이었음을 마침내 깨닫게 된 것입니다. 이 일을 계기로 무시무시한 박해자가 가장 빼어난 이방인의 사도로 거듭나게 되었습니다. 그의 무지막지한 죄악을 예수 그리스도 안에 있는 하나님의 눈부신 은혜가 넉넉히 덮어 주었던 것입니다.

3장에서 바울은 자신의 이러한 회심 과정을 바탕으로, 구원을 거래(무역)에 비유하며 설명하고 있습니다. 이 단락에 회계학 용어가 많이 쓰이고 있는 것도 바로 그런 이유 때문입니다. 지난날 무지막지하게 교회를 박해하며, 기독교인들을 잡아 죽이며, 평생을 구원 얻기 위해 '자기의 의로움'을 획득하는 일에 몰두했었는데, 다메섹 국경에서 부활하신 예수 그리스도를 만난 뒤로 자기 삶의 자산과 부채 항목이 한 순간에 뒤바뀌게 되었다는 것입니다.

마 16:25-26 누구든지 제 목숨을 구원하고자 하면 잃을 것이요 누구든지 나를 위하여 제 목숨을 잃으면 찾으리라. 사람이 만일 온 천하를 얻고도 제 목숨을 잃으면 무엇이 유익하리요? 사람이 무엇을 주고 제 목숨과 바꾸겠느냐?

마 13:44-46 천국은 마치 밭에 감추인 보화와 같으니 사람이 이를 발견한 후 숨겨 두고 기뻐하며 돌아가서 자기의 소유를 다 팔아 그 밭을 사느니라. 또 천국은 마치 좋은 진주를 구하는 장사와 같으니 극히 값진 진주 하나를 발견하매 가서 자기의 소유를 다 팔아 그 진주를 사느니라.

하나님 나라와 견줄 수 있는 것은 지상에 없다는 말씀입니다. 바울은 주님의 이 말씀처럼 예수 그리스도를 위해 그가 귀히 여기던 모든 것을 기꺼이 다 포기(7절)했습니다. 우리의 구원 여부를 결정하는 모든 권한은 오직 예수 그리스도께 있기 때문입니다.

빌 3:4 그러나 나도 육체를 신뢰할 만하며 만일 누구든지 다른 이가 육

체를 신뢰할 것이 있는 줄로 생각하면 나는 더욱 그러하리니

"나도"가 강조되어 있습니다. 지난날 나도 '개'였고 '카타토메(빌 3:2)'였다고 고백합니다. 그러면서 육체의 명함이 중요하다는 사람들에게 강한 어조로 따져 묻습니다.

"그래? 그럼 우리 '민증(주민등록증)' 한 번 까볼까?"
"'솔까말(솔직히 까놓고 말해서)', 나는 그 누구에게도 꿀리지 않는 유대교 최고의 금수저야!"

갈 1:14 내가 내 동족 중 여러 연갑자보다 유대교를 지나치게 믿어 내 조상의 전통에 대하여 더욱 열심이 있었으나

짐작하시다시피 4절의 "만일"이라는 말은 가정(假定) 하에 하는 말입니다. 왜냐하면 육체의 자랑은 무의미하기에 그런 자랑은 피해야 한다는 것을 바울이 누구보다도 잘 알고 있기 때문입니다. 육체 기반의 빛나는 명함(타이틀)을 가지고 날뛰는 사람들을 혼내 주기 위해, 바울이 자신의 육체적 스펙을 부득이 들먹이고 있습니다. 왜냐하면 육체의 명함은 그것이 아무리 빛나는 것이라 할지라도 그리스도를 아는 것과는 감히 비교할 수 없기 때문입니다.

[5–6절, 하나님의 구원과 상관없는 스펙] winner와 loser

빌 3:5–6 내가 팔일 만에 할례를 받고 이스라엘 족속이요 베냐민 지파요 히브리인 중의 히브리인이요 율법으로는 바리새인이요 열심으로는 교회를 박해하고 율법의 의로는 흠이 없는 자라.

요즘 우리 사회에 '위너(승자)', '루저(패자)'라는 말이 유행하고 있습니다. '금수저', '흙수저', '무수저' 등 '수저론'도 자주 등장합니다. 이것들은 모두 다 사회안전망이 무너지고 빈부차가 극심해진 자본주의 경쟁 체제의 맹점을 꼬집는 말입니다. 3장에 등장하는 바울의 고백은 다른 것이 아닙니다.

"내가 들고 있는 것이 금수저인 줄 알았는데 예수 믿고 보니 흙수저는 고사하고 아예 '똥수저'더라. 내가 '위너'인 줄 알았는데 예수님을 만나고 보니 내가 '루저'의 길을 열심히 걸었더라."

5–6절에서 바울이 고백하고 있는 말을 조금 쉽게 재구성하여 자세히 살펴봅시다.

① 8일 만에 할례 받았다

자신이 언약 백성이라는 이야기입니다. 미안하지만 우리는 '종교성'으로는 구원받지 못합니다.

"나? 이래 봬도 유아세례 받은 사람이야. 모태신앙이야!"

② 이스라엘 족속이다

원래부터 유대인이지 이방인으로서 유대교로 개종한 사람이 아니라는 말입니다. 하지만 혈통으로도 구원받지 못합니다.

"나는 3대째 믿는 집안 출신이야!"

③ 베냐민 지파 출신이다

베냐민은 야곱의 열두 아들 중 유일하게 약속의 땅에서 출생한 사람으로서, 베냐민 지파의 조상이 된 사람입니다. 이스라엘 최초의 왕 사울이 베냐민 지파 출신입니다. 그래서 이 지파에는 유독 '사울'이라는 이름을 지닌 사람들이 많았습니다. 바울(사울)도 그 가운데 한 사람입니다. 훗날 이스라엘 나라가 남북으로 갈라질 때, 유다 지파와 함께 남 왕국 유다를 지탱한 유일한 지파가 베냐민 지파였습니다. 하만에게 몰살당할 뻔했던 유대인들을 건져 낸 모르드개도 베냐민 지파 출신입니다. 바울 당시, 오랜 포로 생활과 식민지 세월을 지내면서 이스라엘 사람들의 잡혼으로 지파 개념이 흐릿해졌을 때도 바울 가문은 베냐민 혈통을 고수했습니다. 다시 말해서 자기는 순수 베냐민 사람이라는 것입니다. 그러나 우리는 계급으로는 구원받을 수 없습니다.

"우리 할아버지가 순교자야!"

④ 히브리인 중의 히브리인이다

바울은 소아시아 다소 출신의 디아스포라 유대인입니다. 모국어인 히브리어를 잊어 먹지 않고 능숙하게 구사했습니다(행 21:40). 그리스 로마 문화와 유대교의 전통을 모두 다 잘 알고 있었습니다. 유대인으로서 로마시민권을 지닌 이중 국적 소유자였습니다. 젊은 시절 예루살렘으로 가서 당대 최고의 석학이었던 랍비 가말리엘에게서 율법을 배웠습니다. 하지만 인간의 전통으로도 구원받지 못합니다.

"40일 금식기도도 한 사람이야."

⑤ 율법으로는 바리새인이다

그는 하나님의 율법을 알고, 해석하고, 수호하고, 율법에 복종하는 최고의 종교 엘리트 그룹이었습니다. 그러나 종교적인 지식이나 종교적인 행위로도 구원받을 수 없습니다.

"나도 신학 공부했다고. 나도 목사라고."

⑥ 열심으로는 교회를 박해했다

바울의 회심 과정(행 9장)에서 보았듯이 열심보다는 열심의 방향이 더 중요합니다. 인간적인 열심을 가지고는 구원받을 수 없습니다. 인간적인 열심을 낸 결과, 그는 예수님 앞에 한때 무서운 살인마로 살았습니다. 이렇듯 방향을 잃고 빗나간 사랑으로는 하나님 나라를 세울 수 없습니다.

다시 말해서 인간의 열심이나 성실성으로는 구원받을 수 없습니다.

"교회 수련회 단 한 번도 안 빠졌다고."

⑦ 율법의 의로는 흠없는 자였다

계율주의로는 구원받지 못합니다.

"No Bible, No breakfast! 나는 Q.T. 안하면 밥도 안 먹는 사람이라고요."

바울은 그 누구보다도 빛나는 명함(스펙)을 지니고 있었습니다. 교회 밖 세상에서 그는 세속적인 명함만으로 어느 누구에게도 밀리지 않을 사람이었습니다. 그러나 부활하신 예수님을 만난 뒤로 그 빛나는 명함이, 사실은 저주 받을 길로 자신을 이끌고 있음을 깊이 깨닫게 되었습니다.

[빛나는 가짜 트로피]

① "나? 이래 봬도 유아세례 받은 사람이야. 모태신앙이야!"

② "나는 3대째 믿는 집안 출신이야!"

③ "우리 할아버지가 순교자야!"

④ "40일 금식기도도 한 사람이야."

⑤ "나도 신학 공부했다고. 나도 목사라고요."

⑥ "교회 수련회 단 한 번도 안 빠졌다고."

⑦ "No Bible, No breakfast! 나는 Q.T. 안하면 밥도 안 먹는 사람이라고요."

바울이 내보인 ①-⑦의 목록, 바울이 자랑스러워했던 자산은 자칫 '가짜 구원'의 확신을 갖게 할 수 있는 몹시 위험한 것들이었습니다. 하지만 바울의 빛나는 인생 트로피 전시실에 있는 것들 하나하나가 당시 유대인들에게는 늘 선망의 대상이 되는 소중한 스펙들이었습니다. 한마디로 바울은 유대 사회에서 '진골'이고, '성골'이고, '금수저'였습니다. '유산'과 '학벌'과 '업적'을 고루 다 갖춘 사람이었습니다. 요즘 식으로 말하면 그는 거대 재벌가 출신에 외국제 박사학위를 서너 개씩 갖고 있으며, 5개 국어에 능통한 사람, 완벽한 스펙의 소유자로서 모든 이에게 선망의 대상이 되는 사람이었습니다. 그런데 그토록 자랑스러운 육체적인 트로피, 자격증, 업적 등이 예수님 앞에서는 한낱 개 짖는 소리(빌 3:2)에 지나지 않는다는 것을 정직하게 고백하고 있습니다. 선천적 유산과 함께 후천적인 자격 취득까지 당시 사회에서 상위 0.1% 정도에 들어갈 만한 사람의 입에서 빌립보서 3장의 고백이 나올 수 있다는 것은 정말 기적 중의 기적입니다. 예수님의 말씀을 빌자면 바울의 삶에서 낙타가 바늘귀를 통과해 버린 것입니다. 바울이 지녔던 이런 스펙들은 바울 시대에 존경, 영예, 영향력의 보증 수표였기 때문입니다. 그 빛나는 육체의 명함을 가지고 열심히 자기의 의로움을 얻기 위해 내달리던 사람이 부활하신 예수님을 만나는 순간 인생의 가치관이 완전히 뒤집어지고 말았습니다. '십자가의 원수'가 하루아침에 '십자가의 용사'로 변신한 것입니다. 그렇게 빛나는 스펙이 한없이 '자기 의'를 추구하게 만들고, 그 때문에 열심을 낼수록 하나님의 의로움으로부터 더욱더 멀어져 영원한 멸망에 가까워지고 있었다는 것을 뒤늦게라도 깨달았던 것입니다.

"당신이 사는 집이, 당신을 말해 줍니다."

30년 만에 만나 "어떻게 사느냐?"고 묻는 친구에게 타고 간 차를 보여 주었습니다.

이런 식의 텔레비전 광고가 바로 이런 세태를 또렷하게 반영하고 있습니다. 가뜩이나 마음이 공허한 현대인들의 가슴에 계속해서 이렇게 부질없는 욕망의 거품을 불어넣습니다. 이로 보건대 예나 지금이나 사람 사는 세상의 큰 흐름은 별로 달라지지 않았음을 알 수 있습니다. 현대 자본주의 사회에서는, 학위, 업적, 유능하고 자랑스런 배우자, 똑똑한 자식, 탁월한 재능, 넓은 집, 비싼 차 등등 자칫 이런 것들이 자신의 자아를 형성하기 쉽습니다.

예수님을 만나 변화된 바울은 이처럼 완벽한 자기의 트로피를 '손해(7절)', '똥 덩이(8절)'라고 잘라 말합니다. 그러면 예수 믿는 사람들은, 이 모든 트로피(명함)를 다 버려야만 한다는 이야기입니까? 그렇지는 않습니다. 예수님을 만난 뒤, 바울의 이 육체적인 명함은 그리스도의 복음을 진전시키는 데 대단히 멋진 무기로 쓰였습니다. 핵심은 이렇습니다. 다 버리라는 것이 아니라 내 정체성(ID)의 근거가 어느 쪽이냐가 중요하다는 것입니다. 나의 중심 가치를 어디에 두느냐하는 것이 문제입니다. 그리스도를 따르기 위해 모든 것을 다 포기하겠다고 말하는 것과, 그토록 귀한 자산을 바울처럼 주님께 완전히 넘겨 드리는 것은 전혀 다릅니다. 바울의 정체성, 그 근거는 오직 '그리스도를 아는 지식'이었습니다. 왜냐하면 지상 최고의 가치는 그리스도를 아는 것(그리스도 안에 들어가는 것)이기 때문입니다. 그리스도를 아는 것에 비하면 한때 자랑스럽던 영광의 트로피는 손해(부채)나 다름없다는 것입니다. 꼭 이런 세속적인 명함이 아닐지라도, 예수 믿는다면서도 '영적인 우월감'에 사로잡혀 날뛰는 사람들이 얼마나 많습니까? 그 우월감 때문에 한없이 교만을 떠는 사람들은 또 얼마나 많습니까? 부활하신 예수님을 만난 바울은 완벽하고 완전무결한(앞길이 창창한) 유대인의 넓은 길을 버리고, 예수님을 알아 가는 좁은 길을 기꺼이 선택했습니다. 바울은 달랐습니다.

[7-11절, 좁은 길을 걸어 영생으로: 뒤집힌 인생의 대차대조표]

빌 3:7 그러나 무엇이든지 내게 유익하던 것을 내가 그리스도를 위하여 다 해로 여길뿐더러

7절의 "그러나"는 인생의 핵심 가치를 두고 선택해야만 하는 인생의 갈림길이 있었다는 말입니다. 부활하신 그리스도를 만남으로 그의 가치 체계에 매우 극적인 변화가 있었음을 고백합니다. '그리스도를 아는 것'의 눈부신 유익을 상업 용어로 설명합니다. "유익"은 '자산(資産)'을, "해"는 '부채(負債)'를 가리킵니다. 바울이 지금 자기 인생의 대차대조표(貸借對照表)를 내보이고 있습니다. 그런데 예수님을 만난 뒤로, 그 대차대조표가 한 순간에 자산과 부채 항목이 뒤바뀌어 나타났던 것입니다. 예수님을 만나기 전에는 자산이었던 그의 빛나는 스펙이 예수님을 만난 뒤로 부채로 완전히 바뀌어 버렸다는 말입니다. "여길뿐더러"라는 말은 헬라어로 '헤게오마이'인데, 여기서 이 말은 완료시제로 쓰였습니다. 말하자면, 지금 한 순간만 부채로 여기는 것이 아니라 '앞으로도 영원히 부채로 여길 것'이라는 그의 확고한 신앙 고백이 반영되어 있는 것입니다.

> **빌 3:8** 또한 모든 것을 해로 여김은 내 주 그리스도 예수를 아는 지식이 가장 고상하기 때문이라. 내가 그를 위하여 모든 것을 잃어버리고 배설물로 여김은 그리스도를 얻고

바울의 이 고백을 듣노라면 침대 축구로 시간을 끌다가 막판에 허망하게 역전패한 중동 어느 나라의 국가대표 축구팀이 생각납니다. 우리나라하고 중동의 어느 나라가 국가대표팀 간 축구시합을 했는데 우리 팀

이 먼저 한 골을 먹고 끌려가기 시작했습니다. 자기들이 한 골을 앞서자 그때부터 중동팀 선수들이 좀 과장해서 말하자면 우리 선수들의 그림자만 지나가도 운동장에 드러누워 시간을 끕니다. 그러다가 후반 막판 종료 3분을 남기고 어찌어찌 우리 팀이 두 골을 넣어서 전세가 역전되었습니다. 그때서야 다급하게 다시 열심을 내는 중동선수들을 보면서 그들이 그동안 운동장에 드러누워 흘려보냈던 그 시간이 과연 누구의 시간을 날려 버린 것인지 좀 우습기도 하고 한 편으로는 짠한 생각도 들었습니다. 예수님을 만난 뒤 바울의 황당해 하는 모습이 그 중동팀 축구선수들과 한 번씩 오버랩(overlap)되어 웃음이 날 때가 있습니다. 바울은 한때 열심히 주워 모았던 그 빛나는 트로피를 한 순간에 모두 다 포기했습니다. 그 모든 것들이 "다" 손해(부채)라는 것을 깨달았기 때문입니다. "모든 것(8절)"이 다 손해라는 말은 그것들이 다 한낱 '똥 덩어리'에 지나지 않는다는 것을 말하는 것입니다. 그리스도는 땅 속에 감추어진 보화와 같습니다. 그 보화를 제대로 본 사람들은 인간의 빛나는 트로피를 더 이상 자산으로 여기지 않습니다. 자산인 줄 알았던 것들이 그리스도를 알고 난 뒤에 보면 모두 다 부채라는 것을 깨닫게 됩니다. 왜냐하면 이 모든 것들이 '그리스도를 아는 지식', 그리스도의 영광을 막을 가능성이 있기 때문입니다. 바울은 그 모든 것들을 다 배설물(똥)로 여긴다고 고백합니다.

"어디쯤 가고 있을까?"

첫사랑의 추억을 말하려는 것이 아닙니다. 혹시 몇 년 전 어느 불금 저녁에 통닭을 먹고, 다음 날 변비로 몹시 고생하며 힘들게 싼 똥, 그 똥이 어디로 가서 무엇을 하고 있는지 지금 궁금해 죽겠습니까? 바울은 자랑스럽던 자산 목록이 사실은 구린내 나는 똥 덩어리였다고 고백합니다. 똥 덩어리는 얼른 화장실로 가서 미련 없이 힘주어 내버려야 합니다. 똥을 몸속에 오~래 담아 두면 정말 심각한 문제가 생길 수 있습니다. 똥은 미련 없이 시원하게 싸야 하는 것이고, 한 번 몸 밖으로 밀어내 버린 똥을 괜히 그리워하거나 궁금해 할 필요는 없습니다. 이미 싸버린 똥에 미련을 갖고 애태우는 사람은 멍청이이거나 아니면 정신 나간 사람일 것입니다. 내친 김에 시원하게 똥 싸는 연습 좀 하고 가겠습니다.

(응가송: 유투브의 아래 주소에 가서 노래를 직접 들어 보십시오.)

https://youtu.be/UcIsNNIvsXQ

https://youtu.be/rAbraZcDGzQ

바울은 더 이상 '싸버린 똥'에 관심이 없다고 고백합니다. 바울이 숱하게 당했던 고난과 그의 희생은 그와 그리스도와의 관계가 얼마나 깊은 것인지를 짐작케 합니다. 성도들은 바울처럼 오직 그리스도 안에서 정체성을 찾아야 합니다. 세속적인 명함은 더 이상 예수 믿는 우리를 규정하지 못합니다. 신앙생활은 인생의 모든 과정이지 한 순간의 이벤트가 아닙니다(빌 3:12–14, "계속 달려가노라"). 그리스도를 알고, 그리스도 안에서 발견되고, 그리스도를 얻는 것이 '세상의 모든 것'보다 훨씬 더 귀하다는 것을 바울도 뒤늦게 알았던 것입니다. 그리스도는 우리 생명의 주인이십니다. 그러기에 무한한 가치를 지니신 분이십니다. 그러므로 세상의 모든 트로피는 예수 그리스도에 비하면 한낱 똥 덩이에 지나지 않는 것들입니다. 8절, "잃어버리고, 배설물로 여기고"라는 말은 손해 본 것이 아니라 오히려 '아주 훌륭한 제거(영적인 군살 제거)'라는 뜻을 담고 있습니다. 그러므로 바울처럼 우리도 그리스도를 아는 것의 초월적인 위대함을 깨달아야 합니다. 내게 유익한 것들이 다 주님께 유익한 것은 아닙니다. 그리스도인의 뒤바뀐 가치관으로 보면 ①–⑦의 목록들은 모두 다 엄청난 손해입니다. "가장 고상함"이라는 말은 '굉장한 이익'이라는 뜻입니다. 곧 주 예수 그리스도를 가리킵니다. 예수님을 만나 가치관이 뒤바뀐 성도, 그들의 자산(이익) 목록은 다음과 같습니다.

① 구원에 이르는 지식(8절, 그리스도와의 관계에 대한 지식)

8절의 "모든 것을 잃어버리고"에서 '모든 것' 속에는 어쩌면 바울의 아내도 포함되었을 것입니다. F. F. 브루스는, 바울이 기독교로 개종하는 과정에서 이혼당했을 가능성이 높다고 보고 있습니다. 고린도전서 7장에서 바울은 결혼과 이혼에 대해 자세히 가르치고 있습니다. 바울은 고린도전서 7장 15절에서 "믿지 않는 배우자가 이혼을 요구하면 이혼하라"

는 지침을 내려 주고 있습니다. 브루스는 이 지침도 바울 자신의 경험에서 비롯된 것이라고 봅니다. 바울은 분명히 결혼했었는데, 당시 유대교에서 배우자가 이단이 되면, 그것이 이혼 청구 사유가 되었다는 것이고, 한때 열렬한 랍비였던 바울이 기독교로 개종하여 한 순간에 열렬한 이단이 되자 그 아내가 이혼을 청구해서 결국 이혼을 당했을 것이라는 것입니다. 요약하면, 바울은 '그리스도를 알기 위해, 아내도 잃었다'는 것입니다.

"어디쯤 가고 있을까?"

이런 바울을 보면서 아직도 싸버린 똥이 궁금하십니까? 하나님의 의로움(義)이 유일한 천국 비자임을 잊지 마십시오.

빌 3:9 그 안에서 발견되려 함이니 내가 가진 의는 율법에서 난 것이 아니요 오직 그리스도를 믿음으로 말미암은 것이니 곧 믿음으로 하나님께로부터 난 의라.

그리스도를 믿으면 그리스도를 얻습니다. 그리스도를 얻으면 그리스도 안으로 들어가게 됩니다. "그리스도 안에서"라는 표현이 바울 서신에 무려 75회나 등장하는데, 그 깊은 이유를 잘 묵상해 보아야 할 것입니다.

갈 2:20 내가 그리스도와 함께 십자가에 못 박혔나니 그런즉 이제는 내가 사는 것이 아니요 오직 내 안에 그리스도께서 사시는 것이라. 이제 내가 육체 가운데 사는 것은 나를 사랑하사 나를 위하여 자기 자신을 버리신 하나님의 아들을 믿는 믿음 안에서 사는 것이라.

바울의 이 고백을 요약하면 이렇습니다.

나는 죽었다.
죽었던 내 안에
그리스도께서 사신다.
나 지금, 예수 믿는
믿음 안에서 덤으로 산다.

9절의 "발견됨"은 '믿음으로 예수 그리스도의 의로움을 획득한다'는 뜻입니다. 그리스도를 얻기 위해 얼마나 애쓰고 있습니까? 일과 텔레비전에 빠져 몹시 분주한 일상에서 그리스도를 더 알기 위해 기도하고 성경을 묵상하는 짬을 얼마나 자주 내고 있습니까? 지금 예수님 안에서 발견되는 삶을 살고 있습니까? 예수님과 열심히 동행하는 삶입니까?

② 믿음으로 의로움을 얻음(9절)

믿음은 그리스도께 생명과 삶의 주권을 넘겨 드리는 것입니다. 주인 되신 예수님과의 지속적인 신뢰 안에서 천국에 들어갈 수 있습니다. 기독교 복음의 핵심은 회개한 죄인의 죄가 그리스도께 넘어가고(전가 轉嫁), 그리스도의 의로움이 회개한 죄인에게 넘어온다는 것(전가)입니다. 이 의로움이 바로 천국 비자입니다. 이것은 위조 여권이 아닙니다. 의로움은, 하나님과의 바른 관계를 보장합니다. 하나님 앞에 두려움 없이 서게 합니다(요일 4:18). 이 의로움은 인간의 노력으로 획득하는 것이 아니라 오직 믿음으로 받아들이는 은혜의 선물입니다. 믿음으로 죄인이 의롭다함을 받고 하나님께 받아들여집니다. 신학 용어로 이것을 '이신칭의(以信稱義)'라 합니다. 전혀 의롭지 못한 죄인들이 예수님을 구주로 '믿음으로 의롭다고 일컬음을 받는다'는 것입니다. 하나님의 의로움을 믿음으로 받아들이는 것입니다. 한때 바울이 자랑스러워했던 빛나는 트로피들은 율법(인간의 노력)에서 난 인간의 의로움이었습니다. 그 의로움으로는 천국 문에 들어설 수 없습니다. 그리스도인의 의(義)는 그리스도를 믿어서 은혜로 얻는 하늘의 의로움입니다. 그러므로 내 자신의 의로움과 그리스도의 의로움 가운데 하나를 선택해야 합니다. 혹시 바울은 바보 아닌가? 이렇게 생각할 사람들도 있겠지만, 짐 엘리엇은 "바울은 바보가 아니라"고 했습니다. 바울은 어느 것이 영원한 의(義)인가? 어느 것이 진짜 하늘에서 통하는 의인가를 누구보다도 잘 알고 있었기 때문입니다.

"세상의 트로피(명함)는 위조 여권"

바울은 한때 율법 안에서 열심히 최고의 삶을 살았습니다(6절). 왜냐하면 그때는 그리스도의 의를 몰랐기 때문입니다.

빌 3:10 내가 그리스도와 그 부활의 권능과 그 고난에 참여함을 알고자 하여 그의 죽으심을 본받아

그러나 그는 이제 '그리스도 안에 사는 삶'이 얼마나 영광스러운지를 알게 되었습니다.

③ 권능으로 성화됨(10절)

신앙인으로 자라 가는 일이 만만치 않습니다. 우리 육체가 죄로 약해졌기 때문이기도 하고, 마귀의 강한 권세가 여전히 활동하고 있기 때문입니다. 그러기에 성도가 하나님의 성숙한 자녀로 점점 자라 가기 위해서는 성령 하나님께서 주시는 권능이 있어야 합니다. 성령의 권능으로 마귀의 유혹과 싸울 힘을 얻을 수 있습니다.

④ 고난에 동참(10절, 그리스도와 교제).

고난에 동참함으로 부활의 권능을 누릴 수 있습니다. 고난에 동참한

다는 것은 믿음으로 그리스도의 죽으심에 동참한다는 것입니다. 예수님의 죽으심을 본받음으로 부활의 권능을 맛볼 수 있습니다.

"고난은 그리스도인을 그리스도께로 인도하는 안내자"

우리는 고난과 역경의 날에 주님의 살아 계심을 더 생생하게 확인할 수 있습니다. 우리는 삶의 어려움, 비극, 역풍, 후퇴, 슬픔의 날에 함께하시는 주님을 더 깊이 만날 수 있습니다. 역경의 깊은 물, 흐릿한 전망, 어둠의 날에 우리는 예수님을 더욱 또렷하게 볼 수 있습니다. 부활의 권능을 경험함으로써 예수님을 만날 수 있습니다. 그런데 그 부활의 권능은 늘 고난의 강 건너편에 있습니다.

단 3:24-26 그때에 느부갓네살 왕이 놀라 급히 일어나서 모사들에게 물어 이르되 우리가 결박하여 불 가운데에 던진 자는 세 사람이 아니었느냐 하니 그들이 왕에게 대답하여 이르되 왕이여 옳소이다 하더라. 왕이 또 말하여 이르되 내가 보니 결박되지 아니한 네 사람이 불 가운데로 다니는데 상하지도 아니하였고 그 넷째의 모양은 신들의 아들과 같도다 하고 느부갓네살이 맹렬히 타는 풀무불 아귀 가까이 가서 불러 이르되 지극히 높으신 하나님의 종 사드락, 메삭, 아벳느고야 나와서 이리로 오라 하매 사드락과 메삭과 아벳느고가 불 가운데에서 나온지라.

다니엘과 두 친구는 쇳물이 펄펄 끓는 용광로 속에서 성육신하기 전의 예수님을 만났습니다. 그들이 용광로에 들어가지 않았다면 주님을 만나는 영광은 누릴 수 없었을 것입니다.

마 16:22-23 베드로가 예수를 붙들고 항변하여 이르되 주여 그리 마옵소서 이 일이 결코 주에게 미치지 아니하리이다. 예수께서 돌이키시며 베드로에게 이르시되 사탄아 내 뒤로 물러 가라. 너는 나를 넘어지게 하는 자로다. 네가 하나님의 일을 생각하지 아니하고 도리어 사람의 일을 생각하는도다.

인용한 말씀에서 '하나님의 일'은 '십자가를 지는 것'입니다. '사람의 일'은 예수님 덕에 제 밥그릇이나 키우려는 태도를 가리킵니다. 수난을 통해 성도들은 예수님(의 능력)을 더 깊이 알 수 있습니다. 수난의 날에 기뻐할 수 있는 사람은 오직 그리스도인 밖에 없습니다. 수난의 날에 하나님께 더 가까이하는 것이 성도가 누릴 수 있는 최고의 복입니다. 노력해서 얻는 인간의 의는 똥 같은 것입니다. 그리스도를 믿음으로 하나님으로부터 선물로 내려오는 의(義)가 바로 천국 비자입니다. 그리스도의 고난에 동참하고 부활의 권능을 아는 것, 그것이 성도의 영광입니다. 10절의 "안다"는 말은 헬라어로 '기노스코'인데 '계속 경험하면서 알아 간다'는 뜻입니다. 결혼한 부부가 함께 살아가면서 서로를 더 깊이 알아 가듯이, 생애 전체를 통하여 지속적으로 그리스도와 함께 살아가면서 얻는 신령한 지혜를 가리킵니다. 단지 지식적으로만 아는 것이 아니라 그리스도를 생생하게 경험하는 것을 말합니다. 왜냐하면 고난이 바로 부활의 통로가 되기 때문입니다. 그러므로 신자의 고난은 오직 신자만 누릴 수 있는 특권임을 알아야 합니다. 하나님과의 이런 관계를 마음에 두면 큰 위안이 오고 점차 그리스도의 형상에 동화되어 갈 것입니다. 부활은 죄와 죽음을 정복했다는 장엄한 선언입니다. 부활은 '죽음의 죽음'입니다. 10절의 "참여함"은 더 이상 죄 된 본성에 종노릇하지 않고, 더 이상 심판과 죽음에 대한 두려움으로 살지 않고, 그리스도 안에서, 죄의 권세로부터 구원받고 자유를 경험하는 것을 말합니다. 그리스도께서 십자가에서 하신 일을 온전히 신뢰함으로 우리는 하나님 나라를 상속하게 됩니다. 그리스도의 고난에 동참하는 것이 곧 그리스도와 동일시되는 것입니다. 그리스도에 관한 모든 것을 믿음으로 받아들이면 자랑스러운 트로피를 다 포기할 수 있습니다(2:5-11). 성도들은 예수님처럼 겸손하게 살며 죽기까지 하나님께 복종합니다. 그리스도인은 그리스도의 삶에서 오직 나에게 좋고 행복한 면만 수용하지 않습니다. 그리스도와 온전히 연합하는 목적(3:11)은 부활 소망을 갖기 위함입니다. '부활(성도를 부활시키는 것)'은 하나님의 의무이고, 성도인 우리의 의무는 '믿음'입니다. 우리가 예수님을 구주와 주로 믿으면 하나님께서 부활의 영광으로 우리를 이끌어 주십니다. 바울의 어리석어 보이는 희생이야말로 그리스도를 향한 아름다운 사랑의 표현임을 알 수 있습니다. 그는 예수 그리스도의 고난에 동참하고 싶다고 고백합니다. 왜냐하면 죽지 않으면 부활은 없기 때문입니다.

빌 3:11 어떻게 해서든지 죽은 자 가운데서 부활에 이르려 하노니

"어떻게 해서든지"라는 말은 "할 수만 있다면"이라는 뜻인데 여기서 바울의 겸손을 확인할 수 있습니다. 성도들은 고난을 통해 거룩하게 되고(성화), 고난을 통해 영화롭게 됩니다(영화). '영화(榮化)'는 '그리스도의 영광을 공유하는 것'입니다.

⑤ 부활의 영광(11절, 영화)

부활은 그리스도의 능력을 무한대로 과시한 것입니다. 부활은 마귀가 쓰는 최종 무기인 죽음이 무력하다는 것을 증명한 것입니다. 그 무한한 능력으로 하나님은 바울을 구원하셨고, 우리들 한 사람 한 사람을 구원하셨습니다. 그래서 바울은 그 부활의 능력을 충만히 경험하기 원한다고 고백합니다. 사랑의 동기, 구원의 소망은 모든 성도의 한결같은 꿈입니다. 그렇다면 그리스도와의 관계에서 바울은 슈퍼 사도, 슈퍼 그리스도라는 말인가? 아닙니다. 12-14절에서 바울은 자기는 아직 멀었다고, 아

직 갈 길이 멀다고 겸손히 고백합니다.

"영원에 비추어 볼 때, 이 세상의 삶은, 싸구려 호텔에서의 불편한 잠자리에 지나지 않는다." – 테레사 수녀

3장에서 바울은 빌립보교회를 격려합니다. 1–11절에서 구주 그리스도를 알아 가는 것이 무엇인지를 가르치고, 12–21절에서는 더 친밀하게 개인적으로 더 깊이 알아 가는 것에 대해 설명합니다. 지금 갖고 계신 핸드폰 속 전화번호부에 있는 모든 사람을 속속들이 다 아십니까? 그 한 사람 한 사람을 얼마나 깊이 알고 계십니까? 8–9절에서 바울은 그리스도를 '안다'고 했습니다. 10–11절에서는 그것으로 만족하지 않고 더 깊이 더 친밀하게 그리스도를 '알아 가고 싶다'고 합니다. 그리스도를 알아 가는 세 가지 방법을 이야기했습니다.

(1) 그리스도의 능력에 기대야 한다(10절)고 했습니다. "하나님이 우리 안에서, 우리를 통해 일하시기 때문에 내 힘을 의지하지 않는다"고 했습니다.

(2) 예수님의 고난을 통해 배운다(10절)는 것입니다. 고난당할 때, 우리는 그리스도의 동역자가 됩니다. 고난은 이 세상에 대한 애착을 버리고 영원에 가치를 두게 합니다.

(3) 예수님의 계획을 따라 살아야(12–14절) 합니다. '소명감'이 있어야

합니다. 나의 이기적인 야망이 아니라, 내 삶에 대한 하나님의 고상한 계획을 따라 살아야 합니다. 인간이 모아 놓은 똥 덩어리들은 비록 그것이 금빛과 비슷해도, 하나님의 눈에는 아무것도 아닙니다. 의로움은 오직 그리스도를 믿는 믿음으로만 가능합니다. 모든 일에 오직 그리스도를 알기 위해서 애쓰고, 영적 성숙이라는 목표를 향해 계속 달려가야만 합니다. 왜냐하면 그리스도를 통한 하나님과의 깊은 관계가 바로 인간의 궁극적인 소망이기 때문입니다. 그리스도를 아는 일에 초점을 맞추고 내 삶에 대한 그분의 뜻을 성취시키면, 이 세상에서 항시 큰 기쁨을 누리게 될 것입니다.

아래 질문에 답하면서 본문의 내용을 다시 정리해 보십시오.

(1) 교회 안에 어떤 거짓 가르침이 성도들을 미혹하고 있습니까? 왜 그렇습니까? 교회에서 그들을 어떻게 다루고 있습니까?

(2) 그동안 자랑스러워했던 육체의 명함은 어떤 것들입니까? 그리스도를 위해 그것들을 배설물로 여기십니까? 그런 태도가 삶에 어떤 변화를 일으키고 있습니까?

(3) 의(義)는 무엇입니까? 하나님 앞에서 의로워지는 방법은 무엇이라 생각하십니까? 지금, 하나님께서 당신을 의롭다고 할 것 같습니까? 그 이유는 무엇입니까?

(4) 꼭 이루고 싶은 인생의 목표가 무엇입니까? 바울의 목표와 비교해

그것이 어떻게 다릅니까?

⑸ 그리스도인인 당신을 본받으려는 사람이 있을 것 같습니까? 어떤 면에서 당신의 리더십이 나타나고 있습니까? 당신을 본받고자 하는 그 사람을 누군가에게 추천할 수 있습니까? 왜 그렇습니까? 아니라면 그 이유는 무엇입니까?

사랑하는 동역자 여러분!

선행으로 하나님의 호의를 얻으려는 몸짓(가짜 그리스도)을 그만두십시오.

십자가에서 대신 죽어 줄 만큼 당신을 사랑하신 그리스도께 감사하십시오.

주 안에서 기뻐하십시오.

지금 내 눈에 띄는 누군가의 필요를 채우기 위해 무언가를 내어 줌으로써 이 세상 것을 움켜쥔 손아귀의 힘을 어서 풀어 버리십시오.

믿음의 길에서 사람을 조심하십시오.

세속적인 명함을 자랑하지 마십시오.

똥을 모으려 애쓰지 마십시오. 싸버린 똥을 궁금해하지 마십시오.

그리스도와 연합하십시오.

참 신자가 되십시오.

눈을 감고 천국을 그려 보십시오. 장차 얼굴을 마주할 예수님을 그려

보십시오. 믿음 안에서 당신이 사랑하는 이들을, 하늘의 평화와 아름다움을 보십시오. 이제 미래에 대한 비전으로 삶의 우선순위를 변화시켜 달라고 하나님께 기도하십시오.

함께 기도합시다

하늘에 계신 하나님, 오랫동안 당신의 사랑을 얻기 위해 애써 왔습니다. 하지만 이제 나의 자랑거리가 다 배설물임을 깨닫습니다. 그것들은 주님과 바르게 관계 맺지 못하게 하는 것들이었습니다. 오직 나의 주 예수님만을 그리스도로 믿습니다. 나의 삶을 주님께 열어 드립니다. 내 삶의 고통과 고난이 바로, 주님과의 친밀한 관계에서 오는 깊은 만족과 기쁨을 찾게 만드는 초청장임을 이제 깨닫습니다. 오직 주님의 종으로 남은 삶을 살아가게 해 주십시오. 예수님의 이름으로 기도합니다. 아멘.

그러나

무엇이든지 내게 유익하던 것을

내가 그리스도를 위하여

다 해로 여길뿐더러

또한 모든 것을 해로 여김은

내 주 그리스도 예수를 아는 지식이

가장 고상하기 때문이라.

_빌 3:7-8

12내가 이미 얻었다 함도 아니요 온전히 이루었다 함도 아니라 오직 내가 그리
스도 예수께 잡힌 바 된 그것을 잡으려고 달려가노라. 13형제들아 나는 아직 내
가 잡은 줄로 여기지 아니하고 오직 한 일 즉 뒤에 있는 것은 잊어버리고 앞에
있는 것을 잡으려고 14푯대를 향하여 그리스도 예수 안에서 하나님이 위에서
부르신 부름의 상을 위하여 달려가노라. 15그러므로 누구든지 우리 온전히 이
룬 자들은 이렇게 생각할지니 만일 어떤 일에 너희가 달리 생각하면 하나님이
이것도 너희에게 나타내시리라. 16오직 우리가 어디까지 이르렀든지 그대로 행
할 것이라. 17형제들아 너희는 함께 나를 본받으라. 그리고 너희가 우리를 본받
은 것처럼 그와 같이 행하는 자들을 눈여겨보라. 18내가 여러 번 너희에게 말
하였거니와 이제도 눈물을 흘리며 말하노니 여러 사람들이 그리스도의 십자가
의 원수로 행하느니라. 19그들의 마침은 멸망이요 그들의 신은 배요 그 영광은
그들의 부끄러움에 있고 땅의 일을 생각하는 자라. 20그러나 우리의 시민권은
하늘에 있는지라. 거기로부터 구원하는 자 곧 주 예수 그리스도를 기다리노니
21그는 만물을 자기에게 복종하게 하실 수 있는 자의 역사로 우리의 낮은 몸을
자기 영광의 몸의 형체와 같이 변하게 하시리라.

빌립보서 3장 12-21절

푯대를 향하여 달려가노라

빌립보서 3장 12-21절

예수님 안에 있습니까? 그래서 기쁘십니까? 그 이유가 무엇입니까?

빌립보서 3장 앞부분에서 그리스도를 아는 지식이 가장 귀하기 때문에 세상의 빛나는 트로피는 똥 덩이와 같다고 했습니다. 그렇다면, 이토록 눈부시게 신앙을 고백하는 바울은 슈퍼 사도이고, 슈퍼 그리스도인이라는 말입니까? 아닙니다. 듣는 사람들이 바울의 말을 오해할 가능성이 있었기 때문에, 이어지는 3장 후반부에서 바울은 "그렇지 않다, 나도 아직 멀었다(12-14절)"고 고백합니다. 무엇보다도 바울이 예수 믿는 우리를 기죽이고 주눅 들게 하려고 그런 말을 한 것은 아니라는 것을 알아야 합니다.

[12-16절, 은혜 안에 사는 이들의 줄기찬 경주]

그리스도를 알면 경건한 동기로 일하게 됩니다. 본문에서 바울은 상 받기 위한 전제 조건을 마라톤에 비유하여 설명합니다. 큰 흐름을 먼저 정리한 다음 본문을 좀 자세히 살펴보도록 하겠습니다.

① 주제 파악(12절): 바울은 완벽한 사람이 아닙니다. 그러기에 그에게는 신앙인으로서 여전히 영적인 성장 욕구가 있었습니다. 그 역시 죄의 유혹과 계속 투쟁하면서 계속 자라 가야만 하는 사람입니다. 영적인 사람도 육적인 사람처럼 계속 자라 가야 합니다. 그래서 "아직 아니다"라는 말을 두 번이나 되풀이합니다. 아직 갈 길이 멀다는 것입니다. 계속 전진하는 신앙이 아름답습니다. 죄에 대해 아주 예민한 감각이 있어야 하나님 앞에 겸손할 수 있습니다.

② 전력 질주(12절): 하나님께 전적으로 맡기면서 노력하고 싸워야 합니다. 평생 예수님 닮기를 힘써야 합니다. 구원시켜 주신 목적에 걸맞는 삶의 열매가 있어야 합니다.

③ 선택과 집중(13절): 초점과 방향 잃은 전력 질주는 무모하고 허망합니다. 너무 분주하고 복잡한 삶(시 1:4 참조)을 살면 목표를 잃을 가능성이 있습니다. 성도의 유일한 목표는 그리스도입니다. 그리스도를 따르는 삶을 살아야 합니다.

④ 적절한 동기 부여(14절): 14절이 이 단락의 핵심입니다. 금메달은

오직 하나밖에 없습니다. 골인 지점이 가까워 올수록 더욱더 힘을 내서 달려야 합니다. 그래야 의(義)의 면류관을 받을 수 있습니다. 그리스도와 같은 관점, 같은 생각으로 행동해야 면류관을 받을 수 있습니다.

⑤ 적절한 생각(15절): 그리스도처럼 생각하며 살아야 합니다. "온전히 이룬 자"라는 말은 거짓 교사들(열광주의자, 요즘의 구원파)를 풍자하기 위해 바울이 그들의 말을 흉내 내서 쓴 것입니다. 왜냐하면 그들은 자기들이 완전하다고 주장하기 때문입니다. "누구든지"라는 말은 오직 바울만 달리는 것이 아니라는 것, 곧 모든 성도가 다 똑같은 신앙의 경주자라는 뜻입니다. "너희가 달리 생각하면"이라는 말은, 그렇다고 모든 그리스도인이 다 바울처럼 열심히 달리는 것은 아니라는 말입니다. 만일 누군가가 바울의 권면을 듣기 싫어하면 하나님이 그들에게 직접 말씀하실 것임을 경고합니다.

⑥ 일관성, 한결같음(16절): 각자 자기에게 주어진 주로(走路)에서 달리되 경기 규칙을 잘 지켜야 합니다.

[① 주제 파악]

빌 3:12 내가 이미 얻었다 함도 아니요 온전히 이루었다 함도 아니라 오직 내가 그리스도 예수께 잡힌 바 된 그것을 잡으려고

[② **전력 질주**]

빌 3:12 달려가노라.

빌립보교회에 영광의 신학(요즘의 구원파)이 침투한 듯합니다. 스스로 '완성된 그리스도인'이라 주장하며 날뛰는 사람들이 있었던 것 같습니다. 이런 사람들을 향해 바울은 "나도 아직 멀었다"고 말합니다. "아니요, 아니라"라는 부정적 진술을 거듭하면서 그들을 엄히 책망합니다. "나는 아직 ……을 얻지 못했다. 완성된 것도 아니라"고 말합니다. 자기는 아직 부활의 권능을 다 알지 못하고 있으며 그 부활에 온전히 이르지도 못했다고 고백합니다. 성도는 그리스도 안에 있는 믿음을 통한 의로움으로 죽음으로부터의 부활을 누리게 됩니다. "달려가노라"라는 말을 12, 14절에서 두 번이나 쓰는 이유가 바로 그것입니다. 부정적인 진술 후에 긍정적인 진술을 내놓는 수사학 기법을 써서 메시지의 긴장감을 높입니다. "달려가노라"라는 말은 하나님 안에서 하는 영적인 경주를 가리킵니다. 함부로 오해하지 마십시오. 하나님의 의(義)는 노력의 결과물이 아닙니다. 그것은 믿음을 통해 오는 하나님의 선물입니다. 이 의로움이 있어야만 부활에 참여할 수 있습니다.

빌 3:20-21 그러나 우리의 시민권은 하늘에 있는지라. 거기로부터 구원하는 자 곧 주 예수 그리스도를 기다리노니 그는 만물을 자기에게 복종하게 하실 수 있는 자의 역사로 우리의 낮은 몸을 자기 영광의 몸의 형체와 같이 변하게 하시리라.

롬 3:23 모든 사람이 죄를 범하였으매 하나님의 영광에 이르지 못하더니

히 9:28 이와 같이 그리스도도 많은 사람의 죄를 담당하시려고 단번에 드리신 바 되셨고 구원에 이르게 하기 위하여 죄와 상관없이 자기를 바라는 자들에게 두 번째 나타나시리라.

부활은 재림 때 성취될 소망이기에 우리에게 아직 오지 않았습니다. 구원파와 같은 열광주의자들은 예수 믿으면 그 순간 완전한 신자가 된다고 착각합니다. 구청에 혼인신고서 한 장 달랑 접수시키면 사실혼 관계가 전혀 없이도 그것으로 결혼생활이 완성된 것이라고 생각하는 것만큼이나 어리석은 생각입니다. 위대한 신앙인 사도 바울의 고백을 보십시오. "나는 아직 완전한 그리스도인이 아니다." 그는 이렇게 고백합니다. 성숙한 신자는 '온전한 수준에 도달한 사람이 아니라 온전을 추구하는 자'임을 알아야 합니다. 다 큰 사람도 계속 밥을 먹어야 하는 것과 같은 이치입니다.

[③ 선택과 집중]

빌 3:13 형제들아 나는 아직 내가 잡은 줄로 여기지 아니하고 오직 한 일 즉 뒤에 있는 것은 잊어버리고 앞에 있는 것을 잡으려고

"아직 도착하지 못했다(not yet arriving)"고 고백합니다. 역시 부정적인 진술 다음에 긍정적인 진술을 하면서 수사학적인 기교를 발휘하고 있습니다. "한 일(this one thing)"은 운동선수의 월계관을 가리킵니다. 과거에 받은 면류관(업적)은 잊어버리고 계속 앞으로 더 달려 나간다는 뜻입니다. "이래 봬도 나도 왕년에는 잘 믿었다오. 주일학교 교사도 하고, 또 무엇무엇도 했지요." 이런 말을 하면서 지금은 신앙생활을 전혀 하지 않는 이들이 꽤 많습니다. "나도 왕년에~" 이런 말은 그저 마귀의 승전가일 뿐입니다.

"현재와 미래에 초점을 맞춘다. (중략) 물론 과거는 오늘날의 우리가 만들었다는 점에서 무척 중요하지만, 그렇다고 미래까지 결정하도록 내버려 두어서는 안 된다. 과거를 있는 그대로 받아들이되 계속해서 변화해 나가도록 이끈다."

–빌 오한론의 『해결 중심 치료로 상처 치유하기』

한 일, 곧 뒤에 있는 것은 잊어버리고 그 다음에는 무엇을 한다는 것입니까? '앞에 있는 것을 잡으려고' 계속 달려간다고 합니다. 눈앞의 무엇을 잡으려고 달려간다는 것입니까? "그리스도 예수께 잡힌바 된 것(12절), 앞에 있는 것(13절), 부름의 상(14절)"을 붙잡으려고 열심히 내달린다는 것입니다.

④ 적절한 동기 부여

빌 3:14 푯대를 향하여 그리스도 예수 안에서 하나님이 위에서 부르신 부름의 상을 위하여 달려가노라.

푯대를 향하여 달려간다.

바울의 이 표현은 마라톤 경기를 연상케 합니다. 그 먼 거리를 다 달려서 이제 막 운동장으로 들어선 마라톤 선수가 마지막 결승선을 향해 열심히 달리는 장면을 연상시킵니다. 그대로 계속 달려서 제일 먼저 결승 테이프를 끊으면 금메달을 목에 걸 수 있습니다. "푯대"는 결승선이고, "부름의 상"은 '소명'입니다. 신앙생활은 계속 달리는 것입니다. 쉬지 않고 계속 달리는(현재진행형) 과정입니다. 신앙생활은 그래서 마라톤과 비슷합니다. 중간 지점에서 잠시 선두에 나선 이가 반드시 우승하라는 법은 없습니다. 중간에 좀 뒤쳐졌던 사람이 우승하지 말라는 법도 없습니다. 누가 끝까지 꾸준하게 달리느냐가 더 중요합니다. 소명을 이루기 위해 끝까지 전력 질주하는 삶, 그것이 신앙생활입니다.

> **딤후 4:7–8** 나는 선한 싸움을 싸우고 나의 달려갈 길을 마치고 믿음을 지켰으니 이제 후로는 나를 위하여 의의 면류관이 예비되었으므로 주 곧 의로우신 재판장이 그날에 내게 주실 것이며 내게만 아니라 주의 나타나심을 사모하는 모든 자에게도니라.

마라톤 풀코스를 완주하기가 결코 쉬운 일은 아닙니다. 골인 지점에 도착할 때까지 수많은 방해 요소(장애물)가 있습니다. 그것을 모두 다 이겨 내야 완주할 수 있습니다. 한때 교회의 원수였던 바울을 하나님께서 부르신 목적이 있었습니다. 바울은 그 목표를 이루어 드리기 위해 내내 열심히 달렸고, 최선을 다해 지금도 달리고 있으며, 앞으로도 그럴 것이라고 고백하고 있습니다. 지난날의 성공(또는 실패)은 뒤로하고, 현재의 상황도 개의치 않고, 위에서 부르신 부름의 상을 위해 그 무엇도 방해하지 못하게 계속 달려 나가겠다고 다짐합니다. 13절에서 "뒤에 있는 것은 잊어버린다"고 했습니다. 과거는 마치 쇠사슬 달린 쇠공과 같습니다. 그런 족쇄가 달리면 쉽게 전진하지 못합니다. 지난날 소홀히 했던 것을 마냥 후회하고 앉아 있으면 한 걸음도 전진할 수 없습니다. 바울의 과거는 어떻습니까? 그는 교회를 박해한 자였고, 예수님을 대적하던 자였습니다. 예수님의 원수였습니다. 만일 바울이 계속 이것만 생각하고 있었다면, 그는 사도의 직임을 제대로 감당하지 못했을 것입니다. 우리 모두 바울처럼 후회스런 과거가 있습니다. 우리 모두 하나님 앞에 아주 고약한 전과자들입니다. 사람은 마지막 순간에 "껄 껄 껄" 하며 죽는다고 합니다.

아, 그때 그러지 말 걸(껄).

그렇게 말하지 말 걸(껄).

그때 그런 선택을 하지 말 걸(껄).

이렇게 후회 속에 마지막 숨을 거둔다는 것입니다. 하지만 후회스런 과거에 붙들리면 하나님이 우리를 통해 긍정적인 일을 할 수 있다고 믿는 믿음에 큰 상처가 나게 됩니다. 한없이 낙심하게 됩니다. 마귀가 성도를 지속적으로 공격하면서 쓰는 전략이 바로, 끊임없이 과거에 매달리게 하여 낙심시키는 것임을 잊지 말아야 합니다.

약 1:13–14 사람이 시험을 받을 때에 내가 하나님께 시험을 받는다 하지 말지니 하나님은 악에게 시험을 받지도 아니하시고 친히 아무도 시험하지 아니하시느니라. 오직 각 사람이 시험을 받는 것은 자기 욕심에 끌려 미혹됨이니 그리스도와 가까이 하지 못하게 하여 주님과 함께 걷지 못하게 하는 가장 좋은 방법은 성도를 무력하게 만드는 것입니다. 우리가 꼭 기억해야만 할 것은 하나님이 우리를 시험하시는 것이 아니라는 것입니다(약 1:13-14). 그러므로 우리 스스로의 힘으로 뭔가를 썩 잘할 수 있다고 착각하는 것이 이미 마귀의 전략에 넘어간 것일 수도 있습니다. 나쁜 결정은 나쁜 열매를 맺습니다. 그러므로 자만하지도 말고 멈추지도 말고 계속 달려가야 합니다.

"목표를 향해 꾸준히 끝까지 달려라! (계속 페달을 밟아라!)"

"Keep on running!"

사도 바울의 권면입니다. 우리가 그리스도의 권능(10절)에 기대고, 그의 고통(10절)으로부터 배우고, 그의 계획(12-14절) 속에 항상 머물 때, 그리스도께 좀 더 가까이 자라 가게 됩니다. 지금 누구를 위해 달리고 있습니까? 나 자신입니까 예수 그리스도입니까? 주님 앞에 설 때 어떤 상을 받고 싶습니까? 신앙의 경주에 어떤 장애물이 있으며, 주로 어떤 장애물에 걸려 넘어집니까? 넘어질 때마다 어떻게 다시 일어나십니까? 결코 주저앉아 있지 말고 용기를 내어 다시 일어서서 목표를 향해 끝까지 달리도록 하십시오. 힘들고 지칠 때마다 성령 하나님께서 도와주실 것을 굳게 믿고 계속 달려 나가십시오.

[15-21절, 그래서 어쩌라고?]

이 단락에서는 위에서 부르신 부름(소명)에 비추어 사는 법을 가르칩니다. 12, 14절에서 계속 페달을 밟는다고 고백했습니다. 바울은 이것을 두 번이나 강조합니다. "아직 도착하지 못했다." "온전히 이루지도 못했다." 그래서 지금도 계속 달린다는 것입니다. 바울의 이런 태도는 빌립보교회에 큰 충격이었을 것입니다. 특히 교회 안에 숨어서 활약하고 있던 열광주의자들(구원파)은 더 큰 충격을 받았을 것입니다. 그러나 아무리 이렇게 이야기해도 모든 사람들이 다 바울처럼 내달리는 것은 아닙니다. 교회 안에 마귀가 뿌려 놓은 가라지들이 많기 때문입니다.

⑤ 적절한 생각

빌 3:15 그러므로 누구든지 우리 온전히 이룬 자들은 이렇게 생각할지니 만일 어떤 일에 너희가 달리 생각하면 하나님이 이것도 너희에게 나타내시리라.

열광주의자들을 겨냥하여 어떤 상황을 가정하고 이야기를 계속합니다. 만일, 온전히 이루었다는 생각을 고집하며 바울의 말을 거역하는 이들이 있다면, 하나님께서 그들을 손수 다스리실 것이라는 것입니다. 명심하십시오. 그리스도인의 온전함은 말 그대로의 온전함이 아니라, '자신의 불완전함을 인식하고 하나님 앞에서 계속 노력하는 것'입니다. 15-16절의 "우리"라는 말로, 이런 가정 상황 속에 바울 자신도 겸손히 포함시키고 있습니다. 겸손하게 독자의 한 사람으로서 자신에게도 말하는 형식을 취한 것입니다. 요한서신이나, 히브리서에서 성경 기자들은 직접 명령이 아닌 권면 형식의 '돌려 말하기' 화법을 자주 씁니다. 이에 반해 바울서신에서 바울은 주로 직설화법으로 명령하는 화법을 즐겨 씁니다. 그러나 15-16절에서는 목소리를 한껏 낮춰서 아주 부드럽게, '너희'와 함께 "우리"라는 말을 두 번씩이나 쓰며 어떻게든 빌립보 교인들을 달래고 설득하려는 의지를 내비칩니다. 이런 말투는 빌립보서에서 이 부분이 유일합니다. 아마도 이어지는 4장에서 아주 민감한 문제를 다뤄야 하기 때문에 이런 말투를 쓰지 않았을까 생각합니다. 갈등 관계에 있는 교회 지도자들에게 같은 마음을 품고 단합할 것을 권해야만 하는, 그다지 쉽지 않은 이야기를 꺼내야 하기 때문입니다. 그러므로 자기 자신을 포함한 모든 사람들에게, 함께 위에서 부른 부름의 상을 위해 달려가자고 권하고 있습니다. 15절의 "너희가 달리 생각하면 이것도 너희에게 나타내시리라"라는 말은 앞서 말씀 드린 바와 같이, 누군가가 바울의 생각에 동의하지 않는다면 이것도 또한 하나님이 적절하게 계시하실 것이라는 것입니다. 바울은 유오디아와 순두게의 불화(4:2)를 몹시 걱정하고 있었습니다. 왜냐하면 두 사람의 갈등은 매우 심각했기 때문입니다. 어쩌면 그 갈등은 멀리 로마 감옥에 갇혀 있는 바울에게까지 알려질 정도로 오래된 것이었을지도 모릅니다. 그래서 4장 1-2절을 기록하기에 앞서 일부러 먼저 '소명'에 대해 말하고 있습니다. 소명감에 기대어 '같은 마음'을 가지자고 설득하고 있습니다. 최대한 그들을 직접 비난하지도, 책망하지도 않으면서, 위에서 부르신 하나님의 뜻(소명)에 근거하여 갈등을 자연스럽게 해결하도록 유도합니다. 바울은 갈라디아 교회에 하듯이 직설 화법을 쓰지 않고, 15절에서 완곡어법을 씀으로써 4장 2절 말씀의 멍석을 미리 깔아 두려 하고 있습니다. "우리 이렇게 해 보자!", "이것도 나타내시리라"라는 말 속에는 위에서 부른 부름의 상을 향해 달려가는 바울의 삶의 초점이, 바울 자신의 창작이 아니라 하나님으로부터 온 '계시'임을 강조하려는 의지가 담겨 있습니다.

⑥ 일관성/한결같음

빌 3:16 오직 우리가 어디까지 이르렀든지 그대로 행할 것이라.

푯대는 오직 예수 그리스도이므로 내가 지금 1등하고 있다고 자만하지 말고, 또는 내가 지금 약간 뒤처져 있다고 낙심하지도 말고, 일관성을 가지고 꾸준히 계속 전진하자고 설득합니다. 사랑하는 동역자 여러분, 성숙은 항시 더 나은 성숙을 위한 새로운 출발점일 뿐임을 명심해야 합니다. 우리는 완성된 그리스도인이 아닙니다. 그리스도 안에서 온전한 성숙을 향해 계속 달려가야 하는 사람들입니다. 성숙한 신자들이 갈등을 푸는 유일한 방법은 하나님의 기준을 굳게 붙드는 것입니다. 다른 길은 없습니다.

[17-21절, 두 종류의 시민권]

상 받기 위한 과정을 말하고 있습니다. 상 받으려면 '그리스도를 닮아야' 합니다. 상 받으려면 ① 본을 따르고(17절), ② 거짓 교사를 경계하고(18-19절), ③ 소망에 초점을 맞춰야(20-21절) 합니다.

① 본을 따르라

빌 3:17 형제들아 너희는 함께 나를 본받으라. 그리고 너희가 우리를 본받은 것처럼 그와 같이 행하는 자들을 눈여겨보라.

나를 "본받으라"는 말이 강조되어 있습니다. "눈여겨보라"는 말은 투옥을 각오하고 십자가 정신으로 사는 바울과 같은 사람들을 본받으라는 것입니다. 표준새번역 성경에서는 17절을 조금 더 쉽게 이렇게 번역하고 있습니다.

여러분이 우리를 본보기로 삼은 것과 같이, 우리를 본받아 사는 사람들을 눈여겨보십시오.

바른 설교와 바른 삶, 이것이 지도자의 모습입니다. 설교의 힘은 하나님의 종으로서 하나님께 충성하는 설교자의 삶에서 나옵니다. 어느 교회에서 주일예배가 끝나고 광고시간에 목사가 광고를 하고 있는데, 느닷없이 담임 목사의 아내가 이불 보따리를 머리에 이고 강단 쪽으로 뛰어나가면서 "당신, 강단에서는 천사처럼 말을 참 잘하는데, 거두절미하고 우리 여기 강대상 아래서 이불 깔고 그냥 삽시다"라며 대들었답니다. 실화인지 아니면 누가 웃자고 지어낸 이야기인지는 모르겠으나, 목사의 설교와 삶의 관계가 어떠해야 하는지를 곱씹게 하는 이야기임은 분명합니다. 바울이 부활하신 예수님을 만나 기독교로 개종한 뒤 대략 30년의 세월이 흘렀습니다. 그 세월 동안 '죄인의 괴수'였던 그가 한없이 겸손한 자세로 이타적인 섬김의 삶을 살고, 복음을 위해 고난을 달게 받으며, 목숨을 걸고 헌신했습니다. 바울의 용기와, 영적인 성장을 위해 끊임없이 노력하는 자세가 정말 아름답습니다. 그리스도를 닮기 위한 그의 피나는 노력이 그의 편지 곳곳에서 돋보입니다. 인본주의와 상대주의(종교다원주의)가 판치는 세상입니다. 현대 인문학 사조의 목표는 '자기만족'입니다. 포스트모던 사회에서는 오직 '내 감정'이 중요할 뿐 다른 것들은 전혀 중요하지 않습니다. 내 욕심, 내 만족, 내 행복, 내 성취감이 현대인들의 하나님이 된지 오래입니다. 교회를 선택하는 기준도 그래서 늘 '내 취향, 내 분위기'입니다. 내 분위기에 맞는 교회를 찾아 여기저기 끝없이 방황합니다. 현대 인본주의 철학이 복음을 너무 많이 변질시킨 탓입니다. 복음이 변질되었다기보다는 복음전도자들의 생각이 많이 변질된 것입니다. 현대 기독교인들에게 하나님은 그저 실용적인 요정, 심부름꾼, 비서, 도우미, 해결사, 보험증서에 지나지 않습니다. 하나님은 그저 내 행복을 위해 그때그때 도움을 주는 유능한 일꾼일 뿐입니다. 그러나 바울이 빌립보서 2장 10절에서 뭐라 말했습니까?

빌 2:10 하늘에 있는 자들과 땅에 있는 자들과 땅 아래 있는 자들로 모든 무릎을 예수의 이름에 꿇게 하시고

하나님이 우주의 지존이라고 하지 않았습니까? 우주의 지존을 제 입맛에 맞게 머슴처럼 부릴 궁리를 하는 사람들은 신자가 아닙니다. 그런 이들이 모인 곳은 아무리 모인 숫자가 많아도 주님의 몸 된 교회가 아닙니다.

교회는 은혜 마트인가?

현대 자본주의 사회에서 '소비자는 왕'입니다. 교회는 은혜를 파는 편의점이고, 신자들은 그 편의점에서 돈을 주고 은혜의 캔 커피를 일주일

에 두세 번씩 사 마십니다. 소비자의 입맛에 맞지 않으면 그 편의점은 망합니다. 이것이 현대 교회의 많은 목자들이 '마케팅 전략'에 마음을 쉽게 뺏기는 이유입니다. 목회가 '목양'이 아니라, '교회 경영'이 된지 꽤 되었습니다. 제 아무리 뛰어난 목자라도 교인 수가 많아지면 맡겨진 양 하나하나를 섬세하게 돌볼 수 없습니다(잠 27:23 참조). 목자가 손수 돌볼 수 있는 범위를 넘어서면 그때부터는 '목양'이 아니라 '교회 경영'이 되고 맙니다. 마케팅 전략과 교회 성장학에 세뇌된 사람들은, 그리스도인이 이 세상에서 환란 당할 것이라는 주님의 말씀을 철저하게 무시합니다. '좁은 문, 좁은 길'을 비웃고 조롱합니다. 인간 중심의 번영신학이 판치면서 "꿩 잡는 게 매"라는 속담이 교회 안팎에서 나돕니다. 수단 방법을 가리지 않고, 교회의 몸집만 불리면 된다는 생각입니다. 실제로 나이와 경륜에 상관없이 덩치 큰 교회를 맡은 젊은 목자들이 틈만 나면 교계의 어르신 행세를 합니다. 하지만 요한계시록 2-3장을 잘 읽어 보십시오. 소아시아 일곱 교회에 주님이 편지를 보내면서 더러는 칭찬도 하시고 더러는 책망도 하고 계십니다. 그런데 거기에 교회 몸집의 크고 작음을 기준으로 주님이 어떤 말씀을 하시는 곳이 단 한 곳이라도 있습니까? 오히려 가장 가난하고 작은 교회였던 빌라델비아교회가 칭찬을 가장 많이 받아 '열린 문'의 복을 약속 받고, 제일 큰 부자 교회였던 라오디게아교회가 책망을 가장 많이 받지 않습니까? 그래서 오늘날 주님의 몸 된 교회를 섬기는 목자들이 정말 깊이 새겨 읽어야 할 대목이 바로 이 요한계시록 2-3장 말씀입니다. 이기적인 만족에 골몰하면 참 영성(겸손, 은혜에 감사, 예민한 죄의식)으로부터 멀어집니다. 현대인들이 자아도취에 빠지면서 성도의 성화(聖化) 교리는 어느덧 실종되었습니다. 신앙이 인간의 욕구를 충족시키는 도구로 전락해 버렸습니다. "효율적인 기독교, 실용적인 기독교"라는 말이 계속 힘을 얻고 있습니다. 많은 사이비 목자들이 "죄인들이 듣고 싶어 하는 소리"로 인간의 죄 된 욕망을 끝없이 자극합니다. 그렇게 하면 많은 수의 교인을 쉽게 모을 수 있습니다. 그러나 마침내 '자아'는 '욕구의 묶음'이 되고, '개인 성장'은 이 욕구를 성취시키는 사업이 되어 버립니다.

"잘되는 나?"

그렇게 잘되어서 도대체 무엇을 하겠다는 것입니까? 오늘 우리는 100년 전 우리 선배들의 순교적인 신앙보다 단 한 걸음도 더 전진하지 못하고 오히려 한없이 후퇴해 버렸습니다. 성장주의자들은 예수님을 기껏해야 '신성한 정신의학자'나 '신성한 영혼의 세정제' 정도로 끌어내려 버립니다. 교회는 인본주의 심리학과 인간 중심 신학의 쓰나미 앞에 속수무책으로 무너져 가고 있습니다. 세속화된 신앙에 젖어 버린 오늘날의 기독교인들에게, 신앙생활의 목적은 그저 지저분한 욕구를 충족시키는 데 있습니다. 예수님은 더 이상 그리스도가 아닙니다. 욕망과 행복이 그리스도가 되었습니다. 인생의 모든 문젯거리의 초점에 오직 '사람(의 욕망)'

이 있습니다. '욕망-그리스도'를 섬기는 현대인들에게 예수님은 더 이상 그리스도가 아닙니다. '욕구 신학'은 성경의 가르침과는 정반대 쪽 멸망의 길로 군중을 열심히 몰아가고 있습니다. 그러나, 그러나, 그러나, 구원의 목적은 그리스도인이 그리스도를 닮아 가는 것(성화)임을 결코 잊지 말아야 합니다. 그리스도를 닮게 만드는 것이 설교의 유일한 목적이라는 말입니다. 허황되게 '잘되기'를 바라지 말고, 하나님께서 주신 은사(돈과 시간과 재능)를 낭비하거나 사장(死藏)시키지 말고, 하나님의 나라를 위해 그 은사들을 아름답게 써야 합니다.

마 8:22 "나를 따르라."

무슨 토를 달 수도, 무슨 잡다한 해석을 덧붙일 필요도 없는 예수님의 말씀(명령)입니다. 성도는 주님을 따르면서 계속 거룩하게 성장(성화)해야 합니다. 성화의 객관적인 자료는 성경이고, 주관적인 자료는 성령 하나님의 활동입니다. 바울은 비록 불완전하고 부족한 인간이지만, 함께 그리스도를 닮아 가는 목표를 향해 가자고 간곡하게 계속 설득하고 있습니다. 혹시 주변에 이런 본을 보이는 사람이 있습니까? 없다면 이제 당신이라도 앞장서서 거룩한 본을 보이는 삶을 살고 싶지 않습니까?

② **거짓 교사를 경계하라(18-19절)**

빌 3:18 내가 여러 번 너희에게 말하였거니와 이제도 눈물을 흘리며 말하노니 여러 사람들이 그리스도의 십자가의 원수로 행하느니라.

바울이 반복해서 경고했음을 밝히면서 이번엔 눈물로 호소합니다. 감성적인 접근 방법을 동원한 것입니다. 감성에 호소하며 우회적인 방법으로 설득하려 합니다. 바울의 말인즉, 십자가의 원수로 살아가는 사람들이 너무 많다는 것입니다. 그래서 눈물이 난다는 것입니다. 이어지는 19절에서 바울은 '십자가의 원수들'에 대해 자세히 설명합니다.

빌 3:19 그들의 마침은 멸망이요 그들의 신은 배요 그 영광은 그들의 부끄러움에 있고 땅의 일을 생각하는 자라.

빌 1:28 무슨 일에든지 대적하는 자들 때문에 두려워하지 아니하는 이 일을 듣고자 함이라. 이것이 그들에게는 멸망의 증거요 너희에게는 구원의 증거니 이는 하나님께로부터 난 것이라.

'구원'과 '멸망'을 대조시키고 있습니다. 십자가의 원수들을 1장 28절에서 '대적하는 자들'이라 했습니다. '십자가의 원수들', 그들의 본질은 무엇입니까?

[십자가의 원수들]

그 행위의 결과 = 심판〉멸망 ↔ 천국 시민권(20절)
그들이 섬기는 것 = 배(결코 채워지지 않을 밥그릇), 만족이 없는 삶
그들의 영광 = 부끄러움(롬 1:32, 하나님의 심판, 죽음)
그들의 초점 = 땅의 일. 땅의 시민권에 집착. 자기 스펙.
자기 권리(제 밥그릇) 챙기는 게 목적

거짓 교사들은 양의 탈을 쓴 늑대입니다. 그들은 교회에 몰래 숨어 들어와 사람들이 십자가의 원수로 살아가도록 유도합니다. 그런데도 많은 교인들이 그들의 실체를 제대로 보지 못하고, 거짓 가르침에 속아 멸망의 길로 떼로 뭉쳐 달려갑니다. 이처럼 아픈 현실이 바울의 눈에서 눈물이 쏟아지게 한 것입니다. 예수님도 곧 멸망할 예루살렘을 내려다보며 하염없이 우셨습니다. 교회(신앙공동체) 때문에 울어 본 적 있습니까? 그런 적이 없다면 교회가 완벽해서입니까? 그런 게 아니라면, 그 이유가 과연 무엇이겠습니까? 성경말씀에 대한 이해가 얄팍하면 분별력이 없어집니다. 19절의 "배"는 감각적이고 육체적인 욕구와 욕망을 가리킵니다. 간단히 말하자면 '밥그릇'입니다. 오직 자기 밥그릇만을 위해 뛰는 사람들은 겁도 없이 자기 죄를 자랑합니다. 영적으로 한없이 뻔뻔합니다. 열심히 쓰레기를 자랑하고 손에 쥔 똥 덩이를 자랑합니다. 죄송한 표현이지만, 이들은 그리스도의 십자가를 흉내 낼 수 없습니다. 구원과는 아무 상관없는 길을 가는 아주 불쌍한 사람들입니다. 너무 바빠서 예배할 시간이 안 나는 사람들, 할 일이 너무 많아서 기도할 틈을 낼 수 없는 사람들, 놀러 갈 곳이 너무 많고, 함께 놀아 줄 친구가 너무 많아서 교회공동체를 위해 봉사할 여유가 없는 사람들……, 이런 사람들이 바로 십자가의 원수들입니다. 이런 사람들이 하나님의 마음을 한없이 근심시키고, 목자의 눈에서 피눈물이 나오게 만듭니다. 문제는 이렇게 살아가면서도 스스로 구원받은 하나님의 자녀라는 대단한 확신을 갖고 있는 이들이 많다는 것입니다. 그들의 확신이 맞는지 안 맞는지는 두고 보면 알 일입니다. 내가 '내 밥그릇'을 섬기고 있는지 그렇지 않은지를 따져 보면 답은 그리 어렵지 않게 나올 것입니다. 독자 여러분 가운데 단 한 분도 '십자가의 원수'로 사는 이가 없기를 바랍니다.

③ 소망에 초점을 맞추라(20-21절)

빌 1:27 오직 너희는 그리스도의 복음에 합당하게 생활하라. 이는 내가 너희에게 가 보나 떠나 있으나 너희가 한마음으로 서서 한 뜻으로 복음의 신앙을 위하여 협력하는 것과

그리스도를 닮아 가는 삶의 동력은 예수님의 재림 소망(21절)입니다.

그리스도인은 이 땅에 살지만 하늘에 소속되어 있고, 그러기에 하늘의 법 아래 살아갑니다. 고난을 견디며 하늘의 법을 따라 살다 보면, 마침내 그리스도처럼 빛나는 영광의 몸을 받게 될 것입니다. 그리스도의 우주적인 통치권, 그리스도의 부활, 그 위대한 능력으로 성도의 몸을 '빛나는 몸'으로 변화시키는 것쯤은 식은 죽 먹기입니다. 부활한 영광의 몸은 신령한 몸입니다. 신령한 몸은 생각과 동시에 시간을 쓰지 않고도 공간을 이동할 수 있습니다. 우리는 지금 지구라는 작은 별에서 3차원의 세계에 살고 있습니다. 부활하신 예수님의 모습을 미루어 신령한 몸이 어떤 몸인지를 얼추 짐작할 수 있습니다. 예수님이 십자가에서 돌아가신 후, 부활 소식을 알지 못한 채 낙심하여 모여 있는 제자들 앞에 예수님이 나타나셨습니다. 문은 닫혀 있었고, 누가 문을 열지도 않았는데, 갑자기 주님이 제자들 앞에 나타나셔서 "평안하냐"고 묻습니다. 3차원의 제약을 받는 우리는 시간을 써야 공간을 이동할 수 있습니다. 전주에서 서울까지 가려면 적어도 두어 시간의 시간을 써야만 합니다. 그러나 신령한 몸은 생각과 동시에 어디든 갈 수 있습니다. 내가 머릿속으로 미국을 생각하는 순간, 이미 거기에 가 있게 됩니다. 우리의 예배에, 우리가 기도하고 찬양하는 자리에, 예수님께서 성령으로 오늘도 그렇게 오시고, 또 오시는 것을 확실히 믿어야 합니다. 오셔서 우리를 만나 주시는 것도 분명하게 믿어야 합니다. 그러면 예배가 달라지고, 기도가 달라지고, 찬양이, 봉사가, 헌신이 달라질 것입니다.

새 하늘 새 땅에,

죄, 약함, 슬픔, 낙심, 고통, 수고, 의심, 두려움, 유혹, 증오, 이별, 질병, 실패, 의사, 목사가 없다고 했습니다. 대신 거기에는 기쁨, 즐거움, 온전한 지식, 사랑, 영광이 영원히 가득할 것입니다. 그리스도인의 최종 소망은 바로, 그 복된 나라에 들어갈 신령한 영광의 몸을 덧입는 것입니다. 그러면 죄로 한없이 약해졌던 우리의 육체와 영혼이 거룩하게 다시 빚어져서, 그 나라에서 영원하고 거룩하고 영광스러운 기쁨 속에 영원히 살게 됩니다.

신자와 불신자 (빌 3:19-20)		
	예수 믿는 우리	그 사람들
끝마침?	하늘에 있는 시민권	멸망
신(神)?	구주이신 주 예수 그리스도	그들의 배(밥그릇)
영광?	그리스도처럼 변화됨	그들의 부끄러움
초점?	만물이 그리스도께 복종	땅의 일들

빌 3:20 그러나 우리의 시민권은 하늘에 있는지라. 거기로부터 구원하는 자 곧 주 예수 그리스도를 기다리노니

빌립보는 로마의 식민지였습니다. 로마 군대에서 복무한 퇴역 군인들이 많이 이주해서 살았습니다. 빌립보 시민들은 로마시민권을 갖고

있었습니다. 로마시민권자인 빌립보 시민들이 로마에 충성하듯이, 하늘에서 온 시민권을 지닌 그리스도인은 하나님께 충성하는 삶을 살아야 합니다. 20절의 "하늘"은 그리스도의 재림 행렬이 출발하는 곳으로 그려지고 있습니다. "시민권"은 헬라어로 '폴리튜마'입니다. 이 말은 '대화(conversation)'라는 뜻도 지니고 있습니다. 예전 두에이(Douay) 번역 성경에서는 이 말을 "대화"로 번역하기도 했었는데 요즘은 '시민권'으로 더 많이 번역합니다. 사람들은 "마음에 가득한 것을 입으로 말(마 12:34)"합니다. 그러므로 그가 하는 말이 그의 정체성(시민권)을 드러냅니다. 사사기 12장에 길르앗과 에브라임의 전쟁 이야기가 실려 있습니다. 길르앗 사람들이 에브라임 사람들을 추격하는 과정에서, 그들이 도망하는 길목을 막고 서서 '쉽볼렛'을 발음해 보라고 함으로써, 그 사람이 에브라임 사람인지 아닌지를 확인합니다. 에브라임 사람들은 '쉽볼렛'을 '쉽볼렛'으로 발음하지 못하고 '십볼렛'으로 발음하기 때문에, 그 발음 습관 때문에 정체가 쉽게 드러났습니다. '십볼렛'으로 발음하는 에브라임 사람들은 다 죽임을 당했습니다. 말(대화)이 정체를 드러내는 아주 좋은 예입니다. 40여 년 전 내가 대학교에서 R.O.T.C. 장교 훈련을 받을 때, 학군단 교관 중에 경상도 출신이 있었습니다. 이분은 '쌍시옷' 발음을 잘 못했습니다. 그래서 늘 '쌀'을 '살ㅎ'이라 하고 '쌀밥'을 '살ㅎ밥'이라고 했습니다. 경상도 사람이기 때문입니다. '외국'을 '왜국'으로 발음하는 이는 서울 사람입니다. '학생'을 '학생'이라고 하는 사람은 전북 남원에 사는 사람입니다. 그렇게 발음하는 분 옆에 다가가서 "남원 어디 사십니까?" 이렇게 물으면 깜짝 놀랍니다. 아니 어떻게 처음 보는 사람이 자기가 사는 곳을 그렇게 귀신처럼 알고 있느냐는 겁니다. 이렇듯 사람이 하는 말이 그 사람의 정체(마음)를 드러냅니다. 입에서 나오는 말이 그의 소속을 드러냅니다. 천국의 말을 하면 그가 천국 시민권자라는 것을 드러내는 것입니다. "징역 3년에 처한다." 이렇게 말하는 사람은 판사입니다. "폐암 3기입니다." 이렇게 말하는 사람은 의사이고, "안농?" 이렇게 말하는 사람은 친한 친구입니다. 성도의 시민권은 '하늘'에 있습니다. 우리는 자랑스러운 천국 시민입니다. 천국 시민은 천국의 말을 해야 합니다. 천국의 언어로 기도하고 천국의 언어로 찬양하면서, 어깨 쭉 펴고, 아랫배 힘 꽉 주고, 성령의 능력으로 당당하게 어둠의 권세와 맞서 싸워 이겨야 합니다.

예수 그리스도는 우리가 영원히 섬겨야 할 분입니다. 그러기에 신자의 소망과 그 영원한 초점은 예수님의 재림입니다. 우리의 소망은 그리스도와 연합하여 변화 받고, 그리스도의 영광스런 형상을 덧입는 것(영화)입니다. 천국 시민은 예수 그리스도의 재림을 소망하며 살아갑니다. 오직 부활의 영광만을 소망합니다.

빌 3:21 그는 만물을 자기에게 복종하게 하실 수 있는 자의 역사로 우리의 낮은 몸을 자기 영광의 몸의 형체와 같이 변하게 하시리라.

우리는 엉망진창 뒤죽박죽인 이 세상에서 살아갑니다. 그러나 예수님이 재림하시는 그날에는, 우리 몸이 신령하게 바뀔 뿐만 아니라, 세상의 어그러진 모든 질서가 회복되고 '비정상의 정상화'가 이루어질 것입니다. '노 답(답이 없는)'인 이 세상은, 오직 "하늘, 곧 예수 그리스도의 재림"만이 답입니다. 왜냐하면 예수 믿는 우리 모두 다 천국에 곧 이르게 될 것이기 때문입니다. 역사의 최종 결말에는 하나님께서 그리스도의 영광스런 권세로 만물(우주 전체, 빌 2:10-11)을 주님 앞에 복종케 하실 것입니다. 그때까지 모든 그리스도인에게는 복음의 진리에 등 돌리도록 하려는 사악한 자들을 조심하라는 경고(아래 인용 성구들)가 계속 주어집니다. 그리스도를 제대로 알면 무모한 삶을 살지 않습니다. 바울은 세속적인 사람들을 따르지 말고, 주님의 충성스러운 종인 자신을 본받으라고 거듭 호소합니다.

롬 16:17 형제들아 내가 너희를 권하노니 너희가 배운 교훈을 거슬러 분쟁을 일으키거나 거치게 하는 자들을 살피고 그들에게서 떠나라.

고후 11:4 만일 누가 가서 우리가 전파하지 아니한 다른 예수를 전파하거나 혹은 너희가 받지 아니한 다른 영을 받게 하거나 혹은 너희가 받지 아니한 다른 복음을 받게 할 때에는 너희가 잘 용납하는구나.

갈 1:6 그리스도의 은혜로 너희를 부르신 이를 이같이 속히 떠나 다른 복음을 따르는 것을 내가 이상하게 여기노라.

딤전 1:3 내가 마게도냐로 갈 때에 너를 권하여 에베소에 머물라 한 것은 어떤 사람들을 명하여 다른 교훈을 가르치지 말며

딤전 6:3-5 누구든지 다른 교훈을 하며 바른 말 곧 우리 주 예수 그리스도의 말씀과 경건에 관한 교훈을 따르지 아니하면 그는 교만하여 아무것도 알지 못하고 변론과 언쟁을 좋아하는 자니 이로써 투기와 분쟁과 비방과 악한 생각이 나며 마음이 부패하여지고 진리 잃어버려 경건을 이익의 방도로 생각하는 자들의 다툼이 일어나느니라.

하나님 나라에는 영원한 자유와 복이 있습니다. 그 나라 밖에는 영원한 심판과 멸망(죽음) 밖에 없습니다. 잠깐 반짝이며 달리다가 주저앉고 마는 사람이 되지 맙시다. 그런 사람들은 결국 기업인 하나님 나라를 상속하지 못합니다.

21절의, "영광의 형체와 같이(3장 10절, "본받아", 헬라어 '쉼몰프호스')"라는 말을 영어성경에서는 'conform'으로 번역합니다. '같다'는 뜻의 접사 'con-'과 '모양'이라는 뜻의 'form'을 합친 말입니다. 곧 예수님의 영광스런 형체(모르페)와 '같은 모양이 되게 한다, 폼이 같게 한다'는 뜻입니다. 10절과 21절 모두 다 그리스도의 죽음에 동참하는 것이 곧 부활의 영광에 동참하는 것임을 강조합니다. 세속의 것에 마음을 뺏기는 사람들을 따르지 말고 "나를 따르라!"고 바울이 호소합니다. 불신 가득한 이 세상에서 나처럼 그리스도를 알아 가며 그리스도의 뜻을 행하면, 기

쁨이 넘칠 것이라고 바울이 당당하게 말하고 있습니다. 행위(노력)로 의로움을 얻을 수는 없습니다. 오직 그리스도를 믿는 믿음으로만 의(義)를 얻을 수 있습니다. "모든 것을 다 버리고 그리스도를 알아 가고, 하늘에 있는 당신의 영원한 집이라는 푯대에서 눈을 떼지 말고, 영적 성숙의 목표를 향해 계속 달려가도록 하십시오." 이것이 사도 바울의 간곡한 당부입니다.

신앙생활은 마라톤과 같습니다. 당신의 현 상태는 어떻습니까? 훈련 부족? 부상? 연습 부족? 후회? 불평과 원망? 신앙의 마라톤 경주에서 어떤 장애물이 힘들게 느껴집니까? 대체로 신앙의 경주를 소홀히 하는 이들이 갖고 있는 '하나님에 대한 두 가지 오해'가 있습니다.

첫째, 선행으로 천국 갈 수 있다고 생각하는 이들이 있습니다. 정말 그렇습니까? 이사야 64장 6절, 에베소서 2장 8–9절 말씀을 잘 읽어 보십시오.

사 64:6 무릇 우리는 다 부정한 자 같아서 우리의 의는 다 더러운 옷 같으며 우리는 다 잎사귀 같이 시들므로 우리의 죄악이 바람 같이 우리를 몰아가나이다.

엡 2:8–9 너희는 그 은혜에 의하여 믿음으로 말미암아 구원을 받았으니 이것은 너희에게서 난 것이 아니요 하나님의 선물이라. 행위에서 난 것이 아니니 이는 누구든지 자랑하지 못하게 함이라.

'선한 사람'은 천국에 들어갈 수 있다고 착각하는 이들이 많은데 미안하지만 '선한 사람'은 천국에 못 들어갑니다. 천국은 하나님만큼이나 '완전한 사람'만 들어갈 수 있다는 것을 알아야 합니다. 그런데 이 세상에 '완전한 사람'은 단 한 명도 없습니다(롬 3:10).

둘째, 예수 믿을 기회가 영원히 주어질 것이라고 착각하며 "내일 믿겠다"는 사람들이 있습니다. 고린도후서 6장 2절 말씀을 잘 읽어 보십시오.

고후 6:2 이르시되 내가 은혜 베풀 때에 너에게 듣고 구원의 날에 너를 도왔다 하셨으니 보라 지금은 은혜 받을 만한때요 보라 지금은 구원의 날이로다.

우리에게 '내일'이 있습니까? 내일도 오늘처럼 내가 살아 숨쉴 수 있을 것이라고 장담할 수 있습니까? 그럴 수 있는 사람은 아무도 없습니다. 5분 뒤, 아니 1분 뒤를 모르고 눈 감은 채 앞을 보지 못하고 살아가는 것이 인간 아닙니까? 오직 '오늘'만이 내가 누릴 수 있는 시간이고, 오직 '오늘'만이 내가 죄를 회개하고 생명의 주인 되신 하나님 앞에 엎드릴 수 있는 유일한 기회입니다. '내일'은 그 누구도 장담할 수 없습니다.

빌립보서 3장에서는 '신앙생활의 기쁨'을 배웠습니다.

사랑하는 동역자 여러분,

푯대이신 예수 그리스도를 향하여 계속 달립시다.

어둡고 속 쓰린 과거와 결별하고, 새로운 목표를 향해 나아갑시다.

주님 앞에서 상 받고자 하는 소망을 가집시다.

꾸준하고 성실하고 한결같은 자세를 유지합시다.

아름다운 신앙을 본받읍시다. 본받을 사람이 없으면, 나라도 본이 되는 삶을 살도록 합시다.

천국 시민이라면 천국 시민답게, 하나님의 법을 지키며 천국의 말을 하며 살아갑시다.

영광의 몸에 대한 소망, 내세의 소망을 갖고 살아갑시다. 이 땅의 삶이 전부가 아니기 때문입니다.

천국의 좋은 시민으로 살아갑시다. 버려야 할 것, 고쳐야 할 것을 냄새 나게 붙들고 있지 맙시다.

함께 기도합시다

하나님, 부족한 저를 십자가의 은혜로 구원하여 하나님의 자녀 삼아 주시니 고맙습니다. 평생 믿음의 경주를 계속할 힘을 주시고, 저의 발걸음을 인도할 좋은 목자를 허락해 주십시오. 바울처럼, 주님을 더 깊이 알아 가는 것, 내 삶에 대한 주님의 계획을 성취시키는 것이 저의 가장 큰 소망입니다. 도와주십시오. 주 예수님의 이름으로 기도합니다. 아멘.

푯대를 향하여

그리스도 예수 안에서

하나님이 위에서 부르신

부름의 상을 위하여

달려가노라.

_빌 3:14

1그러므로 나의 사랑하고 사모하는 형제들, 나의 기쁨이요 면류관인 사랑하는
자들아 이와 같이 주 안에 서라. 2내가 유오디아를 권하고 순두게를 권하노니
주 안에서 같은 마음을 품으라. 3또 참으로 나와 멍에를 같이한 네게 구하노니
복음에 나와 함께 힘쓰던 저 여인들을 돕고 또한 글레멘드와 그 외에 나의 동
역자들을 도우라. 그 이름들이 생명책에 있느니라. 4주 안에서 항상 기뻐하라.
내가 다시 말하노니 기뻐하라. 5너희 관용을 모든 사람에게 알게 하라 주께
서 가까우시니라. 6아무것도 염려하지 말고 다만 모든 일에 기도와 간구로, 너
희 구할 것을 감사함으로 하나님께 아뢰라. 7그리하면 모든 지각에 뛰어난 하
나님의 평강이 그리스도 예수 안에서 너희 마음과 생각을 지키시리라. 8끝으
로 형제들아 무엇에든지 참되며 무엇에든지 경건하며 무엇에든지 옳으며 무
엇에든지 정결하며 무엇에든지 사랑 받을 만하며 무엇에든지 칭찬 받을 만하
며 무슨 덕이 있든지 무슨 기림이 있든지 이것들을 생각하라. 9너희는 내게 배
우고 받고 듣고 본 바를 행하라. 그리하면 평강의 하나님이 너희와 함께 계시
리라. 10내가 주 안에서 크게 기뻐함은 너희가 나를 생각하던 것이 이제 다시
싹이 남이니 너희가 또한 이를 위하여 생각은 하였으나 기회가 없었느니라. 11
내가 궁핍하므로 말하는 것이 아니니라. 어떠한 형편에든지 나는 자족하기를
배웠노니 12나는 비천에 처할 줄도 알고 풍부에 처할 줄도 알아 모든 일 곧 배
부름과 배고픔과 풍부와 궁핍에도 처할 줄 아는 일체의 비결을 배웠노라. 13내
게 능력 주시는 자 안에서 내가 모든 것을 할 수 있느니라. 14그러나 너희가 내
괴로움에 함께 참여하였으니 잘하였도다. 15빌립보 사람들아 너희도 알거니와
복음의 시초에 내가 마게도냐를 떠날 때에 주고 받는 내 일에 참여한 교회가
너희 외에 아무도 없었느니라. 16데살로니가에 있을 때에도 너희가 한 번뿐 아
니라 두 번이나 나의 쓸 것을 보내었도다. 17내가 선물을 구함이 아니요 오직
너희에게 유익하도록 풍성한 열매를 구함이라. 18내게는 모든 것이 있고 또 풍
부한지라 에바브로디도 편에 너희가 준 것을 받으므로 내가 풍족하니 이는 받
으실 만한 향기로운 제물이요 하나님을 기쁘시게 한 것이라. 19나의 하나님이
그리스도 예수 안에서 영광 가운데 그 풍성한 대로 너희 모든 쓸 것을 채우시
리라. 20하나님 곧 우리 아버지께 세세 무궁하도록 영광을 돌릴지어다. 아멘.

빌립보서 4장 1-23절

이와 같이 주 안에 서라

빌립보서 4장 1–23절

예수님 안에 있습니까? 그래서 기쁘십니까? 그 이유가 무엇입니까? 이제 그 이유를 설명할 수 있겠습니까?

빌립보서 1장에서는 '고난에 동참하는 기쁨'을, 2장에서는 '섬김의 기쁨'을, 3장에서는 '신앙생활의 기쁨'을 이야기했습니다. 마지막 4장에서는, '나눔의 기쁨'에 대해 이야기합니다. 4장에서 시련과 기쁨의 상관성을 확인할 수 있습니다. 4장 앞부분에서 바울은 교회의 영적 안정성(1–9절)이 성도들의 조화와 기쁨에 달려 있음을 자세히 밝히고 있습니다.

오늘날, 그리스도의 교회는 예수님의 예언대로 안팎에서 공격당하고 있습니다.

요 16:33 세상에서는 너희가 환난을 당하나 담대하라. 내가 세상을 이기었노라.

행 14:22 우리가 하나님의 나라에 들어가려면 많은 환난을 겪어야 할 것이라.

딤후 3:12 무릇 그리스도 예수 안에서 경건하게 살고자 하는 자는 박해를 받으리라.

"대부분의 그리스도인은 매일 두 강도 사이에서 십자가에 못 박히고 있다. '후회스런 어제'라는 강도와 '염려되는 내일'이라는 강도 사이에서"
– 워런 워어스비

핍박과 고난 앞에서 타협하고 굴복할 것인가? 빌립보서에 담긴 바울의 질문입니다. 사탄은 우는 사자처럼 성도들을 삼키려 하고, 매우 유혹적인 세상에서 살아가는 우리의 육체는 너무 약합니다. 그래서 지상(地上) 교회는 매우 불안정할 수밖에 없습니다. 바울에게 '교회의 영적인 안정성'은 대단히 중요했습니다. 갈라디아교회에는 '교리의 혼란'이, 고린도교회에는 '죄를 용납하는 흐름'이 심각했습니다. 바울은 이 문제 때문에 두 교회를 엄하게 책망한 적 있습니다. 그러나 최선을 다해 바울의 선교사역을 후원(빌 4:15)했던 빌립보교회에는 이 두 교회와 같은 심각한 문제는 없었으나, 몇 가지 신경 쓰이는 문제가 있었습니다.

[빌립보교회의 문제]

1:28-30, 박해 당하고 있음.

2:2, 14, 자기중심성(이기심)

3:18-19, 거짓 교사들의 활동

4:2-3, 유력 성도들의 알력으로 공동체가 분열될 가능성

4:3, 지도자들의 역할이 미미함.

이런 분위기에서 일부 교인들은 하나님을 신뢰하지 못하고 무던히 염려(4:6)하고 있었습니다. 아시다시피 바울의 모든 편지는 '교회의 안정을 위한 것'입니다. 빌립보서도 마찬가지입니다. 교회의 안정성을 다루는 마지막 4장에서 '염려가 기쁨을 강탈하지 못하게 막는 법', '하나님과 이웃과의 관계에서 평화와 기쁨을 누리는 법'을 배우게 됩니다. 전체적으로 빌립보서 4장에서 바울은 '나눔의 기쁨'을 이야기하고 있습니다.

[1-5절, 관계회복과 평화의 상관성: 공동체의 평화를 위해 함께 서 있으라!]

빌 4:1, 우정의 기쁨 그러므로 나의 사랑하고 사모하는 형제들, 나의 기쁨이요 면류관인 사랑하는 자들아 이와 같이 주 안에 서라.

1절은 빌립보교회를 향한 바울의 사랑 고백입니다. "사랑"이라는 말

을 두 번씩이나 쓴 것을 보아 그 사랑의 깊이가 어떠한지 짐작할 수 있습니다. "그러므로"라는 말로 3장 21절 말씀과 4장 1절 말씀을 연결시키고 있습니다. 엉망진창인 이 세상은, 오직 "하나님 나라와 그리스도의 재림"만이 궁극적인 답이라는 것입니다. '비정상의 정상화'는 예수님의 재림 때 온전히 이루어질 것입니다. 그러므로 예수님의 재림이 가까워지고 있으니 성도들은 "주 안에 우뚝 서야 한다"는 것입니다.

"이와 같이 주 안에 서라"

"이와 같이"는 1-3장에서 바울이 내내 주장해 왔던 '그리스도를 닮아 가는 것'을 말합니다. 예수님은 모든 성도들에게 '이생의 목표'이자 '내세의 소망'이십니다. "면류관(스테파노스)"은 고대 사회에서 운동경기 후 우승자의 머리에 씌워 주던 월계관입니다. 본문에서 '면류관'은 '사역자의 보람'을 뜻합니다. 바울이 감옥 안에서도 기뻐할 수 있었던 이유는, 그의 면류관인 동역자들 때문이었습니다. 그 동역자들을 향해 사랑으로 이렇게 권면합니다.

빌 4:1 "이와 같이 주 안에 서라."

"주 안에"라는 말이 1-2절에 두 번이나 쓰였습니다. "주 안에 (견고히) 서라"는 말은 험한 세상에 서 있는 성도들이 마귀와 영적인 전쟁을 할 때, 밀려오는 적 앞에서 끝까지 자기 초소를 지켜야 한다는 것을 강조하는 말입니다. 예수님이 성도들의 삶에 상수이심을 믿는다면 당연히 그래야만 합니다. '주 안에 선다'는 것은 욕망, 유혹, 이단사상, 고난, 박해 등의 장애물에 확고하게 맞서는 것을 말합니다. 아울러 믿음으로 끝까지 인내해야 합니다. 하나님께서는 우리가 약할 때 강함을 주시는 분이므로 낙심하거나 포기하면 안 됩니다. 동역자들과 성령 하나님의 도움으로 어떤 역경에서도 우리는 주 안에 굳게 설 수 있습니다. 4장의 실질적인 출발은 2절입니다. 빌립보교회 안에서 교회 지도자 사이의 갈등이 심각한 문제로 떠오르고 있었기 때문입니다. 어쩌면 이 상황은 사도행전 16장 13절에 등장하는 교회 설립 멤버들 사이의 갈등이었을 가능성도 있습니다. 교회 안에서 영향력 있는 사람들 사이의 갈등 때문에 분열의 위기에 처한 교회를 염려해서 바울이 그 문제를 말하기 시작합니다.

[2-3절, 조화와 단합의 기쁨]

빌 4:2-3 내가 유오디아를 권하고 순두게를 권하노니 주 안에서 같은 마음을 품으라. 또 참으로 나와 멍에를 같이한 네게 구하노니 복음에 나와 함께 힘쓰던 저 여인들을 돕고 또한 글레멘드와 그 외에 나의 동역자들을 도우라 그 이름들이 생명책에 있느니라.

여성 리더인 유오디아와 순두게 사이에 갈등이 있었습니다. '유오디아'라는 이름은 "멋진 여행, 성공"이라는 뜻을 갖고 있습니다. '순두게(헬라어, 쉰튀케)'는 "친지, 행운"이라는 뜻입니다. 그런데 이 두 여인은 이름값도 못하고 교회 안에 큰 근심거리가 되고 있었습니다. 말하기 쉽게 그냥 '유오덕 권사', '순덕이 권사'로 부르기로 합시다. 바울은 이미 2장에서 "주 안에서 같은 마음"을 품으라(2:5, 그리스도 예수의 마음)고 말한 바 있습니다. '친교'와 '협력'이 교회의 '영적 안정성'을 높이기 때문입니다. 성도들이 서로 격리될수록 영적인 안정성은 떨어집니다. 이기심과 분쟁이 교회를 분열시킬 수 있다고 경고(빌 1:27-28)한 바 있습니다. 지상 교회는 영적인 격전지입니다. 그러기에 골치 아픈 문제들이 끊임없이 생기고 그 과정에서 감정 상하는 일도 수없이 많습니다. 그러나, 그런 때일수록 성도는 치유를 위해 더 노력하고, 거친 걸림돌을 제거하며 성령께서 하나되게 하신 것을 힘써 지켜야 합니다(엡 4:3). 그것이 복음에 합당하게 행하는 것(빌 1:27)이기 때문입니다. 교회는 마귀의 악한 공격 앞에서 '상호 도움과 협력'의 마당(場)이자 '상호 돌봄'의 무대가 되어야 합니다. 영적인 격전지인 교회에서 유력 인사의 갈등은 교회의 안정성을 현저히 해치게 됩니다. 비판, 비평, 험담, 앙금, 적대, 복수, 교만, 용서하지 않는 자세 등은 교회의 뜰을 어지럽히는 영적인 잡초들입니다. 성도들이 그 마음의 뜰에 자라나는 영적인 잡초를 뽑아 버리지 못하면, 교회가 흔들릴 수 있습니다. 바울 또한 이 문제를 속히 수습하지 않으면 교회가 무너질 수 있다고 생각했습니다. 2장의 '이기심과 기득권 문제', 3장의 '거짓 교사 문제' 못지않게 심각한 문제가 4장에서 다뤄지는 '지도자 사이의 갈등 문제'입니다. 대립과 갈등은 전도에 치명적인 악영향을 끼칩니다. 건전한 교리를 회복하고 거짓 교사를 내쫓는다 해도, 내부 갈등이 있으면 교회의 안정성은 떨어질 수밖에 없습니다. 잘 보이지 않는 내부의 적이 사실은 훨씬 더 무섭습니다. 몸 깊은 곳에 숨어서 '은밀히 자라나는 암세포'처럼 성도들 사이의 내부 갈등은 교회의 생명을 무섭게 갉아먹습니다. 갈등을 극복하는 가장 쉬운 방법이 있습니다. 모든 성도들의 공통분모가 '예수님이 주님'이라는 고백임을 확인하는 것, 그리고 그 밖의 것들에 대해서는 얼마든지 다른 목소리가 나올 수 있다는 것을 처음부터 인정해 버리는 것입니다. 다만 각기 다른 그 목소리들이 불협화음이 아니라 아름답고 거룩한 화음이 되도록, 다른 이의 목소리에 귀를 기울이며 내 목소리를 적절히 낮추는 겸손의 지혜가 모두에게 있어야만 합니다. 교회는, '겸손한 귀'는 없고 '성능 좋은 입'만 있는 사람들 때문에 자주 흔들린다는 것을 잊지 마십시오.

"행복의 90%는 인간관계에 달려 있다." – 키에르케고르

갈 2:11 게바(베드로)가 안디옥에 이르렀을 때에 책망받을 일이 있기로 내가 그를 대면하여 책망하였노라.

바울이 베드로의 위선을 호되게 책망한 기록입니다. 유오딕 권사와 순덕이 권사는 교회 내부의 트러블 메이커였습니다. 이 두 사람 사이의 갈등이 4장의 핵심 주제로서 4장 전반부에 깊은 영향을 끼치고 있습니다. 그들의 갈등이 4장 전반부 메시지의 논조(論調)와 내용의 바탕을 이루고 있습니다. 두 사람의 문제가 무엇이었는지 그 내용은 정확히 알 수 없습니다. 유오딕 권사가 혹시 빌립보 간수의 아내(행 16장)가 아닌가 하는 추정도 있으나, 그 또한 확실치는 않습니다. 두 사람이 법정 소송 중이었으리라는 설도 있지만, 마찬가지로 확실한 것은 아닙니다. 4장에서 바울은 그들을 노골적으로 책망하지도 않고 일방적으로 어느 한 편을 들지도 않습니다. 그러므로 다툼의 원인이 교리나 심각한 도덕적인 문제는 아닌 듯합니다. 고린도교회의 교회 내분과 음행을 방치하는 흐름, 갈라디아교회의 발 빠른 배신에 대해 바울이 엄하게 책망했던 것과는 달리, 빌립보서 4장에 드러난 바울의 어조는 비교적 평온합니다. 이 갈등에 대한 속 시원한 해법이 보였다면, 바울이 그것을 명확히 말해 줬을 것을 것입니다. 다만 1-3장에 있는 몇 가지 권면을 통해 그 갈등의 본질을 어렴풋이 추측할 수 있을 뿐입니다. 빌립보교회는 지금 '유파'와 '순파'로 분열될 위기를 맞고 있습니다. 바울은 두 사람 사이에 문제가 있다는 소식을 듣고, 이 편지를 마무리하기 전에 그에 대해 진지하게 이야기하는 것이 좋겠다고 판단한 것으로 보입니다. 이 문제를 방치하면, 조만간 곪아 터질 것이 분명했기 때문입니다. 4장을 읽다 보면 이런 생각이 듭니다.

'이 문제를 언급하면서도 바울이 왜 서로를 직접 시원하게 화해시키려고 하지 않는가?'

불화와 갈등은 '같은 마음'을 품고, '이웃의 이익'을 우선하라는 기독교의 원리에 반(反)하는 것입니다. '이웃의 이익'을 취함과 동시에 '이웃에게 악의(惡意)'를 품을 수 없습니다. 이 문제를 해결하지 못하면 반드시 속에서 곪아 터질 것입니다. 한 번 깨진 관계는 겉으로는 공손한 척해도 속으로는 계속 더 빠른 속도로 깨져갈 것입니다. 그러므로 4장 3절에서 바울은 빌립보교회에 있는 익명의 지도자(1:2의 '감독들')에게 이 문제에 대해 적극적으로 나서서 중재해 줄 것을 신신당부하고 있습니다. 왜냐하면 아무리 유능하고 신실하고 소명감에 불타는 사람이라도 '하나 됨'을 힘써 지키지 않으면 교회 분열의 씨앗이 될 수 있기 때문입니다.

마 5:9 화평케 하는 자는 복이 있나니 그들이 하나님의 아들이라 일컬음을 받을 것임이요.

갈등의 원인(trouble maker)이 되지 말고, 평화의 사람(peace maker)이 되라는 주님의 말씀입니다.

[빌립보서 1-3장의 세 가지 핵심 축]

주 안에서
"같은 마음을 품으라."
"겸손히 이웃을 섬겨라."
"기뻐하라."

이 세 가지 주제가 4장에 다시 등장합니다. 교리와 도덕성 문제가 아니라면, 어쩌면 아주 사소한 견해차에서 상호 갈등이 생겼을 것(1:10, 본질이 아닌 '깃털' 때문에 갈등)입니다. 옳고 그름의 문제가 아니라, 무언가를 판단하는 문제일 수도 있고, 또는 최선과 차선 사이의 문제일 수도 있습니다. 이렇게 해도 되고 저렇게 해도 되는 문제인데, 두 사람이 극히 주관적인 판단을 고집하는 것일 수도 있습니다. 개인의 취향과 가치관에 따라 "옳다"고 확신하는 어떤 것일 가능성이 높습니다. 하지만 만일 이 문제를 빨리 해결하지 못하면, 결국 곪아 터질 것이며, 나중에는 두 사람을 화해시키려는 노력조차도 두 사람의 '견해차를 거듭 재확인'하는 수준에 머물고 말 것입니다. 왜냐하면 양측이 다 자기가 옳다고 생각하기 때문입니다. 어떻게든 상대방을 꺾으려 할 것이므로 극히 사소한 갈등이 공동체 전체의 분열로 이어질 수도 있습니다. 마치 둑의 작은 구멍 때문에 둑 전체가 와르르 무너지고 마는 것처럼 말입니다. 그 나머지 사람들은 알게 모르게 어느 한 쪽을 편을 들 것입니다. 그러다 마침내 편이 갈라져서 각기 상대편의 잘못을 지적하며 자기를 합리화할 것입니다.

"거 봐. 내 이럴 줄 알았지."
"계속 이런 식이야 젠장!"

그러므로 두 사람의 갈등은 그것이 당장은 아무리 사소해 보인다 할지라도 시급히 풀어야 할 심각한 문제였습니다. 수수방관하다가는 개인 관계의 파괴가 자칫 공동체 전체의 분열로 이어질 수 있고, 그리되면 교회로 하여금 하나님이 주신 과업을 이루지 못하게 할 것입니다. "복음을 살아 낸다"는 것은 사람들을 그리스도께로 이끄는 것을 뜻합니다. 교회 안에 해결하지 못한 갈등을 두고, 어떻게 사람들에게 그리스도를 따르라고, 교회로 와서 함께 하나님 나라를 세우자고 전도할 수 있겠습니까?

"갈등은 전도의 문을 막는다."

인간관계의 갈등은 1장에서 이미 한 번 언급되었습니다. 로마교회 안에 바울을 죽이려고 다툼과 허영으로 전도하는 이들, 곧 '바른 말 잘하는 나쁜 분들, 개똥같은 사람들'이 있었다는 것을 우리는 이미 알고 있습니다. 그것만으로도 충분히 가슴 아픈데 빌립보교회 안에서도 그런 갈등이 있다는 것이, 옥살이하는 바울에게는 정말 견디기 힘들 정도로 가슴 아픈 일이었을 것입니다. 사람들 사이에서 일단 갈등이 생기면 어떻게든 상대를 이겨 먹고 싶은 것이 인간의 악한 본성입니다. 상대를 눌러 버리고 싶은 욕구가 충족되지 못하면 그것이 은근히 마음의 상처가 되고, 바라는 바가 뜻대로 이루어지지 않으면 자연스럽게 불행한 느낌을 받는 것이 사람입니다. 그 불행한 느낌이 겉으로 표현되지는 않는다 하더라도 실망이 분노로, 분노가 원한으로 발전하는 것은 시간 문제입니다. 그렇다면 갈등 해결을 방해하는 것은 무엇입니까? 어떻게든 내가 옳다는 것을 증명하고픈 마음 아닙니까? 하지만, 어떻게 '나의 이익과 필요'가 '이웃의 그것'보다 더 훌륭하고 가치 있다고 확신할 수 있습니까?

"당신은 상황을 잘 몰라!"

"내가 그들을 정말 사랑하기 때문에 그들이 틀렸다는 것을 어떻게든 알려 주려고 애쓰는 중인데,

아 글쎄, 도통 내 말을 들으려고 하지 않네!"

누가복음 18장 18-27절에서 예수님은 영생의 길을 묻는 부자 관원에게 영생의 길을 가르쳐 주셨습니다. "네가 가진 것을 팔아 가난한 이들에게 나눠 주고 와서 나를 따르라." 예수님은 젊은 관원을 강제로 바꾸려하지 않았습니다. 예수님이 직접 그 사람의 재산을 처분해 버리고 강제로 예수님을 따르도록 손목을 잡아끌지 않았습니다. 그저 그가 변화될 수

있도록 기회를 주고 도전하셨을 뿐입니다. 여러 면에서 가능성이 참 많았던 그 관원은 불행하게도 변화를 거부하고 예수님을 등져 버렸습니다. 나중에 우리가 새 하늘 새 땅에 가면 그 젊은이의 얼굴은 아마 볼 수 없을 것입니다. 바울도 이와 똑같은 방식으로 문제의 본질에 접근하고 있습니다. 직접 손가락질하지 않고 당사자들에게 변화의 기회를 주고 있습니다. 대신, 그들에게 은근히 좀 더 높은 행동 표준을 제시하는 방식을 씁니다. 경건하고 영예로운 사람이 지켜야 할 표준을 말함으로써 생각을 스스로 정리할 기회를 주려는 것입니다. 예수님과 바울이 이런 식이었다면, 교회 안의 갈등을 조정하고 정리하는 과정에서 우리도 마땅히 그렇게 해야 합니다. 4장에서 바울이 택한 해법은 두 가지입니다. 첫째 참 동역자에게 중재를 부탁하고, 둘째 이 두 여인들을 칭찬하는 것입니다. 이 두 여인을 도와주라고 동역자에게 당부하면서, 서로의 논쟁으로 교회에 악영향을 끼치고 있는 이 두 여인들을 매우 긍정적으로 언급합니다. 2장에서 디모데와 에바브로디도를 칭찬하며 빌립보교회 앞에 추천했던 것과 마찬가지로 이 여인들의 좋은 점을 일단 먼저 부각시킵니다.

바울은 두 여인이 복음을 위해 바울과 열심히 동역했다고, 그들의 이름이 생명책에 있다고 선언합니다. 앞서 살펴본 바와 같이 빌립보서는 위로부터의 부르심을 강조합니다. 부름 받은 이들은 복음을 진전시키고 그리스도를 섬기는 일에 온전히 헌신해야 한다고 말합니다. 그러면서 바울 자신을 포함하여 디모데와 에바브로디도를 본보기로 제시했습니다.

이제는 빌립보교회의 성도들 각자에게 신앙생활의 표준을 높이라고 권면하고 있습니다. 만일 바울이 실컷 칭찬한 이 사람들이 바울의 권면을 따르지 않는다면, 공동체 안에서 그 여인들은 설 자리가 없어질 것입니다. 그 여인들은 위선자로 나타날 것(2:12에서 바울이 있을 때보다 "없을 때 더욱 복종하라"고 부탁한 바 있음)입니다. 바울은 이 두 여인들이 훌륭한 동역자임을 강조함으로써 그들을 지혜롭게 몰아 부치고 있습니다. 예수 믿는 사람답게 영예로운 해법을 찾아 스스로 해결하라고 그들에게 촉구합니다. 현재의 갈등이 지속되면 교회 안에 원망과 불평이 많아질 것이고, 그리 되면 그들 자신과 그들 주변에 함께 하는 사람들까지 매우 수치스러운 결과를 맛보게 될 것입니다. 두 사람의 갈등이 교회 전체에 치명타가 될 것입니다. 바울은 지금 "교회의 평화보다 그대들의 자존심이 더 중요한 것이냐"고 넌지시 물어보고 있는 것입니다. 바울이 이렇게까지 신신당부했는데도, 어느 쪽도 잘못을 인정하려 하지 않고, 자신이 더 잘났다고 하며, 어떻게든 상대를 이겨 먹을 궁리만 한다면, 그들의 명예는 땅에 떨어지고 그들이 공동체 안에서 설 자리가 없어질 것입니다. 이 갈등을 끝내지 않는다면 지도자인 바울의 당부를 거절하는 것이고, 바울의 이 간곡한 편지를 무참히 짓밟는 것이 될 것입니다.

갈등은 서로 가깝다는 증거입니다.

나는 트럼프 미국 대통령하고는 아무런 갈등이 없습니다. 가까운 사이가 아니기 때문입니다. 갈등은 대개 아주 가까운 사이에서 생깁니다. 부모와 자식 사이, 형제 사이, 선배와 후배, 직장 동료, 친한 이웃 주민 사이에서 갈등이 생깁니다. 그러므로 갈등이 생길 때마다, '아, 우리가 서로 가까운 사이로구나' 이렇게 생각하면 분노가 조금은 누그러질 수 있을 것입니다. 그 원인(출발)이 무엇이건 개인적인 관계의 갈등이 공동체 모두의 손해가 되는 어떤 '지점'은 분명히 있습니다. 이것을 잘 아는 바울은 이런 일의 최종 결론을 지혜롭게 이야기함으로써 이 문제를 끝내려 합니다. 섣불리 어느 한 쪽 편을 들지 않고 경건하고 명예로운 사람이 마땅히 힘써야 할 원칙을 넌지시 말함으로써, 신앙인답게 스스로 문제를 풀어 나가도록 유도하고 있습니다.

빌 4:3 저 여인들을 돕고 또한 글레멘드와 그 외에 나의 동역자들을 도우라 그 이름들이 생명책에 있느니라.

교회 지도자라면 마땅히 평화를 추구하고 다른 사람을 잘 도와 교회를 건강하게 세워 나가야만 한다는 것입니다. 평화의 아들(마5:9)로 부름받은 모든 신자들은, 공동체 안에서 모두 다 유능한 '협상가(negotiator)'가 되어야만 한다는 것을 기억하십시오.

눅 10:20 그러나 귀신들이 너희에게 항복하는 것으로 기뻐하지 말고 너희 이름이 하늘에 기록된 것으로 기뻐하라 하시니라.

'업적'보다 내가 지금 '주 안에, 예수님 안에' 있다는 것을 기뻐하라는 주님의 말씀입니다. '천국에 간다'는 것은 '천국에서 영원히 산다'는 것이고, '지옥에 가지 않는다'는 뜻입니다. '로또 1등 당첨'과 '천국 입성' 중에 하나를 선택하라면 여러분은 어느 것을 택하시겠습니까? 모든 원망, 불평의 궁극적인 답은 "하늘(주 안)"에 있습니다. 바울이 비록 2-3절에서만 이 문제를 언급하는 것 같지만, 그 나머지 말씀들도 사실은 이 문제와 관련해서 그리스도인의 행동 표준, 그 수준을 높임으로써 이 문제를 최대한 부드럽게 해결코자 하는 뜻이 담겨 있음을 분명히 알아야 합니다. 다시 말해서 4절이 앞선 이야기와 전혀 다른 이야기처럼 보이지만, 사실은 다른 주제로 전환하는 척하면서 바울이 이 두 여인들에게 간접적으로 권면하고 있는 것입니다. 분쟁이 있다면 그 분쟁을 최대한 빨리 해결하기 위해 최선을 다하라는 것이 바울의 당부입니다. 그러려면 동역자를 나보다 낫게 여겨야만 합니다. 평소에 동역자를 나보다 낫게 여깁니까 아니면 낮게 여깁니까? 내 이름이 하나님의 생명책에 있다는 확신이 있는 사람은 그 누구라도 영적인 거인, 영적인 대인배가 될 수 있습니다. 영적인 소인배가 되지 말고 푸른 그늘 널리 드리우는 거목(巨木)이 되어 주십시오(시 1:3).

[4–9절, 염려의 해독제: 하나님의 평화로 인한 기쁨]

빌 4:4 주 안에서 항상 기뻐하라. 내가 다시 말하노니 기뻐하라.

분열을 막는 방패는 기쁨을 유지하는 것입니다. 이 기쁨은 하나님의 평화를 통해 옵니다. 이 하나님의 평화가 염려의 해독제입니다. 여러 번 말씀드렸듯이 빌립보서의 주제 가운데 하나는 '기쁨'입니다. 4절에 "기뻐하라"는 말이 두 번 쓰였습니다. 인간관계의 갈등이 있으면 기뻐할 수 없습니다. 3장 1절에서 '기뻐하기'가 하나님을 등지지 않게 하는 '안전 장비'라는 말씀을 드렸습니다. 3장에서는 교회 '밖의' 대적(對敵) 문제를 다루었지만, 4장에서는 교회 '안의' 분열 문제를 다루고 있습니다.

"기뻐하라." 이 말은 헬라어의 현재시제로 되어 있습니다. 헬라어는 영어와 달리 진행형이 없습니다. 그래서 헬라어의 현재형은 늘 진행형을 포함합니다. 곧 '습관적으로' '지속적으로' 기뻐하라는 것, '기뻐하는 습관을 들이라'는 것입니다. 이런 습관이 들어야 바울처럼 투옥과 시련에도 기뻐할 수 있습니다. 이미 말씀드린 것처럼 기쁨은 우리의 환경에 종속되지 않습니다. 바울이 말하는

기쁨은 이지적인 선택입니다.

"주 안에서"라는 말은 영적인 안정이, 신자가 하나님을 어떻게 생각하

느냐에 달려 있다는 뜻입니다. 곧 기쁨의 원천이 하나님이시라는 것입니다. 그러므로 하나님을 잘 모르면 기쁨이 없습니다. 하나님이 주신 구원이 기쁨이고 허락하신 직분이 기쁨입니다.

"하나님에 대하여 어떤 생각이 드는가? 그 답이 그 사람의 영적인 미래를 좌우한다." – A.W.토저

4절에서 "기쁨을 유지하라"고 한 바울이 5절에서는 "그릇을 키우라"고 합니다.

빌 4:5 너희 관용을 모든 사람에게 알게 하라. 주께서 가까우시니라.

어떻게 하면 영적인 그릇을 키울 수 있습니까? 재림 소망을 가져야 한다는 것입니다. '그릇 키우기'는 '이타적인 삶의 자세'를 말합니다. 관용을 택해야 할 이유는 '주께서 가까이 오고 계시기 때문'입니다. 그리스도인들은 '꽁생원'도 아니고 '꼰대'도 아닙니다. 성숙한 기독교인은 삶의 탄력과 유연성을 지니고 있습니다. 만일 당신이 성숙한 그리스도인이라면, 주변 사람들이 당신의 관용을 다 보게 될 것입니다. 여기서 말하는 관용은 교리 문제가 아니고 관계 문제입니다. 성도의 '관용'은 진리에 뿌리를 둔 '거룩한 마음'의 아량입니다. 그래서 '관용'은 악과의 싸움에서는 선으

로 악을 이기려는 강력한 전투 의지로 나타나기도 합니다. 우리 모두 주님 앞에 서야 하기 때문입니다. 인간관계에서 관용이 안 보이면 미숙한 그리스도인입니다. 바울은 성도들이 선한 일을 해나가는 과정에서 관용과 불평이 함께 갈 수 없다고 말합니다. 그러므로 관용이냐, 불평이냐 둘 중 하나를 선택하라고 합니다. 하나를 선택하면 나머지 하나는 사라지게 됩니다.

"그리스도는 우리의 '하나 됨'을 위해 십자가에서 돌아가셨다!"

당신이 정말 성도라면, 이 사실을 명심하고 또 명심해야 합니다.

[6–9절, 영적 안정성]

빌 4:6 아무것도 염려하지 말고 오직 모든 일에 기도와 간구로, 너희 구할 것을 감사함으로 하나님께 아뢰라.

6–9절에서, 혼란스런 생각 속에서 평화를 누리는 법, 영적인 안정성의 길을 가르칩니다. '감사', '경건한 생각', '주님의 말씀에 복종함'으로써 영적인 안정성을 유지할 수 있습니다. '염려'는 불신앙의 맹독성 쓰레기입니다. 염려는 하나님에 대한 신뢰의 결핍이므로 본질상 무신론입니

다. '내일'은 오늘 내가 가진 생각의 결과물입니다. 빌립보교회 성도들의 염려는 아마 이런 것이었을 것입니다.

'바울이 하라는 대로 하다가 나만 손해 보고 망하는 거 아니야?'

이에 대한 바울의 답은 간단합니다. 갈등 문제를 하나님께 맡기고 기도하면, 하나님이 길을 선하게 인도하실 것이라는 것입니다. 감사의 기도로 문제와 맞설 것을 권합니다. 다 함께 마음을 합하여 기도할 필요도 있습니다. 하나님과 성경 말씀에 대한 기초를 튼튼히 하고, 염려를 하나님께 다 던져 버리라는 것입니다. 상황의 변화에는 항시 염려가 뒤따르기 마련입니다. 특히 깨진 관계를 회복하려할 때는 더더욱 그렇습니다. 갈등을 끝내려 할 때 관계와 신뢰의 재건에 대한 미지수가 심한 두려움으로 나타날 수 있습니다.

"만일 더 잘못되면 오또케?(어떻게 해)"

그러므로 선불리 화해를 도모하기보다는 지난날의 상처를 낱낱이 들춰서 그 동기를 솔직하게 설명하는 것이 차라리 더 낫다고 생각하기 쉽습니다. 이런 생각에 대해서도 바울의 답은 아주 간단합니다.

염려하는 시간에 기도하라.

바울은 말합니다. "아무것도 염려하지 말고 감사함으로 기도하라." 감사는 '기뻐하기'와 비슷합니다. 감사하면 불평할 수 없습니다. 슬퍼할 수도 없습니다.

"하나님, 그들은 내 형제이오니 그들을 속히 변화시켜 주소서?"

이런 식의 이기적인 기도가 무슨 소용이 있습니까? 바울의 말은 그 사람 자체와 그 상황 자체에 대해 무조건 감사하며 기도하라는 것입니다. 왜냐하면 진실로 상황을 통제할 능력이 있으신 분은 오직 하나님뿐이기 때문이고, 남을 변화시키기보다는 내가 변하는 것이 더 빠르기 때문입니다.

분열, 오만, 까칠함, 험담, 교만?(씹고, 뜯고, 맛보고, 즐기고?)

'기뻐하기'는 매우 중요한 안전 장비입니다. '낙심'을 막아 줄 뿐만 아니라 '분열'도 막아 줍니다. 만일 내가 나의 상황을 초월해서 예수님 안에서 '기뻐하기'를 선택하면, 나와 관련된 사람에 대해 투기와 분쟁은 사라집니다. 결국은 선택의 문제입니다. 동일한 사안에 대해 '기뻐하기'를 선택하면, 절대 불평할 수 없습니다. 만일 누군가를 용서하고 싶으면,

‘쓴 뿌리’와 ‘분노’를 떠나보내도록 ‘나에게’ 요구해야 합니다.

분노하면 기뻐할 수 없습니다. 하나님께 모든 것을 맡기고 기도한 결과는 ‘평화’입니다.

사 26:3 주께서 심지가 견고한 자를 평강하고 평강하도록 지키시리니 이는 그가 주를 신뢰함이니이다.

평화는 사람이 결코 만들어 낼 수 없는 것입니다.

빌 4:7 그리하면 모든 지각에 뛰어난 하나님의 평강이 그리스도 예수 안에서 너희 마음과 생각을 지키시리라.

“너보다는 하나님이 훨씬 고수다.” “네가 이세돌이면, 하나님은 알파고다.” 이런 말씀입니다.

바울의 가르침을 공식으로 간단하게 정리하면 이렇습니다.

하나님의 평강 = 감사 + (기도 + 간구) – 염려

기도에 대한 오해가 많습니다. 많은 이들이 기도를 독백으로 여기는 듯합니다(말로는 그렇지 않다고 하지만 실제 기도하는 것을 보면 그렇습니다). 하지만 기도는 독백이 아니고 하나님과의 '대화'입니다. 그러므로 하나님이 내 말을 들으시는 것만 기도가 아니라, 내가 하나님의 말씀을 듣는 것도 기도입니다. 따라서 말씀을 읽는 시간, 말씀을 암송하는 시간, 설교를 듣는 시간도 넓은 의미에서는 기도에 포함됩니다. 기도는 나의 청구서를 하나님께 특급 송달하는 과정이 아닙니다. (물론, 어떤 기도를 하든 기도를 전혀 안하는 것보다는 낫습니다.) 다만, 기도 중에 잠시 멈추고 하나님의 음성에 귀 기울이는 시간을 꼭 가져야 한다는 것입니다. 기도와 간구를 감사로 하게 되면 다툼과 불평이 사라집니다. 염려하지 않고 감사로 기도하면 하나님의 평강과 지혜가 옵니다. 그 평강이 우리의 마음과 생각을 지켜 줍니다. 하나님이 주시는 평강은 매우 중요한 안전 장비입니다. 염려 근심에 매달릴 것인가, 하나님께 감사함으로 기도할 것인가, 둘 중 하나를 선택해야 합니다. 후자(後者)를 선택하면 하나님의 평화가 모든 스트레스와 두려움을 내쫓을 것입니다. 7절의 "그리하면"이라는 말은 염려하지 말라는 명령에서 가장 중요한 부분입니다. 바울의 권면에 복종하면 하나님이 주시는 평화가 올 것입니다. 이것은 매우 자연스럽고 눈부신 결과입니다. 하나님의 평화를 설명하는 일이 쉽지는 않습니다. 예수님께서 천국을 설명하기 위해 하늘의 지혜를 동원해서 갖가지 비유를 동원하셨듯이, 바울도 하늘의 평화를 인간의 말로 설명하기를 부담스러워한 듯합니다. 그래서 '모든 지각에 뛰어난'이라는 수식어를 붙였습니다. 인간의 지성으로는 미처 다 이해하기 힘든 어떤 것임을 분명히 한 것입니다. 바울은 평화를 환란과 역경이 없는 상태가 아니라, 우리의 삶 속에 그리스도가 들어와 계시는 것으로 이해하는 듯합니다. "그리스도 예수 안에서"라는 말을 그래서 덧붙인 것입니다. 예수님 안에 있는 사람들에게 이 평화가 옵니다. 주 안에 있는 성도들에게 가장 튼튼한 안전 장비가 주어집니다. 기뻐하기를 선택하고 염려 대신 감사의 기도를 올리면 하나님의 평화가 옵니다. 염려 근심에 매달릴 것인가, 감사함으로 하나님께 맡길 것인가, 잘 선택하십시오. "지키시리라"는 말은 경계병이 경계하듯이, 하나님께서 졸지도 아니하시고, 주무시지도 아니하시고 지켜 주신다는 뜻입니다. 그리스도인의 삶은 불쾌한 환경이 사라지는 것이 목표가 아닙니다. 삶의 모든 역경에서 무한하고, 거룩하고, 강력한 주권자이신 하나님의 선한 목적을 신뢰하는 것입니다. 그럴 때 염려를 막아 내는 방패인 평화가 와서 성도들을 완벽하게 지켜 줍니다. 그러기에 신자의 내적인 전인격은 전적으로 하나님께 의존해야 합니다. 이런 상태를 "주 안에" 있다고 하는 것입니다. "주 안에" 있는 성도는 하나님이 지켜 주십니다. 졸지도 아니하시고, 주무시지도 아니하시는 우리 하나님께서…….

[8–9절, 기도 후의 실제적인 삶]

빌 4:8 끝으로 형제들아

무엇에든지 참되며

무엇에든지 경건하며

무엇에든지 옳으며

무엇에든지 정결하며

무엇에든지 사랑 받을 만하며

무엇에든지 칭찬 받을 만하며

무슨 덕이 있든지

무슨 기림이 있든지

이것들을 생각하라.

"끝으로"는 결론이 아니라, '그리스도인의 생각과 행동양식에 대한 지침'이라는 뜻입니다. 자잘한 것들까지 "하라", "하지 마라"하지 않고, 중요한 '원칙'을 정하고 그 원칙에 따라 행동하라고 말합니다. 바른 생각은 기쁨의 근원입니다. 8–9절에서 "무엇에든지, 무슨"이라는 말을 여덟 번이나 씀으로써 바울은 일종의 거름망(필터)을 제시합니다. 성숙한 성도라면 '원칙'의 필터로 무엇이든지 잘 걸러서 판단하고 선택하라는 것입니다. 바울은 "참되고, 경건하고, 옳고, 정결한 것만 추구하라"고 일방적으로 지시하지 않습니다. "무엇에든지"라는 말은 성도들에게 선택의 범위를 온전히 개방해 버리는 것입니다. 왜냐하면 이것저것을 구체적으로 열거하며 무슨 말을 하다 보면, 그것이 자칫 부정적인 반응을 일으키는 잡다한 명령이 될 수 있기 때문입니다. "무엇이든" 스스로 잘 판단해서 모쪼록 그리스도인에게 어울리지 않는 일은 하지 마라는 것입니다. 바울은 성도로서 긍정적인 기준에 적합한 무한한 조합을 각자 창의적으로 생각해 보도록 권유하고 있습니다. "이것, 이것, 이것은 하지 말고, 이것, 이것, 이것은 하라"고 꼰대 같은 규칙을 말하지 않습니다. 이런 규칙들은 자칫 세월 따라 해묵게 되어서, "세월이 흐르고 문화가 바뀐 뒤에는 더 이상 적용되기 어렵다"는 것을 잘 알고 있었기 때문입니다. 이렇게 해서 바울은 자기 의견의 '유통 기한'을 없애 버립니다. 아니, 그 유통 기한을 무한대로 늘려 버립니다. 어떤 시대 어떤 문화 속에서도 '참되고 경건한 원칙'은 늘 필요하기 때문입니다.

> "규칙은 많지만 원리는 그 수가 적다. 규칙은 변하지만 원리는 변하지 않는다." – 하워드 핸드릭스

원리는 수가 적어서 적절하게 만들어지기만 하면 기억하기도 쉽고 유통 기한도 없습니다. "하라, 하지 말아라" 이런 식으로 모든 규칙 목록을 정하고 그것들을 다 지키려 하면 정말 중요한 것들을 빠뜨릴 수 있습

니다. 그러나 원리는 어떤 상황에나 폭넓게 적용할 수 있습니다. 이것이 '규칙 목록'보다 '원리'가 더 중요한 이유입니다. 그러므로 성숙한 성도들은 '원리'로 '상황'을 잘 분석해서 어떤 원리가 거기에 유효한지 결정해야만 합니다. 1장 10절 말씀에 기대어 표현하면 '원리'는 곧 '본질'입니다. 성도들은 "지극히 선한 것" 곧 '원리'로 '상황'을 분별할 힘이 있어야만 합니다.

"생각하라"는 말은 계속적으로, 습관적으로 그렇게 하라는 말입니다. 영적 감수성 훈련이 필요하다는 말이기도 합니다. 사람의 행동은 생각의 결과입니다. 악한 생각, 예컨대 음란, 도둑질, 살인, 간음, 사기, 사악함, 기만, 관능, 시기, 중상모략, 교만, 어리석음, 허풍 등은 인간의 '속'에서 나와서 인간을 더럽힙니다. 더러운 사람들이 모인 사회는 자연히 더럽게 됩니다. 포스트모던 사회에서 사람들이 이렇게 오염된 인간의 감정과 거기 기반한 실용주의를 추종하게 되면서 자연스럽게 성경의 진리를 배척하게 되었습니다. 진리가 밀려난 자리에 '적극적인 사고'라는 괴물이 신학 속으로 파고 들어왔습니다. 인간의 행복이 하나님이 되어서 "잘되는 나"에 목을 매는 사람들의 세상이 되고 말았습니다. 그렇게 해서 영적인 얼간이들을 아주 많이 모아 놓고 목사 노릇하는 사람들도 꽤 많습니다.

행 17:11 베뢰아에 있는 사람들은 데살로니가에 있는 사람들보다 더 너그러워서 간절한 마음으로 말씀을 받고 이것이 그러한가 하여 날마다

성경을 상고하므로

우리는 성경(복음)의 잣대로 상황을 분석하려 했던 베뢰아 사람들을 본받아야 합니다. 하나님은 자판기도 아니고, 보험증서도 아니고, 심부름센터 직원도 아니고, 경호원도 아닙니다. 성경말씀에 기댄 진지한 생각이야말로 그리스도인의 믿음, 그 믿음의 결정적인 표지입니다. 기독교는 지성에 뿌리를 둔 신앙입니다. "뜻을 다하여" 주 너의 하나님을 사랑하라고 하셨을 때, '뜻'이 바로 지성입니다. 결혼기념일에 남편이 사랑하는 아내를 위해 '깜짝 선물'을 준비하고 뭔가 매우 인상적인 이벤트를 준비하려 할 때 그 남편은 여러 날 동안 머리를 잔뜩 굴리며 온갖 지혜를 다 짜냅니다. 우리가 하나님을 사랑하는 것도 마찬가지로 머리를 잘 써야 합니다. 어떻게 하면 하나님을 기쁘시게 할 수 있는지, 어떻게 해야 하나님의 나라와 그 의로움을 구할 수 있는지 머리를 써서 열심히 연구해야 합니다. 기독교는 합리적 지성에 기초하고 있기 때문입니다. 신앙은 막연한 낙관주의나 최면 또는 이기적인 상상의 결과물이 아닙니다. 참 믿음은 성경의 진리에 대한 지적인 반응에서 나옵니다. 그 믿음으로 구원을 받습니다. 구원받은 사람들은 성령의 도움으로 그 진리에 동의하게 됩니다.

마 6:28 백합화가 어떻게 자라는가 생각하여 보라.

마 6:30 믿음이 작은 자들아

예수님의 이 말씀을 정리해 보면 '믿음이 약한 자'는 곧 '생각하지 않는 자'라고 말할 수 있습니다. 관찰을 통한 추론은 믿음이 성장하는 데 대단히 중요한 역할을 합니다. 다시 말해서 '생각하기'는 구원받는 믿음에 필수입니다. 성화(聖化)과정에도 마찬가지로 '생각하기'가 중요합니다. 구원은 생각의 변화에 뒤따르는 마음의 변화에서 시작됩니다. 잘 '생각해 보면' "주 안에" 있다는 것이 어떤 것인지, 그것이 얼마나 위대한 복인지 알게 됩니다.

2-8절에서 생각이 중요하다고 말한 바울은 9절에서는 그것을 행동으로 옮겨야 한다고 말합니다. 선으로 악을 이기는 삶을 살아야 한다는 것입니다.

롬 12:21 악에게 지지 말고 선으로 악을 이기라.

빌 4:9 너희는 내게 배우고 받고 듣고 본 바를 행하라. 그리하면 평강의 하나님이 너희와 함께(주 안에) 계시리라.

하나님의 표준에 복종하라고 명령합니다. 영적인 거장들의 뒤를 따르며 경건한 삶을 살아가면 하나님의 평강이 선물로 주어집니다. "행하라"는 말은 생각만큼이나 행동도 중요하다는 것을 강조하는 말입니다. 앞부분에서 성도로서 해야 할 일, 하지 말아야 할 일을 자발적으로 선택하는 거름망(필터)이 필요하다는 것을 이야기했습니다. 원리가 중요하다고 한 바울은 이제 자기한테서 배우고, 받고, 듣고, 본 바를 '행하라'고 지시합니다. "예수님이라면 무엇을 하실까?" "바울이라면 무엇을 할까?" 이런 식으로 생각하며 행동하라는 말입니다. 그렇다면 예수님도 바울도 직접 보지 못한 우리는 어떻게 해야 합니까? 복음서와 서신서를 통해 배우면 됩니다. 우리가 지금 빌립보서를 꼼꼼히 살피는 이유도 거기에 있습니다. 서신서를 읽으면 바울의 가치관과 그의 의사결정 과정을 알 수 있습니다. 그를 따라 배우다 보면 자연스레 우리의 발걸음이 예수님께로 향하게 됩니다. 예수님은 진리 자체이시며 또한 진리의 저자이자 완성자이십니다.

고전 11:1 내가 그리스도를 본받는 자 된 것 같이 너희는 나를 본받는 자가 되라.

수십 년간 교회를 다녔다는 사람 중에, 주식 시세나 드라마 줄거리나 연예계 소식은 훤히 알면서도 성경 목록도 미처 몰라 신약 본문을 구약에서 뒤적거리는 이들이 있습니다. 아무리 좋게 보려 해도 구원의 진정성이 의심될 수밖에 없습니다. 예수님은 우리에게 신앙생활의 '원리'를 제정해 주셨습니다. 바리새인들과의 논쟁에서 잡다한 규칙들을 늘 '핵심 원리'로 시원하게 정리하셨습니다.

눅 11:42 화 있을진저 너희 바리새인이여 너희가 박하와 운향과 모든 채소의 십일조는 드리되(규칙 준수) 공의와 하나님께 대한 사랑은 버리는도다(원리 포기). 그러나 이것(원리가 먼저)도 행하고 저것(규칙)도 버리지 말아야 할지니라.

'원리'는 양날 검과 같아서 잘 사용하면 대단한 힘을 발휘할 수 있습니다. 원리는 유통 기한도 없고 적용 범위도 매우 넓습니다. 원리는 모든 상황에서 성도들을 허망한 흑백논리에 빠지지 않게 지켜 줍니다. 새로운 상황에 원리를 적용하려 할 때 모든 상황에는 늘 어느 정도의 불확실성이 있습니다. 뚜렷한 정답이 없는 경우도 종종 있습니다. 그러나 약간의 불확실성과 일시적인 회색지대가 있다 해서, 그것이 곧 계율주의적인 규칙 체계를 세밀하게 만들어야 한다는 명분이 될 수는 없습니다. 이것이 예수님과 바울의 의도입니다. 그분들은 '신앙의 핵심 원리'를 따라 사셨습니다. 그렇다면 우리는 어떻게 해야 합니까? 열심히 배워야 합니다. 그리고 배운 대로 실천적인 삶을 살아야 합니다. 말씀을 듣기만 하고 실천하지 않는 이들은 천국에 들어갈 수 없습니다(마 7:26-27). '귀'가 나선 다음에는 반드시 '손과 발'이 나서야만 합니다. 누구에게나 바울처럼 "나를 본받으라"고 할 만한 삶을 살아야 합니다. 삶은 가장 위대한 설교입니다. 환란과 역경 속에서 믿음으로 그리스도께로 나아갈 때, '하나님의 평화'와 '평강의 하나님'을 모두 다 만나게 됩니다. 그리스도 안에 있으면 혼란과 염려 속에서도 모든 지각에 뛰어난 하나님의 평강을 누릴 수 있습니다. 기쁨은 염려와 근심 속에서 그리스도의 신격과 평화를 통해 온다는 것을 명심하십시오. 예수 믿는 사람들은 주변에 평화의 나비가 되어 평화의 물결을 일으키는 삶을 살아야 합니다.

[10-20절, 돈과 기쁨의 상관성]

빌립보교회로부터 받은 후원에 감사하는 바울의 말에서 '참된 만족의 비결'을 배울 수 있습니다. 먼저 간단히 요약하자면, '만족하는 사람'은 ① 하나님의 섭리를 신뢰(10절)하고, ② 자족하며(11절), ③ 환경을 초월하고(12절), ④ 하나님의 능력으로 무장하며(13절), ⑤ 이타적인 자세로 이웃의 복지에 전념(14절)합니다.

빌 1:5 너희가 첫날부터 이제까지 복음을 위한 일에 참여하고 있기 때문이라.

1장 5절에서 이미 빌립보교회가 바울에게 후원금과 후원 물품을 지원했음을 암시했습니다. 2장 25절에서도 에바브로디도의 사역이 빌립보교회의 부탁으로 바울을 후원하는 것이었음을 확인했습니다. 그 구체적인 내용을 4장에서 더 자세히 설명하고 있습니다.

도움은 때로 기만적일 수 있습니다. 사람들은 칭찬 받기를 좋아합니다. 무언가를 받은 이는 그것을 준 사람을 칭찬합니다. 그러면 그 칭찬에 비례하여 무언가를 더 얻을 수도 있습니다. 옛날에 주인이 머슴을 부릴 때, 땀 흘리며 열심히 우물을 파고 있는 머슴을 향해 "아이고, 자네보다 더 일을 잘하는 사람은 내가 여태껏 본 적이 없어!" 주인이 이렇게 말하면, 그 말을 들은 머슴은 정말로 죽기 살기로 더 열심히 땅을 파게 된답니다. 말하자면 무언가를 더 받기 위해 거짓으로 부풀려 칭찬할 수 있고, 그 칭찬에 대한 보답으로 더 많은 것을 얻을 수도 있는 것입니다.

그러나 바울의 감사는 빌립보교회의 후원에 진심으로 감사하는 것이지 더 받자고 하는 소리가 결코 아니었습니다. 왜냐하면 그는 하나님의 주권적인 섭리를 신뢰했기 때문입니다. 빌립보교회의 후원에 대해 지나치게 칭찬하면 더 달라는 소리로 빌립보교회가 오해할 수 있고, 대충 감사하면 고마움을 모르는 사람으로 매도당하거나 보낸 후원금이 충분치 못한 것으로 여길 가능성이 있기 때문에, 바울은 이런 오해의 여지를 없애려 무던히 애쓰고 있습니다. 기쁨과 행복의 원천은 돈을 받는 데 있지 않고 누군가에게 돈을 내주는 데 있습니다. 예수님의 말씀처럼 주는 것이 받는 것보다 더 복되기 때문입니다(행 20:35). 그러기에 이 편지의 마지막인 10-23절에서 바울이 마지막으로 아주 조심스럽게 돈 이야기를 꺼내고 있습니다.

[10-13절, 만족의 기쁨]

① **하나님의 섭리 신뢰**

빌 4:10 내가 주 안에서 크게 기뻐함은 너희가 나를 생각하던 것이 이제 다시 싹이 남이니 너희가 또한 이를 위하여 생각은 하였으나 기회가 없었느니라.

사랑의 표현은 서로를 격려합니다. 가볍게 줄잡아 감사하는 것으로 바울이 돈 이야기를 슬쩍 꺼냅니다. "이제야 나를 다시 기억해 냈군요." 이것은 말실수가 아니라 수사학적인 기법입니다. 흔히 사람들은 이렇게 말합니다.

"내가 전에 했던 말은 다 잊으시게. 그런 뜻 아니었으니까. 그저 잠깐의 말실수였을 뿐이라고. 젊은 사람이 뭘 그런 걸 가지고 여태껏 꽁~하고 그래? 속 좁게"

이렇게 어쩌다 가볍게 말실수한 것이라고 말하면서 상대방을 말귀도 잘 못 알아듣는 속 좁은 인간으로 몰아서 또 다시 초라하게 만들어 버립니다. 하지만 바울은 지금 말을 하는 것이 아니라 글을 쓰고 있습니다.

바울이 말실수한 것이 결코 아니라는 말입니다. 그 이면에 속뜻이 있습니다. 10절 뒷부분에서 10절 앞부분의 실수 같은 말을 수정하는 듯한 수사기법을 씀으로써, "여러분들이 나를 도울 기회가 없어서 그런 줄 알고 있습니다." "이제(마침내, at long last) 다시 기회가 생겼다는 것을 내가 압니다." 이렇게 말하는 것입니다. 혹시 후원하다가 후원을 중단하고 이름조차 까마득하게 잊어버린 사역자는 없습니까? 그 이를 위한 기도를 다시 시작하고 어떻게든 도울 길을 다시 찾아보실 생각은 없으십니까? 지나친 칭찬은 거짓말입니다. 바울은 수사학적인 반전법(낮추고, 다시 높이고)으로 참 꺼내기 힘든 돈 이야기를 신중하게 끄집어내고 있습니다. "다시 싹이 남(생각함)"이라는 말로 2장 25-30절에 기록된 에바브로디도의 사역을 상기(想起)시키고 있습니다. 심각한 질병 때문에 에바브로디도가 임무를 제대로 완수했는지 의심할 수도 있는 빌립보 교인들에게, 그를 통해 후원 금품을 이상 없이 잘 받았다는 것을 말해 줌으로써, 바울은 에바브로디도를 통해 받은 후원금 영수증을 발행합니다. 곧 에바브로디도는 '먹튀'가 아니었다는 것입니다. 에바브로디도를 통해 보내 준 빌립보 교회의 후원 물품이 바울에게 큰 도움과 위로가 되었다는 것입니다.

[11-14절, 소유와 만족의 상관성]

12절은 '아주 다양한 형편을 경험하면서 깊은 배움이 있었다'는 바울의 고백입니다.

만족은,
원하는 것을 모두 다 소유하는 것이 아니라
모든 것을 하나님의 선물로 여기며
지금 갖고 있는 것을 거룩하게 누리며 감사하는 것입니다.

문제는 많이 가질수록 더 갖고 싶어진다는 데 있습니다. 만일 우리의 만족이 욕구 충족에 달려 있다면 반드시 불만이 가득하게 될 것입니다.

빌 4:18 내게는 모든 것이 있고 또 풍부한지라. 에바브로디도 편에 너희가 준 것을 받으므로 내가 풍족하니 이는 받으실 만한 향기로운 제물이요 하나님을 기쁘시게 한 것이라.

뭔가 모자란 상태에서 무언가를 더 받고 싶어서 글을 쓰는 것이 아님을 분명히 하고 있습니다. 빌립보교회의 후원으로 풍족하다는 것과, 만족의 근거를 자신의 환경에 두지 않는 법을 완전히 배웠음을 밝힙니다. 바울은 전천후 신앙인이었습니다. 그 신앙의 위력이 옥살이를 하면서도 기뻐하는 자세로 나타나고 있는 것입니다. 바울은 내공이 부족하여 부질없는 허세나 부리는 사람들과는 본질이 다른 사람이라는 것을 알 수 있습니다.

② **자족**

빌 4:11 내가 궁핍하므로 말하는 것이 아니니라. 어떠한 형편에든지 나는 자족하기를 배웠노니

"내가 궁핍하므로 말하는 것이 아니다." 10절 말씀을 빌립보교회가 "더 달라"는 말로 오해할까 봐 조심스러워서 이런 말을 덧붙인 것입니다. 바울은 투옥의 고통 속에서도 원망과 불평 없이 오히려 기뻐하는 사람입니다. "자족하기를 배웠다"는 말은 '사역에 모자란 것이 있었지만 그렇다고 그대들의 후원을 바랐던 것도 아니라'는 것을 분명히 밝히는 말입니다.

11-12절에 "배웠다"는 말이 두 번 나옵니다. '자족(自足)'은 고대 스토아학파의 최고 덕목이었습니다. 자족하면 불평, 불만이 나올 수 없습니다.

"성도들은 물질이 아닌 하나님의 뜻에 만족을 누린다." – 칼빈

현대 사회에서는 재벌 총수도 불행을 느끼고 불만스러워합니다. '욕구가 하나님 노릇'하기 때문입니다. 여러분 혹시 '모어모어병'에 대해서 들어본 적 있으십니까?

[more more 병]

"더! 더! 더!"

더 좋은 직업, 더 멋진 차, 더 큰 집, 자녀 욕, 성욕, 명예욕……. 현대인들은 이 '모어모어'라는 불치병에 걸려 쳇바퀴 속 다람쥐처럼 죽어라 달리다가 삶을 허망하게 마감합니다. 이런 세상에서 많은 교회들이 이미 욕구 충전소로 전락했습니다. 바울은 사람의 목적이 욕구 충족이 아니라, 하나님을 영화롭게 하고 영원히 하나님을 즐거워하는 것이라고 말합니다. 바울은 하나님의 섭리를 철저하게 신뢰하는 사람이었습니다. 그러기에 고난 중에도 하나님이 허락하시는 아주 작은 것으로 만족하고 감사할 줄 알았던 것입니다.

③ 환경을 초월

빌 4:12 나는 비천에 처할 줄도 알고 풍부에 처할 줄도 알아 모든 일 곧 배부름과 배고픔과 풍부와 궁핍에도 처할 줄 아는 일체의 비결을 배웠노라.

이미 말씀드린 바와 같이 바울은 전천후 사역자였습니다. 몰아치는 역경의 바람이 그의 감사와 기쁨을 빼앗지 못했습니다. 하나님께서 바울이 필요한 것보다 더 많이 공급해 주셨다는 것을 고백합니다. 바울은 책상물림의 상아탑 신학자가 아니었습니다. 그는 치열한 격전지에서 참호격투로 몸과 마음이 다져진 사람, 전쟁터의 야전사령관 같은 신학자였습니다. 그러기에 그의 '고난신학'은 '저질 번영신학', '장삿속 성장신학'과는 차원이 다릅니다. 고린도후서 11장 23-33절에 바울의 수난사(受難史)가 자세히 기록되어 있습니다. 그는 복음을 전하는 과정에서 죽음의 고비를 무수히 넘겼습니다. 이런 고난과 역경을 통해 그는 자족(自足)하는 삶의 비결을 자연스럽게 터득했던 것입니다. 그 어떤 고난도 그의 자족하는 마음을 무너뜨리지 못했습니다. 바울의 말은 이렇습니다.

"만족을 찾으라. 물질에서 말고 예수님 안에서!"

이어지는 13절에서 하나님 앞에서, 사람 앞에서, 쉽게 교만하지도 말고, 쉽게 좌절하지도 말아야 할 이유를 밝힙니다.

④ 하나님의 능력으로 무장

빌 4:13 내게 능력 주시는 자 안에서 내가 모든 것을 할 수 있느니라.

1장 6절에서 하나님을 '너희 안에서 착한 일을 시작하신 이'로 소개한 바울은 4장 13절에서는 예수님을 '내게 능력주시는 자'로 소개합니다. 바울에게 예수 그리스도는 임마누엘의 하나님이었습니다. 그 예수님 안에서, 그는 감옥 속에서도 기뻐할 힘을 얻을 수 있었습니다. 그리스도와의 동행, 곧 그리스도 안에 있는 것이야말로 신자의 '버킷 리스트(bucket list)'입니다. 옛날에 사람들이 목매어 자살할 때, 양동이를 엎어 놓고 거기 올라서서, 집 천정의 기둥에 목을 맨 다음 디디고 있던 양동이를 걷어찼던(kick the bucket) 데서 '버킷 리스트'란 말이 나왔습니다. 요즘은 '죽기 전에 꼭 해야 할 어떤 것들'이라는 뜻으로 주로 쓰이고 있습니다. 시편 기자의 '버킷 리스트'를 좀 살펴 보겠습니다.

시 27:4 내가 여호와께 바라는 한 가지 일 그것을 구하리니 곧 내가 내 평생에 여호와의 집에(주 안에) 살면서 여호와의 아름다움을 바라보며 그의 성전에서 사모하는 그것이라.

평생에 여호와의 집에(예수님 안에) 사는 것, 그것이 시편 기자의 유일한 버킷 리스트였습니다. 단 한 가지뿐이니 '리스트'라는 말 자체도 사실 필요 없어 보입니다. 13절에서 바울이 하는 말을 예수 믿는 사람들은 음식, 물, 수면, 안식처 없이도 그저 이슬만 먹고 살 수 있다고 말하는 것으로 오해하면 안 됩니다. 바울의 말은 '설령 모든 것이 고갈되어 죽는다

해도, 나는 그리스도의 능력과 연합된 삶을 변함없이 살 마음의 준비가 되어 있다'는 뜻입니다. 많은 이들이 13절을 예수 믿으면 하루아침에 '슈퍼맨'이 되고 '슈퍼우먼'이 된다는 식으로 오해하는데, 이는 본문의 전후 맥락을 전혀 알지 못하는 데서 오는 아주 무지한 해석입니다. 13절은 예수님이 주시는 내적이고 영적인 힘 때문에 외적이고 물리적인 고난을 기쁘게 감당할 수 있다는 바울의 위대한 신앙 고백입니다. 내게 능력 주시는 "예수님 안에" 있기 때문에 나는 노숙자가 되어도 한없이 기뻐할 수 있다는 것입니다. 왜냐하면 그리스도 안에 죽음을 이기는 능력, 구원하는 능력이 있기 때문입니다. 하나님이 영원한 상수이시기 때문입니다. 함께하시는 하나님의 능력, 그 능력에 대한 확신이 성도의 내공(內功)입니다. 만족은 물질적 풍요에서 오는 것이 아니라, 하나님의 능력을 신뢰하는 데서 오는 것이기 때문입니다. '소유'에 목을 맬 것인가, '그리스도의 능력'을 신뢰할 것인가 둘 중 하나를 선택해야 합니다. 하나님은 고난을 없애 주시지 않고 고난을 견딜 수 있는 힘을 주시는 분이심을 믿어야 합니다. 예수 그리스도의 능력을 신뢰해야 합니다.

"약할 때 강함"

고후 12:9 나에게 이르시기를 내 은혜가 네게 족하도다. 이는 내 능력이 약한 데서 온전하여짐이라 하신지라. 그러므로 도리어 크게 기뻐함으로 나의 여러 약한 것들에 대하여 자랑하리니 이는 그리스도의 능력이 내게 머물게 하려 함이라.

바울에게 몹시 괴로운 육체의 질병이 있었습니다. 무슨 병인지는 확실치 않으나, 일부 신학자들은 그가 다메섹 국경에서 빛으로 오신 영광의 주님을 처음 뵙는 순간, 그 충격으로 시력에 문제가 생겼을 것으로 보고 있습니다. 하지만 그 또한 확실치는 않습니다. 어쨌든 육체의 질병 때문에 이방인 선교사역에 많은 불편을 겪으면서 그는, '이 병만 없으면 더 멋지게 사역할 수 있겠다'고 생각했고, 이 문제를 놓고 몇 차례 금식하며 하나님 앞에 간절히 기도했습니다. 하나님은 바울이 원하는 대로 그 병을 고쳐 주시지 않고 고린도후서 12장 9절에서 "내 은혜가 네게 족하다"고 말씀하셨습니다. 바울의 입장에서는 그의 뜻대로 응답받지 못한 것입니다. 주님의 이 말씀을 들은 바울은 마음을 고쳐 먹습니다. '아! 살인마인 나를 사도로 삼아 주셨으니 이만하면 나에게 주님의 은혜가 차고 넘친 것 아닌가.' 예수님의 종은 '약할 때 오히려 강해진다'는 심오한 원리를 바울은 이렇게 터득한 것입니다.

예수님이 겟세마네 동산에서 하신 기도도 마찬가지입니다. 앞서 설명드린 바와 같이, 성자 예수님에게는 단 며칠 동안이라도 성부 하나님과 단절되는 것이 정말 두려운 일이었습니다. 그래서 십자가를 앞에 두고 땀에 핏물이 어릴 정도로 간절히 세 번이나 기도했던 것입니다. 그러나 성자 예수님의 그 기도는 받아들여지지 않았습니다. 성자 예수님의 기도에 성부 하나님이 끝까지 침묵하신 것입니다. 우리가 무언가를 기도해도 하나님의 응답이 없는 경우가 있습니다. 그런 경우는 대개 기도하는 사람이 그 답을 이미 알고 있을 때입니다. "이미 알고 있는 대로 그냥 그 길을 가라"는 것입니다. 성부 하나님의 침묵은 성자 예수님이 '이미 잘 알고 있는 십자가의 그 길을 그냥 가면 된다'는 말씀이셨던 것입니다. 이것을 확인하신 예수님은 마침내, "내 뜻을 접고 아버지의 뜻에 순종하겠다"고 하신 것입니다.

예를 하나 더 들어보겠습니다. 예수 믿는 어느 학생이 대학에서 기말고사를 치르고 있습니다. 한 문제만 더 쓰면 다음 학기에 장학금을 받을 수 있을 것 같은데, 안타깝게도 도무지 답이 생각나지 않습니다. 순간 마음속에 유혹이 찾아옵니다. 다른 학생의 답안지를 슬쩍 참고(?)하고 싶은 마음이 생기는 것입니다. 그런 생각이 들자 명색이 신앙인인지라 하나님 앞에 잠시 기도합니다. "하나님, 컨닝할까요 말까요?" 답이 없습니다. 다시 기도합니다. "하나님, 시간 없어요. 이제 5분밖에 안 남았습니다. 할까요 말까요? 아 참, 그리고 컨닝해도 된다면, 어느 쪽을 보는 게 좋을까요? 왼쪽인지 오른쪽인지 아니면 대각선 쪽인지 그것도 알려 주세요." 답이 있을 것 같습니까? 없습니다. 왜냐하면 이 학생은 기독교인이 컨닝하면 안 된다는 것을 이미 잘 알고 있기 때문입니다. 이미 알고 있는 그대로, 모르는 답은 정직하게 쓰지 않는 것이 옳기 때문에 하나님께서 침묵하시는 것입니다. '성도는 약할 때 오히려 강해진다'는 바울의 귀한 고백이 오늘 우리 모두의 것이 되기를 바랍니다.

[14-20절, 줌으로써 얻는 동역의 신비]

이 단락에서 바울은 '하나님의 섭리의 기쁨'을 가르칩니다.

⑤ 이타적인 자세로 이웃의 복지에 전념

빌 4:14 그러나 너희가 내 괴로움에 함께 참여하였으니 잘하였도다.

동역자를 통한 위로는 하나님의 선물입니다. 14절의 "그러나"는 '그럼에도 불구하고'로 읽는 것이 문맥상 더 좋습니다. "내 괴로움에 함께 참여"하였다는 말은 바울이 고난당하는 중에도 그를 "후원해 주었다"는 뜻입니다. '부족함'을 말하는 것이 아니라 바울의 사역을 완수하는 데 요긴한 어떤 것을 후원해 주었다는 말과 함께 그에 대한 감사의 뜻을 표하는 것입니다. "잘하였도다." 이 말은 10-13절에 기록된 바울의 말을 행여 "너희가 쓸데없는 짓을 했다"는 말로 오해할까 봐 노파심(老婆心)에서 하는 말입니다. "함께"하는 것은 신앙생활의 핵심 중의 핵심입니다. "주 안에"라는 말도 사실은 "주님과 함께 산다"는 말과 같은 뜻입니다. 주님과,

동역자들과, 함께 놀고, 함께 살고……. 영적인 건강은 저절로 얻어지는 것이 아닙니다. 그것은 주님과, 신실한 동역자들과 "함께"한 결과 주어지는 하늘의 선물입니다. 그리스도와 함께 시간 보내기, 그분의 말씀에 귀 기울이기, 이런 과정을 통해서 "주 안에" 사는 기쁨을 누리게 됩니다. 주 안의 삶이 얼마나 복된지는 주님과 함께 살아 본 사람만 압니다. 자기만을 위해 사는 사람은 만족할 수 없습니다. 그런 사람은 그저 순풍이 일 때만 잠시 만족할 뿐입니다. 예수 그리스도는 타락한 죄인을 위해 온전히 헌신하셨습니다. 예수님처럼 하나님께 온전히 순종하는 삶을 사는 사람만이 주님의 능력, 그 부활의 능력을 지속적으로 누릴 수 있습니다. 동역의 기쁨을 더 깊이 알아야 할 이유가 거기에 있습니다. 힘 있는 사람 곁에 사람들이 많이 모이는 세상입니다. 그러나 성도들은 '괴로움' 당하는 이, '고통' 당하는 이 곁으로 달려가야 합니다(마 25:40). 빌립보교회는 사도 바울의 '괴로움'에 기쁨으로 동참했습니다. 이것이 바울이 한없이 감사하는 이유입니다.

열악한 환경(12절) ← 하나님(13절) → 동역자(14절) 〉 기쁨 !

아무리 열악한 환경에서도 성도들은 함께 계시는 하나님, 함께하는 동역자를 통해 기쁨을 누릴 수 있습니다.

빌 4:15 빌립보 사람들아 너희도 알거니와 복음의 시초에 내가 마게도냐를 떠날 때에 주고 받는 내 일에 참여한 교회가 너희 외에 아무도 없었느니라.

이 말씀을 바울이 발행하는 선교 '후원금 영수증'으로 보시면 됩니다. 15절 맨 앞에 있는 "빌립보 사람들아" 라는 말은 사실은 하나마나 한 말입니다. 너무 새삼스럽기 때문입니다. 이 말은 그저 "좋습니다 여러분! 주목하십시오!" 정도로 읽으면 됩니다. "너희도 알거니와"라는 말은 내가 탐욕스런 사람이 아니라는 것과, 나의 결백과 진실을 여러분이 이미 다 알고 있다는 말입니다. 헬라어 성경 원문에서 "너희 외에"라는 말이 강조되어 있습니다. "오직 너희만 나를 도왔다"고 간단하게 말할 수도 있었으나, 일부러 수사학적인 기교를 발휘하여 그들의 후원이 바울에게 정말 깊은 정으로 다가왔음을 고백합니다. 빌립보교회의 후원이 바울의 이방인 선교사역의 소중한 '마중물'이었음을 강조하는 것입니다. 바울의 이 말은 부족 또는 풍족의 문제가 아니라, 복음의 전진 또는 정지와 관련된 문제라는 것을 분명히 밝히고 있습니다. 그들의 후원이 그의 사역에 대단히 중요한 의미를 지녔다는 이야기입니다. 자비량 선교를 주로 했던 바울에게 빌립보교회의 선교 후원은 그야말로 눈부신 예외였다는 것을 알 수 있습니다. 그래서 그는 편지를 끝내기 전에 빌립보교회의 후원, 그 예외성을 이렇게 강조하고 있습니다. 이 대목에서 사도 바울이 사도행전

16장의 빌립보교회 개척사를 회고하고 있었는지도 모릅니다. 그는 빌립보교회의 후원이 그의 사역에서 아주 특별한 경험이었음을 진심으로 고백하고 있습니다. 덕분에 그의 사역이 많이 달라졌다고, 그래서 정말 고맙다고…….

전주열린문교회를 25년째 섬기고 있는 나에게도 사도 바울만큼이나 참으로 감격스러운 경험이 있습니다. 전주열린문교회를 개척하면서 애당초 교회당 건축은 꿈도 꾸지 않고 있었습니다. 그런데 전주 송천동의 임대 건물에서 예배하고 있을 때, 교우들의 숫자가 계속 늘어 공간이 부족하게 되었습니다. 교회학교 아이들을 가르칠 공간도 없어서 근처의 입시학원을 주일에만 추가로 빌려 써야 했습니다. 좀 넓은 공간이 필요해서 기도하면서 여러 가지 방안을 찾았습니다. 전주 시내에 있는 기독교계 학교 몇 곳을 찾아가 교실을 빌려 쓰고 학교에 장학금을 내놓는 방안도 검토했습니다. 한두 곳에서 다소 긍정적인 반응이 오는 듯하더니, 결국은 교단이 다르다는 이유로 모든 계획이 다 틀어지고 말았습니다. 그러던 어느 날 갑자기 전화가 걸려 왔습니다. 다른 교회에 다니는 권사님이시라는데 나를 돕고 싶다는 것이었습니다. 마음만 받겠다고, 감사하다고 하고 정중히 거절했더니, 전주열린문교회 사역을 돕고 싶으니 도움이 필요할 때 언제든 연락주시라며 전화번호를 남겨 주셨습니다. 나는 "내가 먼저 전화 드리는 일은 없을 것"이라고 말씀드리고 아무튼 감사하다는 인사와 함께 통화를 끝냈습니다. 그렇게 한 8개월 가까이 시간이 흐른 어느 날, 그 권사님께서 다시 전화를 걸어와 우리 교회에 헌금을 하고 싶다고 하시면서 그 "헌금으로 꼭 예배당 부지를 사라"고 하셨습니다. 그렇게 그 권사님 혼자서 보내 주신 헌금이 3억 3천 5백만 원입니다. 예배당 부지를 사라며 목적헌금을 하신 것이니 그 목적대로 쓰는 게 도리입니다. 어쩔 수 없이 교회당을 옮겨야 하는 상황에서 이런 일이 벌어지자 나는 자연스럽게 하나님께서 예배당을 짓는 쪽으로 우리 교회를 이끄신다고 생각했고, 교우들과 의논한 끝에 지금 전주열린문교회 교회당이 서 있는 땅 340평을 구입하였습니다. 땅값이 3억 2천만 원, 매입 과정에 들어가는 세금과 각종 법률 비용을 더하니 정확하게 3억 3천 5백만 원이 되었습니다. 그 일은 목자로 살아가고 있는 나에게는 잊을 수 없는 정말 감격스런 경험입니다. 그 권사님의 헌신이 이후 우리 교회 사역에 매우 긍정적인 영향을 많이 끼친 것은 사실입니다. 지금도 교회당을 볼 때마다, 그 권사님이 생각나고, 그저 한없이 고마워서 생각날 때마다 그분을 위해 기도합니다. 물론 하나님 아버지께서 그 권사님의 손길을 통해 내가 섬기는 전주열린문교회를 따뜻하게 도우신 것임은 다시 말할 것도 없을 것입니다.

빌 4:16 데살로니가에 있을 때에도 너희가 한 번뿐 아니라 두 번이나 나의 쓸 것을 보내었도다.

"비록 사소한 것일지라도 여러분들이 보내 주신 모든 것들이 당신들의 마음이 담긴 따뜻한 선물이었다. 그래서 감사하다"는 말입니다. 나는 1993년부터 오늘까지 한국누가회를 25년간 섬겼습니다. 한국누가회 사역을 시작하고 몇 달 뒤에 전주열린문교회를 개척하여 지금까지 섬겨 왔습니다. 짧지 않은 세월 동안, 다양한 모습의 교우들을 섬기는 일에 아픔이나 슬픔이 없었다면 거짓말일 것입니다. 다만 나는 고단한 순간이 닥칠 때마다, 주님께서 내게 맡겨 주신 양 무리를 어떤 상황에서도 '내 가슴의 보석(출 28장)'으로 여기려 애썼습니다. 언젠가 교회 안에 몹시 힘든 문제가 있어서 혼자 마음속으로 깊은 고민을 하며 기도하고 있을 때, 내색하지 않으려 무던히 애썼음에도 우리 교회의 청년 한 사람이 내 얼굴에서 그런 눈치를 채고 말았습니다. 어느 날 청년 성경공부를 마치고 돌아서려는데 그 청년이 나에게 오더니 불쑥 편지 봉투를 하나 내밉니다. 뭐냐고 묻자, 목사님께 상담할 일이 있어서 편지를 썼으니 집에 가셔서 읽어 보시라는 것이었습니다. 사무실로 올라와 편지 봉투를 열었더니 간단한 편지와 함께 당시 시중에서 상영 중인 영화 관람권 두 장이 들어 있었습니다. 편지에는 이렇게 쓰여 있었습니다. "요즘 목사님께서 많이 힘들어 보이시는데, 사모님과 함께 극장에 가셔서 영화 한 편 보시면서 마음 달래시고 다시 힘을 내주세요." 당시 상황이 힘들고 고단했던 만큼, 그 극장표 두 장에 그만 눈물이 핑 돌고 말았습니다. '아, 주님께서 이 형제를 통해 이렇게 나를 위로하시고 격려해 주시는구나!' 눈물을 닦으면서 그런 생각을 했습니다. 에바브로디도를 통해 바울에게 전해진 빌립보 교회의 후원이 바로 내가 받았던 그 극장표 같은 것이었으리라 생각합니다. 그 극장표 두 장은, 나의 목양사역에서 내가 죽는 날까지 결코 잊을 수 없는 참으로 고귀한 선물입니다. 세상에 그 어떤 것도 하나님보다 중요한 것은 없다고 믿는 사람은 돈을 상대화시켜서 누군가에게 그것을 줄 수 있습니다. 결국 돈에 대한 태도를 보면 그 사람의 믿음, 그 뿌리를 알 수 있습니다.

빌 4:17 내가 선물을 구함이 아니요 오직 너희에게 유익하도록 풍성한 열매를 구함이라.

빌립보교회의 후원이 갖는 거룩한 의미를 말하고 있습니다. 그들의 후원은 바울의 사역에 도움이 되었을 뿐만 아니라 빌립보교회에게도 영적인 유익이라는 이야기입니다. 목자의 한 사람으로서 늘 느끼는 것이지만, 사역자의 돈 이야기는 정말 껄끄럽고 부담스러운 주제입니다. 칭찬의 목적이 더 받고자 함이 아니라는 것, 이미 말씀드렸습니다. 빌립보교회의 헌금(헌신)은 그들이 결코 후회하지 않을 영원한 열매라는 것을 바울이 빌립보 교인들에게 알려 줍니다. 구약성경 에스라서를 보십시오. 거기에는 성전 재건사역에 헌신한 이들의 명단이 빼곡하게 적혀 있습니다. 그 목록은 성경에 기록됨으로써 영원한 헌신 목록이 되었습니다. 하나님께서 성경 지면을 낭비한 것이 결코 아닙니다. 마찬가지로, 하나님 나라 사역에 그들의 헌신이 가져온 긍정적인 열매를, 빌립보교회가 알고 보람을 느꼈으면 해서 바울이 이런 말을 하는 것입니다. 그들의 헌신은 하나님이 그들에게 보상하실 아름다운 일이라는 것입니다. "풍성한 열매"라는 말은 땅에서 심어 하늘의 복을 거둔다는 뜻입니다. 나는 성도들마다 천국의 '스위스 계좌'가 하나씩 있다고 생각합니다. 당신의 천국 계좌는 어떤지 한 번 생각해 보십시오. 내가 가진 모든 것은 거저 받은 것이므로, 그것이 필요한 누군가에게 내주어야 할 것들입니다. "내 돈, 내 것"이라는 말을 함부로 하는 사람들이 많습니다. 몸 담고 있던 교회를 떠나면서 그동안 자기가 냈던 헌금을 다 돌려 달라며 법원에 헌금 반환 소송을 내는 똑똑한(?) 사람도 있다 합니다. 명색이 예수 믿는다는 사람들이 그러는 것을 내 상식으로는 도무지 이해할 수 없습니다. 물론 내 머리가 너무 나빠서 이해를 못하는 것일 수도 있습니다. 사랑하는 동역자 여러분 한 번 생각해 봅시다. '내 것'이 어디 있습니까? 우리가 발 디디고 사는 이 지구라는 별, 하나님께서 빌려 주신 것입니다. 날마다 숨 쉬는 공기, 하나님이 거저 주신 것입니다. 마시는 물, 하나님이 주신 것입니다. 일터에서 일할 수 있는 재능, 하나님이 선물하신 것입니다. 건강도 하나님이 주신 것입니다. 지혜도 주셨습니다. 하나님이 주신 이 모든 것들을 가지고, 내 손으로 뭔가를 꼼지락 꼼지락해서 무언가 얻은 것들을 어디 감히 "내 것"이라고 함부로 말할 수 있습니까? 우리는 하나님의 것을 잠시 맡은 '청지기'에 불과하다는 것을 귀에 못이 박히게 가르쳐 줘도 쇠귀에 경 읽기입니다. 지금 내 손에 있는 것들은 그것이 돈이든 다른 무엇이든, 그것이 필요한 누군가에게 전달해 주라고 주님께서 잠시 맡겨 주신 것임을 결코 잊지 말아야 합니다. 헌금에 관한 유명한 격언이 몇 개 있습니다.

"가져갈 수는 없으나 미리 보낼 수는 있다."
"수의에는 주머니가 없다."
"호주머니가 회개하지 않은 사람은 진정으로 회개했다고 볼 수 없다."

빌 4:18 내게는 모든 것이 있고 또 풍부한지라. 에바브로디도 편에 너희가 준 것을 받으므로 내가 풍족하니 이는 받으실 만한 향기로운 제물이요 하나님을 기쁘시게 한 것이라.

자칫 생길지도 모를 오해를 방지한 다음, 바울이 다시 본론으로 돌아왔습니다. 이미 충분히 받아서 차고 넘친다는 것입니다. 에바브로디도는 그 임무를 충실히 감당했다고, 그는 '먹튀'가 아니라고 한 번 더 그의 신실함을 증언해 줍니다. 바울이 이 어려운 돈 이야기를 꺼내는 이유가 더 달라는 것이 아니라, 오히려 이젠 그만 보내도 된다는 이야기를 하고자 함임을 알 수 있습니다. 아무리 궁핍해도 스스로 만족하는 비결을 바울이 알고 있었다 해도, 빌립보교회의 후원을 통해 누린 이런 풍족함이 바울의 생애와 사역에서 아주 예외적인 특별한 경험이었던 것은 틀림없습니다.

> **고후 11:9** 또 내가 너희와 함께 있을 때 비용이 부족하였으되 아무에게도 누를 끼치지 아니하였음은 마게도냐에서 온 형제들이 나의 부족한 것을 보충하였음이라. 내가 모든 일에 너희에게 폐를 끼치지 않기 위하여 스스로 조심하였고 또 조심하리라.
>
> **고후 8:1-2** 형제들아 하나님께서 마게도냐 교회들에게 주신 은혜를 우리가 너희에게 알리노니 환난의 많은 시련 가운데서 그들의 넘치는 기쁨과 극심한 가난이 그들의 풍성한 연보를 넘치도록 하게 하였느니라.

18절 뒷부분에서 바울은 에바브로디도를 통해 후원금을 받은 결과를 말합니다. 그것은 빌립보교회 교인들이 하나님을 기쁘시게 한 것이라는 것입니다. 바울이 지금 하고 있는 말은 이렇습니다.

"이만하면 충분합니다. 이제 그만 보내십시오."

그러면서 그들의 후원금이 바울의 부족함을 채웠을 뿐만 아니라, 그의 복음 사역이 진보하는 데 큰 힘이 되었다는 것을 누누이 강조합니다. 그들이 보내 준 선교비는 빌립보교회가 하나님께 드리는 예배였다는 것을 분명하게 강조합니다. 다시 말해서, 그것은 바울 개인에게 준 것이 아니라 하나님께 드린 것이라는 것입니다. 누가 부자입니까? 부자는 돈을 잘 모으는 사람이 아닙니다. 돈을 거룩하게 잘 쓰는 사람이 진짜 부자입니다.

"돈에 대한 태도는 그의 영적 상태를 보여 주는 심전도 측정기(EKG ; electrocardiogram)다."

미국의 유명 프로 스포츠 스타가 30대 초반에 갑자기 죽었습니다. 사망 원인을 밝히기 위해 부검해 보니 평소에 심전도 측정(EKG)만 정기적으로 했어도 충분히 예방할 수 있는 아주 가벼운 심장병이 있었던 것이 밝혀졌습니다. 별 것도 아닌 심전도 측정을 소홀히 한 탓에 젊은 나이에 갑자기 목숨을 잃고만 것입니다. 돈에 대한 태도는 삶의 어떤 요소보다 '영적인 생명'에 대해 풍성한 정보를 준다는 것을 알아야 합니다.

[영적 EKG: 돈에 대한 태도]

(1) 그리스도의 복음 사역에 대한 관심의 깊이는 어떠한지(10절)

(2) 만족의 근원을 어디에 두고 있는지(11-13절)

(3) 거룩한 투자의 지혜가 있는지(14–17절)

(4) 예배의 진정성이 있는지(18절)

(5) 믿음의 질이 어떠한지(19절)

영적인 심전도 측정(EKG)으로 그 사람이 "주 안에 있는지 아닌지"를 결정적으로 알 수 있습니다(마 6:24). 그러므로 '하나님 앞에서' 돈에 대한 태도를 분명히 하고 돈을 잘 쓰십시오. 하나님 나라를 위해 기꺼이 내어 줌으로써 하늘에 보화를 쌓도록 하십시오. 성도들은 '하늘의 스위스 계좌'를 하나씩 갖고 있다는 생각으로, 하나님 나라와 그분의 의로움을 위해 '최선을 다해' 헌신하십시오.

[예수님 안에 있는 부요함]

빌 4:19 나의 하나님이 그리스도 예수 안에서 영광 가운데 그 풍성한 대로 너희 모든 쓸 것을 채우시리라.

다른 사람의 필요를 열심히 채워 주면 하나님이 당신의 필요를 채울 것입니다. 이것은 하나님의 '보배로운' 약속입니다. 하나님께 드리면 어떤 모양으로든 하나님의 풍성한 보상이 있습니다. 누가복음 5장 3–6절을 보십시오. 시몬 베드로가 예수님께 잠시 자기의 배를 빌려 드렸을 뿐인데, 놀랍게도 풍성한 어획고를 올리게 되었습니다. 마태복음 6장 33절에서 예수님은 "먼저 그 나라와 의를 구하라"고 하셨습니다. 예수 그리스도 안에 있는 하나님의 풍성함으로 성도들은 넘치는 풍요를 맛볼 수 있습니다. 그러나 이런 이야기를, 누군가를 부자로 만드는 것에 초점을 맞추고 있는 것으로 오해하면 안 됩니다. 우리가 하나님 나라 사역을 위해 무언가를 희생하면 하나님이 보시고 적절한 시기에 우리 필요를 채워 주실 것을 반드시 믿어야 한다는 말입니다. 노파심에서 다시 말씀드립니다. 이 말을 '영광의 복음'을 지지하는 것으로 오해하지 마십시오. 하나님은 우주의 갑부이시기에 내가 드리는 어떤 것이 없이도 그분의 뜻을 얼마든지 이루어 가실 수 있지만, 그럼에도 하나님께서 그 자녀들에게 헌신을 요구하시는 것은, 그렇게 사는 것이 바로 성도의 복이 되기 때문이라는 것을 알아야 합니다. 하나님 나라를 위해 무엇인가를 내놓고 희생하는 것이 성도의 가장 큰 복임을 명심하십시오.

내 행복은 이웃에게 행복을 안겨 준 일의 부산물

행복은 나가서 얻어오는 것이 아니라 나가서 누군가에게 내 것을 주는 것

골 2:3 그 안에는 지혜와 지식의 모든 보화가 감추어져 있느니라.

하나님의 모든 부요함이 그리스도 안에 있습니다. 결국 이 단락의 초점은 13절입니다. 믿음, 겸손, 복종, 하나님께 의존함, 이타성 등의 덕목이 있는 성숙한 성도는 예수님 안에서 만족을 누릴 수 있습니다. 다른 사람의 필요를 채워 주면 하나님이 나의 모든 필요를 채워 주심을 생생하게 경험하게 될 것입니다.

빌 4:20 하나님 곧 우리 아버지께 세세 무궁하도록 영광을 돌릴지어다 아멘.

하나님의 백성(성도)들은 주님의 종입니다. 성도는 경배 받는 자가 아니라 주님을 경배하는 자입니다. 예수님의 '대신 속죄'를 믿는 사람이 구원받습니다. 구원받은 사람은 주님을 경배해야 합니다. 구원의 목적은 예배자를 세우는 것이기 때문입니다. 우상숭배는 하나님을 섬기지 않는 것이 아니라 하나님과 다른 무엇을 '겸하여' 섬기는 것입니다. 구약 이스라엘 백성들이 하나님을 섬기지 않아서 바벨론에 포로로 끌려간 것이 아닙니다. 성전이 있었고, 제사장이 주관하는 각종 제사가 있었고, 하나님의 말씀이 있었고, 선지자들이 있었습니다. 그런데도 나라가 망하여 먼 이방에 포로로 끌려간 이유는, 그들이 하나님과 바알을 '겸하여' 섬겼기 때문입니다. 하나님과 다른 무엇을 겸하여 섬기는 우상숭배자는 참 예배자가 아닙니다.

마 6:24 너희가 하나님과 재물(맘몬: 돈 귀신)을 '겸하여' 섬기지 못하느니라.

"너희가 하나님과 재물을 대략 6:4 또는 7:3 정도로는 '겸하여' 섬길 수 있느니라"

주님은 이렇게 말씀하지 않으셨습니다. 예수님의 이 말씀은 돈에 대한 태도가 참 예배자를 판가름할 것이라는 치명적인 선언입니다. 다시 말씀드리거니와, 하나님도 섬기고 돈도 섬기는 사람은 우상숭배자입니다. 그런 사람은 참 예배자가 될 수 없다는 것을 명심하십시오. 20절의 "아버지"는 그리스도의 아버지이자, 모든 그리스도인들의 아버지입니다. 하나님을 아버지로 모시고 하나님을 "아빠"라고 부를 수 있는 사람들은 하나님과 개인적인 관계를 맺으며 하나님과 교제할 수 있습니다. 하나님의 자녀들은 하나님 아버지와 잘 통합니다. 이것이 바로 옛 사람들이 말하는 '신통(神通)'입니다. 예수 믿는 성도들은 참으로 신통한 사람들입니다. 3장 3절에서 '참 할례자는 예배자'라는 것을 이미 밝혔습니다. 주는 자와 받는 자, 모두의 희생적인 복종이 하나님께서 영광받으시는 결과로 나타난다는 것을 분명히 아십시오. 하나님은 영광받으실 만한 분이시기 때문입니다. 하나님은 단지 예배만 받으시는 분이 아니고, 우리가 평생 겸손히 복종해야 할 분입니다. 왜냐하면 하나님은 만물의 공급자이자 우리의 아버지이시기 때문입니다.

[21-23절, 마지막 인사와 축복]

빌 4:21 그리스도 예수 안에 있는 성도에게 각각 문안하라. 나와 함께 있는 형제들이 너희에게 문안하고

성도에게 "각각" 문안하라고 당부합니다. "성도"는 "그리스도 예수 안에 있는 사람", '천국 시민권자', '구별된 사람'입니다. 빌립보교회 교인들과 우리의 신분은 '성도(聖徒)'입니다. 예수님 안에 있는 성도는 서로 교제해야 합니다. 21절에 "문안"이라는 말을 세 번이나 쓴 것은 성도의 강한 교제와 연합이 그만큼 중요하다는 뜻입니다. 주 안에서 "한 몸"이 된 성도들은 "같은 마음"을 지닌 한 몸이지만 동시에 개별적인 지체에게도 살뜰한 관심을 가져야 합니다. "각각"이라는 말이 그런 뜻입니다. 마가복음 5장 25-32절을 보면 몹시 북적이는 군중 속에서 예수님이 혈루증 여인 한 사람에게 깊은 관심과 애정을 보이셨던 것을 알 수 있습니다. 고린도전서 12장의 '지체론'도 같은 뜻으로 기록된 것입니다. 몸의 모든 기관이 '다' 망가져서 죽는 사람은 없습니다. 다른 곳이 다 멀쩡해도 몸의 어느 한 기관이 망가지면 죽습니다. 공동체가 중요하다는 것은 곧 그 공동체를 이루는 하나하나의 지체가 모두 다 예외 없이 소중하다는 것을

전제로 합니다. 몸의 지체 한 곳이 망가지면 마침내 몸 전체가 죽듯이, 교회 안에 지체 하나가 잘못되면 공동체 전체가 흔들릴 수 있다는 사실을 분명히 알아야 합니다. 지체들이 서로를 살뜰하게 보살펴야 할 이유가 바로 거기에 있습니다.

빌 4:22 모든 성도들이 너희에게 문안하되 특히 가이사의 집 사람들 중 몇이니라.

1장 13절에서 바울의 투옥으로 복음의 진보가 있다는 이야기를 한 바 있습니다. 4장 22절은 그 결정적인 증거입니다. 바울의 투옥에 대한 빌립보교회의 염려가 기우(杞憂)에 지나지 않았다는 것을 밝히는 대목입니다. 특히 가이사의 집 사람들 중 몇 명이 그리스도인이 되었다는 가슴 벅찬 소식을 감격스럽게 전합니다.

"네로 황제의 친족 가운데 그리스도인이 생겼다!"

이 대목을 읽으면서 빌립보교회 성도들의 기쁨이 얼마나 충만했겠습니까? 로마 황실 사람, 이방 왕 네로 황제의 친족이 복음을 받아들여 하나님의 왕국에 백기(白旗)를 들고 투항(投降)했다는 것입니다. 바울의 고난이 맺은 이 귀한 열매를 보며, 빌립보교회 교인들의 기분이 얼마나 짜

렀했겠습니까? 성도의 기쁨은 죄인이 예수님을 믿고 구원 얻어 하나님의 자녀가 되는 것을 지켜보는 것입니다. 마음에 태신자(胎信者)를 품고 기도하고 있습니까? 그가 누구입니까? 열심히 섬기고 전도하여 주 안에서 서로서로 선한 동역자가 되도록 하십시오. 그것이 성도가 누릴 수 있는 최고의 즐거움이고 보람입니다.

빌 4:23 주 예수 그리스도의 은혜가 너희 심령에 있을지어다.

마지막 인사로 편지를 마무리합니다. 1장 2절에 등장했던 "은혜"가 편지의 마지막에 다시 등장합니다. 수미상관(首尾相關) 기법을 쓴 것입니다. 성도의 영원한 자원이 하나님의 '은혜'임을 마지막으로 한 번 더 강조합니다. 이렇게 해서 '은혜'로 시작(빌 1:2)한 편지를 은혜(빌 4:23)로 마무리합니다. 나 또한 이렇게 독자 여러분과 함께 빌립보서 안에서 은혜롭게 한 바퀴를 돌았습니다. 그 은혜로 우리는 "예수님 안에" 있는 복이 무엇인지를 한 번 더 깊이 생각하게 되었습니다.

은혜는 성도를 향한 하나님의 무궁무진한 호의(好意)입니다. 그리스도 안에서 죄를 대신 속죄할 수 있는 길을 열어 주시고, 거룩하게 성장시키셔서(성화), 마침내 부활의 영광으로 들어가게 하시는 것(영화), 이 모든 구원의 과정이 바로 하나님의 은혜입니다.

하나님이 만드신 이 은혜는 예수님을 통해 모든 성도들에게 오늘도 순간순간 끊임없이 부어지고(1:2) 있습니다.

[빌립보서 한 줄 평]

“바울은 역경(투옥) 속에서도 빌립보교회와의 동역을 주 안에서 기뻐하고 있다.”

예수님 안에 있는 신자(성도)는 항상 기뻐해야 합니다. 염려하지 말고 기도해야 하며, 마음을 항시 거룩한 생각에 고정시켜야 합니다. 그리하면 하나님의 평강을 경험하게 될 것입니다. 아울러 하나님이 성도의 최선을 다하는 헌신에 넉넉히 복 내려 주심을 알게 될 것입니다.

질문에 답하면서 4장 말씀을 다시 정리해 보십시오.

(1) 바울은 신자의 기쁨을 어떻게 정의하고 있습니까? 살면서 그런 기쁨을 누리고 있다는 것을 어떻게 알 수 있습니까? 그런 기쁨을 누리기 위해 어떤 것을 할 수 있습니까? 그렇다면 무엇을 하실 생각이십니까?

(2) 예수님 안에 굳게 서라고 합니다. 이 말씀이 당신에게 무엇을 도전하고 있습니까?

(3) 교회 안에서 신실한 지도자 두 사람이 갑자기 다투기 시작하면 어떻게 하시겠습니까?

(4) 평소 마음속에 어떤 생각이 차 있습니까? 바울의 ‘생각하는 방식’

과 어떻게 다릅니까?

(5) 혹시 당신과 동역하는 교회의 목자가 재정적 어려움에 처해 있지는 않습니까? 교회에서 그들을 어떻게 도울 생각이십니까?

[마지막으로 빌립보서의 주제를 정리하고 마치겠습니다]

1장 고난에 동참하는 기쁨,

2장 섬김의 기쁨,

3장 신앙생활의 기쁨,

4장 나눔의 기쁨

[겸손] 예수 그리스도의 이타적인 삶이 기준입니다. 제 밥그릇을 포기하는 삶을 말합니다. 겸손은 모든 관계의 핵심입니다. 그리스도처럼 자기를 포기해야만 기쁨, 사랑, 친절로 이웃을 섬길 수 있습니다.

[자기 부인(희생)] 그리스도의 희생으로 죄인들이 구원받을 수 있었습니다. 바울은 투옥 중에도 열심히 전도하였습니다. 자기중심적인 자세로 갑질을 일삼는 사람은 예수 믿는 사람이 아닙니다. '자기 부인'은 그 사람이 '예수님 안에 있다는 증거'입니다.

[단합] 로마교회의 전도자들이 분열되어 있었고, 빌립보교회도 분열의 위기를 맞고 있었습니다. 원인은 '이기심' 때문입니다. 이기심에 사로잡

힌 사람은 그리스도의 겸손을 배우지 못한 사람입니다. 이기심을 몰아내기 위해서는 그리스도의 마음을 품어야 하고 그리스도의 겸손을 배워야 합니다. 또한 교회 리더쉽(1:1, 4:3)이 바르게 기능을 발휘해야 각자의 이기심을 극복하고 교회가 단합할 수 있습니다.

조화, 기쁨, 평화는
교회의 살, 피, 뼈라고 할 수 있습니다.

이 중에 어느 하나라도 빠지면 교회가 바로 설 수 없습니다.

[신앙생활] 자기를 부인하는 훈련을 계속하고, 그리스도의 말씀에 순종함으로, 영적 성장을 이룰 수 있습니다. 자식이 자라지 않으면 그 부모의 가슴이 얼마나 아프겠습니까? 하나님 앞에 혹시 '내가 자라지 않는 아이'는 아닌지 잘 살펴보십시오. 하나님의 마음을 슬프게 하지 마십시오.

[자유] 계율주의자들의 외식(外飾)을 경계해야 합니다. 이신칭의(以信稱義) 교리에 대한 확신을 가져야 합니다. 겁 없이 똥 덩이를 자랑하던 과거와 완전히 헤어져야 합니다.

[구원] 오직 그리스도의 십자가를 통해서만 구원받습니다. 그리스도를 믿어 구원 얻은 수많은 증인들(전도자들 성도들)이 있습니다. 그리스도인과 교회는 어두운 이 세상에 영적인 삶의 본보기입니다.

[섬김] 바울은 빌립보교회의 후원에 감사하고 있습니다. 빌립보교회는

돈과 궁핍으로부터 자유로웠던 성숙한 교회였습니다. 예수님 안에 있으면 자족, 평화, 기쁨을 누릴 수 있습니다. 왜냐하면 성도들은 그리스도와 그분의 공급으로 만족을 누리기 때문입니다. 바울의 유일한 삶의 목표는 자기의 삶을 통해 그리스도가 영화롭게 되는 것이었고, 그것이 그에게 무한한 기쁨이 되었습니다.

[신앙의 본 따라하기] 그리스도, 바울, 디모데, 에바브로디도 같은 분들의 이타적(利他的)인 삶을 열심히 본받아야 합니다. 아울러, 사람들에게 본이 되는 삶을 열심히 살아야 합니다. 피겨 스케이팅 선수 가운데 '연아 키즈(kids)'가 있고, 골프 선수 가운데 '세리 키즈(kids)', '인비 키즈'가 있습니다. 간곡히 당부드립니다. 훗날 당신의 이름을 딴 '신앙의 키즈'가 나타날 수 있도록, 믿음 안에서 부디 '큰 바위 얼굴'이 되어 주십시오.

[기쁨] 영적인 기쁨은 환경을 초월합니다. 그리스도를 개인적으로 알아갈 때, 그리고 내 힘이 아닌 그리스도의 힘을 의지할 때, 기쁨이 옵니다. 기쁨은 외적인 환경에서 오는 것이 아니고 내적인 힘(내공)에서 나옵니다. 소유와 경험을 의지하지 않고 내 안에 계신 그리스도께 온전히 의존할 때 무한한 기쁨이 옵니다.

빌립보서를 통해 바울이 눈물로 호소하는 '고난의 신학'을 충분히 잘 배우셨을 것입니다. 고난 속에서도 한없이 기뻐하는 그의 모습을 익히 보셨을 것입니다. 그의 낙관적인 삶(기쁨)의 자세를 온전히 체득할 때까지 빌립보서를 계속 묵상하고 또 묵상하십시오. 성도들은 어떤 상황에서도, "그리스도를 영화롭게, 이웃을 복되게" 하는 삶을 살아야만 합니다. 새 하늘 새 땅에 이를 때까지 성령 하나님께서 독자 여러분들의 발걸음을 힘 있게 붙들어 주시기를 온 마음으로 간구합니다.

"이와 같이 주 안에 서라! (빌 4:1)"
(that is how you should stand firm in the Lord!)

예수님 안에 있습니까? 그래서 기쁘십니까?

함께 기도합시다

사랑하는 하나님, 삶의 경쟁이 늘 나의 평화를 빼앗아 갑니다. 너무 자주 염려하고 초조해 합니다. 스트레스와 염려가 너무 자주 내 목줄을 죄어 옵니다. 평화의 하나님께 내가 이 세상에서 평화롭게 살아갈 은혜를 구합니다. 믿음으로 기도할 수 있도록 늘 깨우쳐 주시고 '불신앙'으로 염려하지 않게 해 주십시오. 순전하고 거룩한 생각만 할 수 있는 힘을 주십시오. 너른 가슴을 갖게 해 주시고 주님의 평화를 가르쳐 주십시오. 평화의 왕이신 우리 주 예수님의 이름으로 기도합니다. 아멘.

오직 하나님만 영광받으소서 (*soli Deo gloria*)!

참고문헌

Ben Witherington III, *Paul's Letter to the Philippians*, Eerdmans, 2011.

Bruce B. Barton, *Life Application Bible Commentary[LABC]*, *Philippians*, Tyndale, 1995.

Charles B. Cousar, *Philippians and Philemon: A Commentary(NTL)*, Westminster John Knox, 2014

Craig A. Evans, *The Bible Knowledge Background Commentary, Acts-Philemon*, David C Cook, 2003.

D. A. Carson, *Basics for Believers. An Exposition of Philippians*. Grand Rapids: Baker, 1996.

D. A. Carson, Douglas J. Moo, and Leon Morris. *An Introduction to the New Testament*. Zondervan, 1992.

David E. Garland, *The Expositor's Bible Commentary(Revised Edition)*, *vol.12*, Zondervan, 2006.

Dennis E. Johnson, *Philippians[REC]*, R&B Publishing, 2013.

Derek R. Brown, *Lexham Bible Guide Philippians*, Lexham Press, 2013.

D. Martyn Lloyd-Jones, *The Life of Joy and Peace*, Baker, 1999.

Donald Guthrie, *New Testament Introduction*. *Rev. ed.* Downers Grove, Ill: InterVarsity, 1990.

Edmond D. Hiebert, *An Introduction to the New Testament: The Pauline Epistles*. *Rv. ed*. Chicago: Moody, 1977.

F. B. Meyer, *Devotional Commentary on Philippians*. Grand Rapids: Kregel, 1979.

F. F. Bruce , *Philippians(NICNT series)*, Hendrickson Publishers, 1989.

Frank S. Thielman, *Zondervan Illustrated Bible Backgrounds Commentary, vol.3*, Zondervan, 2002.

Frederick W. Weidmann, *Philippians, first and second Thessalonians and Philemon[WBC]*, John Knox Press, 2013.

Gene Getz, *A Profile of Christian Maturity. A Study of Philippians with 20th Century Lessons for Your Church*. Grand Rapids: Zondervan, 1976.

Gerald F. Hawthorne, *Philippians(WBC series)*, Word, 1983.

Gordon D. Fee, *Paul's letter to the Philippians[NICNT]*, Eerdmans, 1995.

G. W. Peterman, *Paul's Gift From Philippi. Conventions of Gift-exchange and Christian Giving.* Cambridge, Eng.: Press Syndicate, University of Cambridge, 1997.

Hansen G. Walter, T*he letter to the philippians*, Eerdmans, 2009.

Homer A. Kent Jr. "*Philippians*," in *Expositor's Bible Commentary, Volume 11, ed*. Frank Gaebelein and J. D. Douglas. Grand Rapids: Zondervan, 1978.

James Montgomery Boice, *An Expositional Commentary, Philippians*: Baker Books, 2000.

J. A. Motyer, *The Message of Philippians*, IVP, 1973.

J. Dwight. Pentecost, *The Joy of Living*. Grand Rapids: Zondervan, 1974.

John Eadie, *A Commentary on the Greek Text of the Epistle of Paul to the Philippians. Reprint*. Baker, 1979.

J. Harold Greenlee, *An Exegetical Summary of Philippians*, SIL International, 2008.

John Gwyn−Thomas, *Rejoice … Always! Studies in Philippians 4*. Carlisle,

PA: Banner of Truth Trust, 1989.

John H. P. Reumann, *The Anchor Yale Bible, Philippians*: Yale University Press, 2008.

John MacArthur, Jr., *Philippians[MNTC]*, Moody Press, 2001.

John Phillips, *Exploring Ephesians&Philippians*, Kregel Publications, 1995.

Lawrence O. Richards, *New International Encyclopedia of Bible Words*, Zondervan, 1991.

Mark J. Keown, *Philippians[EEC]*, Lexham Press, 2016.

Markus Bockmuehl, *A Commentary on the Epistle to the Philippians*, A&Black, 1997.

Marvin R. Vincent, *On the Epistles to the Philippians and to Philemon(ICC series)*, T&T Clark Ltd., 1985.

Matthew S. Harmon, *A Mentor Commentary, Philippians*: Mentor, 2015.

Moises Silva, Philippians. *The Wycliffe Exegetical Commentary*. Chicago: Moody, 1988.

Morna D. Hooker, *The New Interpreter's Bible[NIB]*, vol. 11, Abingdon Press

Peter T. O' Brien, *The Epistle to the Philippians(NIGTC series)*, Eerdmans, 1991.

Ralph P. Martin, *The New century Bible Commentary, Philippians*, Eerdmans, 1982.

Richard R. Melick, Jr., *The New American Commentary[NAC vol.32], Philippians, Colossians, Philemon*, Broad&Holman, 1991.

Robert G. Gromacki, *Stand United in Joy: An Exposition of Philippians*. Grand Rapids: Baker, 1980.

Robert Lightner, *"Philippians," in Bible Knowledge Commentary, ed. John*

F. Walvoord and Roy B. Zuck, Volume II. Wheaton: Victor Books, 1985.

Seyoon Kim, *Paul and the New Perspective: Second Thoughts on the Origin of Paul's Gospel*, Mohr Siebeck, 2002.

Sinclair Ferguson, *Let's Study Philippians*. Carlisle, PA: Banner of Truth Trust, 1997.

Stephen E. Fowl, *Two Horizons Commentary: Philippians*, Eerdmans, 2005.

Steven E. Runge, *Philippians[HDC]*, Lexham Press, 2011.

Tom Wright, *Paul for Everyone: The prison Letters*, SPCK, 2003.

Walter A. Elwell, *Theological Dictionary of The Bible*, BakerBooks, 1996.

W. E. Vine, *Expository Dictionary of Bible Words*, Nelson, 1984.

William Hendriksen, *New Testament Commentary: Philippians, Colossians, and Philemon*. BakerBooks, 1979.